Bernhard Irlinger

Wanderwege in Irland

40 Touren zwischen Wicklow, Cork und Kerry, Galway und Donegal

Mit 104 Farbfotos, 39 Kartenskizzen und einer Übersichtskarte

Bruckmann

Einband/Vorderseite:
Verlassene Häuser, wie hier in den Burren, sind ein häufiger Anblick im Westen Irlands.

Innenklappe oben:
Heckenparzellierte Felder am Eingang zum Gap of Dunloe in Kerry.

Innenklappe unten:
Die 100 Meter hohen Felstürme der Stags of Broadhaven liegen einige Kilometer vor der Felsküste des Benwee Head.

Rückseite oben:
Regenbogen über der Rosguill-Halbinsel im Norden Donegals.

Rückseite unten:
Die bunte Häuserfront an der Hafenmole von Baltimore im äußersten Südwesten Irlands.

Seite 2/3:
Die schmale Mulroy-Bay trennt die Fanad- von der Rosguill-Halbinsel.

Die Zusammenstellung und Beschreibung der Touren erfolgte mit größtmöglicher Sorgfalt und nach bestem Wissen und Gewissen des Autors. Eine Gewähr für die Angaben wird nicht gegeben. Die Begehung der Touren nach den Vorschlägen in diesem Band geschieht auf eigene Gefahr.

Gedruckt auf chlorarm gebleichtem Papier

Die Deutsche Bibliothek – CIP-Einheitsaufnahme

Irlinger, Bernhard:
Wanderwege in Irland : 40 Touren zwischen Wicklow, Cork und Kerry, Galway und Donegal / Bernhard Irlinger. –
München : Bruckmann, 1992
ISBN 3-7654-2464-I
NE: HST

© 1992 F. Bruckmann KG, München
Alle Rechte vorbehalten
Herstellung: Bruckmann München
Printed in Germany
ISBN 3-7654-2464-1

Inhaltsverzeichnis

Einführung 8

Wandern in Irland 8

Anreisemöglichkeiten 8

Reisen in Irland 9

Unterkunft und Verpflegung 10

Klima, Reisezeit und Ausrüstung 11

Pflanzen und Tiere 12

Geographie und Geologie 13

Geschichte und Kultur 13

Politik und Wirtschaft 19

Bevölkerung und Sprache 20

Wanderungen im Osten (Wicklow) 21

  1 Auf den Great Sugar Loaf (501 m) 21
Von Süden auf den Zuckerhut der Wicklow Mountains

  2 Von der Sally Gap Road auf den Djouce Mountain 24
Gipfeltour auf dem höchstgelegenen Abschnitt des Wicklow Way

  3 Von Glendalough durch das Glenealo Valley zum Lough Firrib und über den Camaderry (698 m) zurück nach Glendalough 28
Der Weg durch das Tal des heiligen Kevin

  4 Von Glendalough auf den Spink, den Mullacor und den Derry Bawn 33
Über die Aussichtsberge zwischen den beiden schönsten Tälern der Wicklow Mountains

  5 Vom Glenmalure auf den Lugnaquillia (925 m) 38
Auf den höchsten Berg Ostirlands

Wanderungen im Süden (Waterford und Tipperary) 44

  6 In den Comeragh Mountains 44
Der Weg um den Mahon-Wasserfall

  7 Auf den Galtymore Mountain (917 m) 48

Wanderungen im Südwesten (Cork und Kerry) 52

  8 Von Baltimore zum Lough Hyne 52

  9 Rund um das Three Castle Head 57
Der Weg zur finsteren Burg am Klippenrand

  10 Rund um den Barley Lake 61
Durch wildes Bergland rund um den schönsten Bergsee der Beara-Halbinsel

  11 Auf den Sugar Loaf Mountain 65
Auf den schönsten Berg über der Bantry Bay

  12 Der Hungry Hill 69
Auf den höchsten Berg der Beara-Halbinsel

  13 Auf den Mangerton Mountain (841 m) 73
Zum »Punchglas des Teufels«

  14 Über Tomies Mountain, Purple Mountain und durch das Gap of Dunloe 77
Auf der Himmelsleiter über den Seen von Killarney

15	Auf den Carrauntouhill (1039 m)	82

Über die Teufelsleiter auf den höchsten Berg Irlands

16	Rund um den Coomasaharn Lake	86

17	Über den Pilgerweg auf den Knocknadobar (691 m)	90

Die vierzehn Kreuzwegstationen zum Gipfel

18	Von Westen auf den Caherconree (828 m)	93

Vorbei an einem sagenumwobenen Promontory-Fort auf einen der schönsten Aussichtsgipfel im Osten der Dingle-Halbinsel

19	Über den Pilgerweg auf den Berg des heiligen Brandon	97

Von Faha auf den Brandon Mountain (951 m)

20	Vom Slea Head auf den Mount Eagle (517 m)	101

Aussichtspunkt über der westlichsten Spitze der Dingle-Halbinsel

Wanderungen im Westen (Clare, Galway, Mayo)   106

21	Vom O'Brien's Tower entlang der Cliffs of Moher zum Hag's Head	106

Der Weg am Abgrund

22	Von Fanore durch die Burren	113

Der einsame Weg durch den irischen Karst

23	Auf Inishmore, der größten Aran-Insel	118

Durch das Land der Steinmauern zum Fort Dun Aengus

24	Der Binn idir an Dá Log (703 m)	124

Auf den höchsten Berg der Maumturk Mountains

25	Auf den Derryclare (677 m) in den Twelve Bens	129

Im Land der Quarzitkegel

26	Durch den Westteil von Inishbofin	132

Die sanfte Insel vor dem wilden Connemara

27	Am Killary Harbour	137

Am einzigen Fjord Irlands entlang

28	Auf die Devilsmother (650 m), die Herrscherin über dem Killary-Fjord	140

29	Von Murrisk auf den Croagh Patrick (765 m)	143

Der Pilgerweg auf den heiligen Berg Irlands

30	Zum Knockmore (463 m) auf Clare Island	146

Auf der Insel der Piratenkönigin Grace O'Malley

31	Vom verlassenen Dorf zum Saddle Head	150

Entlang der Nordküste von Achill Island

32	Zum Achill Head und auf den Croaghaun (668 m)	154

Auf den höchsten Kliffs in Europa

33	Von Portacloy zum Benwee Head	157

Auf den einsamen Klippen von Nord-Mayo

Wanderungen im Nordwesten (Sligo und Donegal)   161

34	Auf den Kings Mountain (465 m) und den Benbulben (526 m)	161

Über den Tafelberg nördlich von Sligo

35	Von Bunglass auf die Slieve League (601 m)	164

Auf dem One Man's Path, 600 Meter über dem Atlantik

36	Von Glencolumbkille nach Port	167

Über das Glen Head zum verlassenen Hafen

37 Von Osten auf den Mount
Errigal (752 m) — 171
*Der Weg auf den
»Fudschijama Irlands«*

38 Im Glenveagh-Nationalpark — 174
*Vom Glenveagh Castle
auf den Kinnaveagh (387 m)
und den Lough Beagh
entlang*

39 Von Süden auf den Mukish
Mountain (670 m) — 178

40 Von der Tranarossan Bay
zum Melmore Head — 180
*Zu den einsamen Stränden der
Rosguill-Halbinsel*

Anhang — 185

Die verschiedenen
Weitwanderwege — 185

Nützliche Informationen — 186

Literatur — 189

Register — 190

Bildnachweis

Alle Aufnahmen stammen vom Autor des Buches.
Mit Ausnahme der Bilder auf den folgenden Seiten: 18/19, 29, 70, 102/103, 108/109, 151
(Karl-Heinz Raach, Merzhausen)

Die Tourenkärtchen und die Übersichtskarte zeichnete Sebastian Schrank, München.
(Auf der Grundlage einer Karte von Eugen E. Hüsler, Dietramszell.)

Einführung

Irland wird, Gott sei Dank, nie ein Land für den Massentourismus werden. Das liegt nicht am Fehlen langer Sandstrände oder eines attraktiven Hinterlandes, sondern am irischen Wetter. Ständiger Wechsel zwischen Wolken und Sonne bestimmt den Tagesverlauf. Wer den Erfolg seines Urlaubs von der Bräunung seiner Haut abhängig macht, der wird sich in südlicheren Gefilden wohler fühlen. Das Wetter in Irland ist aber für den, der unmittelbares Naturerleben sucht, ein Schauspiel. Plötzlich kann sich der Himmel verdunkeln und ein seidenweich-warmer Schauer über der Landschaft niedergehen. Dichter Nebel umhüllt die Berggipfel, und Weltuntergangsstimmung kommt auf. Doch ebenso schnell, wie uns die Wolken gefangennehmen, werden sie vom ständig wehenden Atlantikwind wieder vertrieben. In der makellos klaren Luft wölbt sich ein Regenbogen, und das sonnengefleckte Land verändert von Sekunde zu Sekunde sein Aussehen. Nicht zuletzt dieses Spiel der Stimmungen und Farben ist es, das Wandern in Irland zum Erlebnis werden läßt. In den letzten Jahren nahm der Tourismus in Irland einen ständigen Aufschwung. Doch selbst in den Hauptreisemonaten Juli und August findet gerade der Wanderer abseits der ausgetretenen Touristenpfade Einsamkeit in unverfälschter Natur. Dieser Führer soll dabei helfen, die stille Schönheit der irischen Berge, Küsten und Inseln zu entdecken.

Wandern in Irland

Wandern ist in Irland und für die Iren selbst eine relativ neue, unbekannte Betätigung. Aus diesem Grund trifft man auf der »Grünen Insel« auf völlig neue, im mitteleuropäischen Raum unbekannte Bedingungen. Das Wegenetz in Irland ist vor allem auf die Bedürfnisse der Landwirtschaft ausgerichtet und nahezu vollkommen geteert. Will man daher die Natur abseits von Straßen erleben, bleiben zumeist nur Routen, die querfeldein führen. Die Berge sollte man trotz ihrer geringen Höhe auf keinen Fall unterschätzen, denn im weglosen und unmarkierten Gelände hat man sich schnell verlaufen. Nicht umsonst liest man immer wieder den Hinweis, nicht alleine aufzubrechen, denn nur ganz selten wird man auf andere Wanderer treffen, die Hilfe holen könnten.

Ab und an läßt es sich nicht vermeiden, einen Zaun oder eine Steinmauer zu überqueren, die man natürlich nicht beschädigen sollte. Durchquert man eines der vielen Tore, ist es natürlich selbstverständlich, daß man es danach wieder gut verschließt. Werden diese Hinweise beachtet, bleibt das Verhältnis zwischen Wanderern und Bauern, die in der Regel nichts dagegen haben, wenn ihr Privatgelände überquert wird, so problemlos wie bisher. Ein freundliches Wort von seiten des Wanderers tut ein übriges, und so entwickeln sich häufig auch interessante Gespräche. Auf keinen Fall sollte man jedoch einen Hund mitführen, denn dies wird wegen der vielen Schafe von keinem irischen Bauern gern gesehen.

Anreisemöglichkeiten

Mit dem eigenen Fahrzeug: Wegen des teilweise schlechten öffentlichen Verkehrsnetzes bietet eine Irlandreise mit dem eigenen Fahrzeug die größte Flexibilität. Man sollte allerdings nicht außer acht lassen, daß die Anreise mit dem eigenen fahrbaren Untersatz eine zeitraubende Sache ist. Hat man für die gesamte Reise nur zwei Wochen Zeit, fallen je zwei An- und Abreisetage natürlich schwer ins Gewicht.

Mit dem Schiff: Direktfähren nach Irland verkehren nur von Le Havre, Cherbourg und Roscoff aus. Man muß also zuerst ganz Frankreich durchqueren, um dann anschließend noch einmal ca. 20 Stunden auf der Fähre zu verbringen. Die preiswerteste Anreisemöglichkeit ist der Weg via England. Der Zeitaufwand für diese Art der Anreise ist aber beträchtlich. Nachdem man England mit einer Fähre erreicht hat, sind es noch einmal ca. 500 Kilometer auf britischen Straßen, ehe man nach Irland übersetzen kann.

Je nach Startpunkt der Reise und Reisedauer sollte man sich seine Anreiseroute ganz individuell zusammenstellen. Ein nützlicher Ratgeber ist dabei die Broschüre »*Autofähren Großbritannien und Irland*«, die die Irische Fremdenverkehrszentrale kostenlos zuschickt.

Mit dem Flugzeug: Gerade für den Reisenden, der relativ wenig Zeit zur Verfügung hat, ist dies die beste Möglichkeit, nach Irland zu kommen. Von allen größeren Flughäfen im deutschsprachigen Raum gibt es Linien- und Charterflüge nach Dublin und zum Shannon-Airport an der irischen Westküste nahe Limerick. Die Preise variieren je nach Veranstalter und Reisezeit stark. Bei genauer Planung kann man sicher einiges Geld sparen.

Interessant sind die vielen Kombinationsangebote in Verbindung mit einer Flugreise nach Irland. Recht preiswert kann man mit Hilfe dieser Sonder-, Kombi- oder IT-Flüge Übernachtungen, Leihautos, Shannon-Boote und vieles mehr zusätzlich buchen. Für den Wanderer sind besonders die günstigen Fly- &-Drive-Angebote interessant.

Mit der Eisenbahn oder dem Bus: Für Reisende mit ausgeprägtem Umweltbewußtsein ist die Anreise mit der Bahn natürlich immer eine Überlegung wert. Leider hat sich dieses Bewußtsein noch nicht in den Führungsetagen der Bahngesellschaften herumgesprochen, und so muß man Reisenden mit kleinem Geldbeutel und wenig Zeit von dieser Anreisemöglichkeit eher abraten. Zum einen muß man etwa eineinhalb Tage Reisezeit in Kauf nehmen, und zum anderen muß man im Normalfall sogar mehr dafür bezahlen, als eine Flugreise nach Irland kostet.

Deutlich billiger ist die Anreise mit dem Bus. Von deutschen Großstädten aus wird immer zuerst London angesteuert. Dort muß man in die Busse umsteigen, die nach Irland weiterfahren. Mit einem Zeitbedarf von eineinhalb Tagen je Richtung sollte man rechnen. Vorteil der Busse ist es, daß von London aus auch Direktbusse in einige größere Städte an der irischen Westküste starten.

Reisen in Irland

Zwischen nahezu allen größeren Ortschaften in Irland besteht ein gut ausgebautes öffentliches Verkehrsnetz. Oftmals kann man zwi-

In der Nähe der Cliffs of Moher steht dieses alte, strohgedeckte Bauernhaus.

schen Bahn und Bussen wählen. Die Situation ändert sich jedoch abseits dieses Netzes schlagartig. Gerade in den einsamen Berg- und Küstenregionen, den interessantesten Gebieten für den Wanderer, wird das Reisen mit öffentlichen Verkehrsmitteln zu einer harten Geduldsprobe. Busse verkehren – wenn überhaupt – nur in relativ großen zeitlichen Abständen. Häufig bleibt als letzter Ausweg nur noch das Trampen, was bei dem geringen Verkehrsaufkommen aber eher ein Glücksspiel ist.

Ein eigenes Fahrzeug kann während einer Irlandreise eine Menge Zeit und Ärger ersparen. Ist man mit dem Auto oder Motorrad unterwegs, muß man sich nicht nur wegen des Linksverkehrs umstellen. Die engen Straßen, an deren Rändern Steinmauern und Hecken entlanglaufen, fordern eine langsame Fahrweise. So manche Pause ist nötig, ehe sich eine Kuh oder ein Esel entschließt, den Weg freizugeben. Doch für eine solche Zwangspause wird man dankbar sein, denn ein ausgiebiger Blick in die Landschaft lohnt sich überall.

Eine gute Alternative zum Auto ist ein Fahrrad. Nur selten sind große Höhenunterschiede zu überwinden, und an den ständig wehenden Wind hat man sich bald gewöhnt. Allerdings sollte man sich mit einem guten Regenschutz ausrüsten. Will man weitere Strecken zurücklegen, kann man die Eisenbahn oder den Bus benutzen. Für diejenigen, die kein Fahrrad von zu Hause mitgebracht haben, bieten in vielen Orten Verleihfirmen ihre Fahrräder an, die man tage- oder wochenweise mieten kann. Muß man sich auch etwas mehr anstrengen, so bietet doch die Kombination aus Radfahren und Wandern ein Maximum an Naturgenuß.

Unterkunft und Verpflegung

Riesige Bettenburgen wird man in Irland vergeblich suchen. Für Übernachtungsmöglichkeiten in Häusern aller Kategorien ist dennoch ausreichend gesorgt. Wer es sich leisten kann, dem steht eine große Auswahl an Hotels zur Verfügung. Die Palette reicht vom luxuriösen Schloßhotel bis zu einfachen, kleinen Familienbetrieben.

Die klassische Art zu übernachten bieten die einfachen B&B-Häuser. Der Übernachtungspreis beinhaltet ein stattliches Frühstück. Sie liegen im Preisniveau deutlich unter den Hotels und bieten bessere Kontaktmöglichkeiten zu den Einheimischen. Auch in entlegenen Gebieten muß man nicht lange suchen, um eine Privatunterkunft zu finden, die am ausgehängten B&B-Schild leicht zu erkennen ist. Circa die Hälfte der B&B-Häuser ist bei der irischen Fremdenverkehrsorganisation Bord Failte registriert und wird auf einen gewissen Mindeststandard hin überprüft. Vorausbuchungen sind möglich, vor allem in der Hauptsaison ein großer Vorteil. Zu erkennen sind die von Bord Failte überprüften Häuser an einem Schild mit der Aufschrift »Approved« und zwei stilisierten Kleeblättern.

Wer es noch einfacher und billiger haben will, dem steht ein gut ausgebautes Netz an Jugendherbergen, sog. Hostels, zur Verfügung. Neben den offiziellen An-Oige-Hostels, die dem internationalen Jugendherbergsverband angeschlossen sind, gibt es eine große Anzahl privater Jugendherbergen. Die Stimmung in den Privatunterkünften ist meist besser, da die Reglementierungen der offiziellen Jugendherbergen entfallen. Ein Jugendherbergsausweis ist nur für die An-Oige-Hostels nötig.

Berghütten gibt es in Irland nicht. In einsamen Gebieten ist man daher auf die Jugendherbergen oder das Zelt angewiesen.

Die Preise der irischen Campingplätze liegen meist über denen der Jugendherbergen, allerdings verbringt man dafür die Nacht nicht in einem Gemeinschaftsschlafsaal. Viele Jugendherbergen bieten für wenig Geld einen Platz neben dem Haus zum Campen an. Man kann dann die sanitären Einrichtungen mitbenutzen. Wildcampen ist in Irland grundsätzlich erlaubt. In abgeschiedenen Gegenden kann man sein Zelt ohne schlechtes Gewissen in freier Natur aufschlagen. Hat man sich eine Wiese als Standplatz ausgesucht, sollte man aber auf jeden Fall den Besitzer um seine Erlaubnis bitten. Daß man den Übernachtungsplatz so verläßt, wie man ihn vorgefunden hat, sollte eine Selbstverständlichkeit sein.

Essen ist in Irland eine teure Angelegenheit. Eine typisch irische Eßkultur konnte sich bei der Not der vergangenen Jahrhunderte kaum entwickeln. In den letzten Jahren haben sich vor allem Restaurants mit französischer Küche etabliert. Relativ preiswert sind die Lokale, in denen Touristenmenüs angeboten werden. Als Alternative kann man in manchen B&B-Häusern zum Abendessen kräftige Hausmannskost bekommen. Gerade wenn man mit dem eigenen Zelt unterwegs ist, lohnt sich ein Kocher zur Selbstversorgung auf jeden Fall.

Will man Land und Leute kennenlernen, gehören Pubbesuche in jedes Urlaubsprogramm. Bei einem Bier oder Whiskey kann man am besten Kontakte zu den Einheimischen knüpfen. Zusätzlich wird in vielen Pubs die Stimmung durch Irish-Folk-Bands gehoben.

Klima, Reisezeit und Ausrüstung

Das irische Klima ist geprägt durch Irlands Lage als westlichstes Bollwerk des europäischen Kontinents. Über den Weiten des benachbarten Atlantiks sammelt sich verdunstetes Wasser in mächtigen Wolken an. Der stetige Westwind treibt sie gegen die irischen Berge, an denen sie sich kräftig abregnen können. Dank des Windes werden die Wolken aber ebenso schnell vertrieben, wie sie gekommen sind. Die reichlichen Niederschläge sorgen für den ständigen Wassernachschub in den ausgedehnten irischen Sümpfen.

Wetterfeste Bekleidung und festes, möglichst wasserabweisendes Schuhwerk sind daher für jeden unabdingbar, der Irland nicht nur durch die Scheiben seines Autos kennenlernen möchte. Für Camper empfiehlt sich natürlich ein wasserdichtes Zelt, dessen Eingänge zusätzlich mit einem Moskitonetz gesichert sein sollten. In den warmen Sommermonaten können unzählige Mücken besonders in der Nähe von Sümpfen zur Plage werden.

Die niederschlagreichsten Gebiete sind die Bergregionen im Westen der Insel. Hier können bis zu 2000 Millimeter Niederschlag im Jahr fallen, nahezu dreimal soviel wie an der sonnenreichen Südostküste Irlands.

An der irischen Westküste streicht der Golfstrom entlang, der warmes Wasser aus südlichen Regionen mit sich führt. Er sorgt für die

Aus frühchristlicher Zeit stammt das Gallarus-Oratory, ein mörtellos erbautes Gebetshaus auf der Dingle-Halbinsel.

ausgeglichenen Temperaturen während des ganzen Jahres. Selbst im Hochsommer übersteigt das Thermometer nur selten die 25-Grad-Marke. Dafür sind winterlicher Schnee und Frost ein in Irland fast unbekanntes Phänomen.

Juli und August sind die wärmsten Monate im Jahr. Allerdings sind jetzt die meisten Urlauber unterwegs, und es regnet häufiger als in der Vor- und Nachsaison. Von April bis Juni macht die Grüne Insel ihrem Namen alle Ehre. Nur wenige Touristen teilen sich den Anblick des saftigen Frühjahrsgrüns. Die Abende werden immer länger; Mai und Juni sind die trockensten Monate. Die Herbstmonate sind die Zeit der schönen Stimmungen. Morgens liegen Nebelschleier über den Tälern, und häufig zeichnen Regenbogen ihre Farben an den Himmel. Abraten muß man nur von den Wintermonaten. Beständiges Schlechtwetter verhindert dann meist jegliche Aktivitäten unter freiem Himmel.

Pflanzen und Tiere

Irland ist eines der waldärmsten Länder in ganz Europa. Über Jahrhunderte wurden die Wälder von den englischen Besatzern abgeholzt. Zum einen wollte man dadurch den irischen Widerstandskämpfern mögliche Verstecke nehmen, zum anderen konnte man das Holz gut zum Ausbau der englischen Flotte verwenden. Trotz enormer Anstrengungen bei der Wiederaufforstung sind nur drei Prozent der Insel mit Wald bedeckt.

In der Südwestecke Irlands wuchert an windgeschützten Stellen dank des Golfstroms eine nahezu tropische Vegetation. Haine mit Palmen, Fuchsien, Bambus, Rhododendron und anderen subtropischen Pflanzen ergeben dort einen eigenartigen Kontrast zu den kahlen Bergen im Hintergrund. Blühende Fuchsienhecken und leuchtendroter Rhododendron täuschen aber darüber hinweg, daß diese nichtheimischen Pflanzen teilweise die natürliche Vegetation zu ersticken drohen. Für den Pflanzenfreund beeindruckend sind vor allem die Sümpfe mit ihrer seltenen Moorvegetation und das dazu in seltsamem Gegensatz stehende Karstgebiet der sogenannten Burren, in dem alpine und mediter-

*Vor rund 4500 Jahren errichteten Steinzeitmenschen die sogenannten Dolmen.
Sie dienten als Grabstätten.
Hier der Poulabrone-Dolmen in den Burren.*

rane Vegetation aufeinandertreffen. Durch den Torfabbau verliert Irland jährlich große Moorflächen, und es ist jetzt schon absehbar, daß diese ökologisch so wertvollen Flächen bald nur noch als geschützte Relikte kleine Areale bedecken werden.

Der heilige Patrick hat der Sage nach alle Schlangen von der Insel verbannt. Auch sonst gibt es kaum Reptilien. Rotwild und Wildschweine finden sich fast nur noch in Parks.

Dennoch hat Irland jedem Tierliebhaber etwas zu bieten. Vor allem das reiche Leben am und im Wasser lädt zu schönen Beobachtungen ein. Wo kann man schon Eisvögel, wilde Gänse und Otter sehen! Meeresforellen und Lachse ziehen während der Laichzeit die Flüsse aufwärts. An die 350 verschiedene Vogelarten wurden in Irland schon gezählt. Davon sind 150 heimische, die anderen überwintern hier oder legen einen Zwischenstop auf ihrem Weg nach Süden ein. Besonders beindruckend sind die großen Vogelkolonien in den steilen Meeresklippen. Die Flug- und Tauchkünste von Kormoranen, Papageientauchern, Sturmvögeln und vielen anderen Arten kann man ohne Probleme verfolgen.

An einsamen Stränden genießen Scharen von Robben die Strahlen der Sonne. In manchen Buchten durchschneiden die Rückenflossen der für den Menschen ungefährlichen Blauhaie zu Hunderten die Wasserfläche. Mit etwas Glück begleiten auf einer Überfahrt verspielte Delphine das Schiff, oder der breite Rücken eines Wales taucht neben dem Boot auf.

Geographie und Geologie

Irland ist der am weitesten im Westen gelegene Vorposten Europas. Zwischen der irischen Westküste und Nordamerika dehnt sich nur noch die Wasserwüste des Nordatlantik. Die Insel liegt in etwa auf demselben Breitengrad wie Norddeutschland. Wegen des warmen Golfstroms, der an der irischen Westküste vorbeizieht, ist das Klima aber bedeutend milder.

Circa 480 Kilometer sind es vom nördlichsten Punkt der Insel bis zur Südküste, und 275 Kilometer beträgt die größte Entfernung zwischen der West- und Ostküste. Dank der zerfransten Küste ist kein Ort auf der Insel weiter als 100 Kilometer vom Meer entfernt.

Die Form der Insel wird oftmals mit der einer riesigen Schüssel verglichen. Im Zentrum liegt die ausgedehnte irische Kalkebene, die nur an wenigen Stellen von höheren Hügelketten unterbrochen wird. Die Ränder der Insel sind dagegen fast durchgehend von Gebirgsstöcken besetzt. Nur der Gipfel des Carrauntouhill im Südwesten Irlands überragt die Tausendmetermarke. Man sollte die irischen Berge aber deshalb nicht unterschätzen, denn die Aufstiege beginnen meist nur wenig über dem Meeresniveau, und das Wetter kann unberechenbar sein.

Die Gesteine, aus denen die irische Insel aufgebaut ist, sind sehr alt. Die Berge im Süden wurden ungefähr vor 300 Millionen Jahren aufgefaltet. Die Gebirge in Zentral- und Nordirland sind noch bedeutend älter. Die Erosion hatte so Hunderte von Millionen Jahre Zeit, die Gipfel und Kämme abzunagen. Sie wurden immer niedriger und zu runden, ausdruckslosen Kuppen abgeschliffen.

In den letzten zwei Millionen Jahren trat – zum Glück für den Wanderer – eine deutliche Veränderung im Erscheinungsbild Irlands ein. Die Eiszeit schuf aus der eintönigen Landschaft das heutige abwechslungsreiche Bild. Nahezu die gesamte Insel war von einem mächtigen Eisschild bedeckt, aus dem nur die höheren Bergketten ragten. In dieser Zeit entstanden die vielen kleinen Karseen, die den Anblick der kargen irischen Bergwelt so sehr beleben. Die Spitzen und Grate der Berge wurden zugeschliffen und die Täler zu den breiten irischen Glens ausgehobelt. Im Tiefland wurden niedrige Hügel und Schotterkämme abgelagert und die Becken der unzähligen Seen ausgeschürft.

Viele der nacheiszeitlichen Seen sind mittlerweile verlandet und prägen als Moore das irische Landschaftsbild mit. Seit alters her ist der Torf der irischen Moore der Ersatzbrennstoff für das seltene Holz. Neuerdings wird der Torf sogar in großen Kraftwerken zur industriellen Erzeugung von Strom genutzt.

Geschichte und Kultur

Die frühesten Einwohner: Bis zum Ende der Eiszeit bestand eine Landverbindung zwischen den Britischen Inseln und dem europäischen Kontinent. Die Besiedlung Irlands war aber wegen der geschlossenen Eisbedeckung nicht möglich. Als dann zum Ende der Eiszeit weltweit die Gletscher abschmolzen, stieg der Meeresspiegel. Irland wurde eine Insel und blieb während der nächsten 5000 Jahre unbesiedelt.

Circa 6000 v. Chr. setzten jungsteinzeitliche Jäger und Sammler von Schottland über. An sie erinnern nur noch vereinzelte Funde ihrer Steinwerkzeuge und Waffen.

Ab 3000 v. Chr. gingen mehrere Einwanderungswellen über die Insel. Die neuen Bewohner waren seßhafte Bauern, die bedeutende Steinmonumente errichteten. Woher sie gekommen waren, ist nicht eindeutig geklärt. Ähnliche Bauwerke wie in Irland entstanden jedoch zu jener Zeit in ganz Westeuropa und im Mittelmeerraum. Die Formen der aus großen Steinplatten errichteten Grabkammern wurden immer weiter verfeinert. Die schönsten Beispiele der von einem großen Erdhügel bedeckten Kammer- und Galeriegräber kann man im Boyne-Valley nördlich von Dublin besichtigen. Von der Form her einfacher, jedoch deshalb keinesfalls weniger beeindruckend sind die wuchtigen Dolmengräber. Wie es die Steinzeitmenschen schafften, die tonnenschweren Decksteine auf die fünf oder sechs Tragesteine hinaufzuhieven, wird auch in Zukunft ein Rätsel bleiben.

Um 2000 v. Chr. lösten Bronzewerkzeuge und Bronzewaffen die Steingeräte ab. Damals entwickelte sich in Europa ein ausgedehntes Handelsnetz, und Irland wurde zu einem der wichtigsten Erz- und Goldlieferanten dieser Epoche. Außerdem wurden Waffen und Schmuckgegenstände von hervorragender Qualität exportiert. Für religiöse Zeremonien und wahrscheinlich sogar zur Beobachtung der Sternenbahnen errichteten die damaligen Einwohner aus mächtigen, hoch kant gestellten Felsen große Steinkreise.

Die keltische Invasion: Circa 500 v. Chr. erschien in Irland ein vollkommen neuer Volksstamm, die Kelten. Nach römischer Beschreibung waren die Kelten große, rothaarige Männer, die nur ungern einem Streit oder Kampf aus dem Wege gingen. Diese Streitlust bewahrte Irland zwar vor einer römischen Invasion, führte aber auch zu einer Zersplitterung Irlands in über hundert kleine Königreiche. Sie gruppierten sich in vier Hauptkönigreiche, deren Lage noch heute an den Grenzen der vier irischen Provinzen abzulesen ist. Über dem Ganzen stand theoretisch ein Hochkönig, der gleichzeitig oberster Heerführer war. Nur wenige Herrscher hatten aber auch wirklich die Macht, diesen Platz auszufüllen. Die geistig-religiöse Führung lag in den Händen der Druiden. Ihre von Feen und Dämonen belebte Naturreligion spiegelt sich noch in den Sagen und Erzählungen des heutigen Irlands. Da die Kelten keine Schrift hatten, nahmen die Barden als lebende Geschichts- und Märchenbücher eine wichtige Stellung in der damaligen Gesellschaft ein. Das in einigen Teilen Irlands noch heute gesprochene Gälisch geht als eines der letzten Überbleibsel der keltischen Sprachfamilie auf diese Zeit zurück. Von geschickten irischen Handwerkern gefertigte Schmuckstücke und Waffen wurden nach ganz Europa exportiert. Der Großteil der einfachen Bevölkerung bestand aus abhängigen Bauern. Bei Gefahr flüchteten sie in die stark befestigten Hügel-Forts, von denen aus die Kleinkönige ihre Gebiete regierten. Einzelne Familienclans errichteten Steinforts oder in Seen künstliche Inseln, die vor feindlichen Überfällen Schutz bieten sollten. Teilweise blieben diese sogenannten Ringforts und Crannogs bis ins Mittelalter hinein in Gebrauch. Ob die sogenannten Promontory-Forts, die am Steilabfall von Klippen errichtet wurden, den Kelten oder anderen Volksgruppen als Fluchtburgen dienten, ist bis heute ein Rätsel. Im 4. Jahrhundert entwickelte sich eine einfache Schrift, die den Runen verwandte Ogamschrift. Ihre Zeichen wurden in die Kanten aufrechtstehender Steine eingeritzt. Diese Schrift wurde aber schon bald von der mit der Christianisierung aufkommenden lateinischen Schrift verdrängt.

Die frühchristliche Zeit und der Einfall der Wikinger: Schon im 4. und 5. Jahrhundert n. Chr. begann, was Irland den Beinahmen »Insel der Heiligen« einbrachte. Die Iren nahmen als erstes Volk außerhalb des römischen Machtbereiches den christlichen Glauben an. Der Erfolg der Christianisierung ist dabei fest mit dem Namen des irischen Nationalheiligen Patrick verbunden. Seine Kindheit

An den Ufern des Shannon liegen die Reste der Klosteranlage von Clonmacnois, einst eines der bedeutendsten Klöster in Europa.

verbrachte er als Sklave in Irland. Nach gelungener Flucht kehrte er als Missionar und Bischof hierher zurück. Zwischen 432 und 460 bekehrte er vor allem die Bevölkerung im Norden der Insel. Schon bald war Irland mit einem dichten Netz von Klostersiedlungen überzogen. Einfache Holzhütten und primitive, fensterlose Steinhütten, die sogenannten Bienenkorbhütten, waren die Keimzellen der später zu großem Reichtum aufstrebenden Klosterstädte. Von Irland aus wurden weite Teile West- und Mitteleuropas christianisiert, und viele Schüler kamen in die Klöster, um das Wissen der gelehrten Mönche in ihre Heimat mitzunehmen. Kirchen, Hochkreuze und Rundtürme zeugen noch heute vom Glanz der damaligen Klosteranlagen. Wundervoll ausgeschmückte Handschriften beeinflußten die Buchmalkunst im übrigen Europa.

Um 800 begannen die Einfälle der Wikinger. Bevorzugtes Ziel ihrer Plünderungen waren die reichen Klöster, die aber nach jedem Raubzug um so schöner neu erstanden. Die Wikinger errichteten an der Küste Stützpunkte, aus denen später die großen irischen Städte wie Dublin, Cork und Limerick entstanden. 1014 gelang es irischen Truppen unter dem Hochkönig Brian Boru, in der Schlacht am Clontraf die Wikinger vernichtend zu schlagen. Die Zeit der Wikinger in Irland war beendet.

Die Herrschaft der Anglonormannen: 1155 sprach Hadrian IV., der einzige Engländer auf dem Stuhl des Papstes, dem englischen König Heinrich II. die Herrschaft über Irland zu. Innerirische Streitigkeiten führten dann dazu, daß der König von Leinster 1169 die englisch-normannischen Truppen unter Führung des Abenteurers Strongbow zu Hilfe rief. Der Grundstein zur jahrhundertelangen englischen Herrschaft über Irland war gelegt. Die Normannen eroberten nach und nach große Teile Irlands und lösten die keltische Führungsschicht ab. Sie errichteten mächtige Turmhäuser und Burgen, in deren Schutz Städte entstanden. Neue Klöster wurden von festländischen Orden wie Zisterziensern und Augustinern gegründet.

Doch der normannischen Oberschicht ging nach und nach die Bindung zum englischen Mutterland verloren. Das englische Königshaus versuchte mit Hilfe neuer Gesetze seinen Einfluß wieder zu stärken. So wurde den Normannen in Irland der Gebrauch der irischen Sprache und die Heirat mit Iren verboten. Doch durch den Hundertjährigen Krieg und Pestwellen geschwächt, war England nicht in der Lage, seine Machtansprüche durchzusetzen. Nur das Gebiet rund um Dublin, »English Pale« genannt, das von einem Palisadenzaun umgeben war, blieb fest im Einflußbereich der englischen Krone. In dieser Zeit entwickelte sich eine irisch-normannische Oberschicht, die sich in den folgenden Jahrhunderten den Machtansprüchen der Engländer entgegenstellte.

Der Kampf gegen England: Zu Beginn des 16. Jahrhunderts wuchs das Interesse der englischen Krone an Irland beträchtlich. Die Entdeckung Amerikas und die Konfrontation mit Spanien rückte Irland von seiner Randlage in eine strategisch wichtige Position. Das Königtum in England war unter Heinrich VIII. wiedererstarkt, und außerdem vollzog der König den Bruch mit der katholischen Kirche. Von nun an waren es nicht mehr nur rassische Gründe, die den englischen Herrschern den Vorwand zur Unterdrückung der treu zum katholischen Glauben stehenden Iren gaben. Englische Siedler wurden ins Land geholt, unter denen ein Großteil der fruchtbaren Böden Irlands aufgeteilt wurde. Unter diesen Bedingungen konnte Widerstand der alteingesessenen Bevölkerung nicht ausbleiben. Eine Serie von Aufständen endete 1601 mit der Niederlage der Iren in der Schlacht bei Kinsale. In der Folge wurde weiteres Land enteignet, und ein Großteil der irischen Führungsschicht emigrierte nach Frankreich. 1641 erhoben sich die Iren ein weiteres Mal gegen die Engländer, doch 1649 machte Oliver Cromwell diesem Aufstand ein schreckliches Ende. Seine Truppen verwüsteten drei Jahre lang Irland, ein Viertel der Bevölkerung wurde ermordet. Wer mit dem Leben davonkam, wurde in den unfruchtbaren Westen der Insel, den Connaught, verbannt. So mancher Ire endete als Sklave auf den Plantagen der Neuen Welt. Die verlassenen Höfe wurden den Anhängern Cromwells überlassen. Neue Hoffnung keimte bei den Iren, als der katholische König Jakob II. den englischen Thron bestieg und die antikatholischen Gesetze aufgehoben wurden.

Doch 1689 wurde Jakob II. von dem Protestanten Wilhelm von Oranien gestürzt. Am 12. Juli 1690 schlugen die protestantischen Truppen Jakob II. am Boyne vernichtend. Die Protestanten Nordirlands feiern noch heute diesen Tag. Neue diskriminierende Gesetze traten in Kraft. Die katholische Kirche wurde endgültig verboten, Katholiken durften nicht wählen, keine Berufe erlernen, ja nicht einmal mehr ein Pferd besitzen. Ehen zwischen Protestanten und Katholiken wurden verboten. Grundbesitz in Hand katholischer Iren wurde per Gesetz auf alle Söhne vererbt, wodurch nach und nach die Größe der einzelnen Bauernhöfe unter das Existenzminimum sank. Wegen starker Handelshemmnisse vertraten Ende des 18. Jahrhunderts auch irische Protestanten eine möglichst unabhängige Position gegenüber England. So war es ein Protestant mit irischem Nationalgefühl, Henry Grattan, der die Aufhebung der antikatholischen Gesetze forderte und eine »patriotische Partei« gründete. 1783 erkämpfte Wolfe Tone, der sich mit seinen »United Irishmen« für die politische und religiöse Freiheit aller Iren einsetzte, das Wahlrecht für die Katholiken. Daniel O'Connell, ein charismatischer katholischer Führer, zu dessen Reden Hunderttausende Iren kamen, erwirkte 1829 den Zugang der Katholiken zu öffentlichen Ämtern und das passive Wahlrecht.

Die Jahre des Hungers: Die Erfolge der irischen Katholiken im Kampf um mehr Rechte änderten nichts daran, daß ein Großteil der irischen Bauern in katastrophaler Armut leben mußte. Ihre Felder, ob eigenes oder gepachtetes Land, waren meist zu klein, um auch nur eine Minimalversorgung zu garantieren. Hinzu kam die rapide steigende Überbevölkerung der Insel. Das billigste Nahrungsmittel, die Kartoffel, war für viele Iren zum einzig erschwinglichen Lebensmittel geworden. In dieser Situation war es eine Katastrophe, als in den Jahren zwischen 1845 und 1850 die Kartoffelpest die irische Ernte fast vollständig vernichtete. Die Folge war die größte Hungerkatastrophe in der Geschichte Irlands. Rund eine Million Menschen starben an Unterernährung und den damit einhergehenden Epidemien. Trotz der schreienden Not wurden von den Großgrundbesitzern große Mengen der in Irland produzierten Lebensmittel nach England ausgeführt. Ein nicht abreißender Strom von Auswanderern verließ in den folgenden Jahren unter erbärmlichen Bedingungen die irische Heimat Richtung Amerika und Australien. In wenigen Jahrzehnten verlor Irland durch Krankheit, Hunger und Auswanderung ein Drittel seiner Einwohner.

Der Weg in die Unabhängigkeit: Die Jahre nach der großen Hungerkatastrophe waren von politischer Enthaltsamkeit der Iren geprägt. 1879 wurde von den irischen Kleinbauern die »*Land League*« gegründet, der sich bald ein großer Teil der verarmten Bauernschaft anschloß. Durch passiven Widerstand zwangen sie die Grundbesitzer zu Zugeständnissen, und 1881 wurde ihnen im »*Land Act*« gerechte Pacht zugesichert. Ab 1885 ließ die englische Regierung Land aufkaufen, um es an irische Bauern zu vergeben. Das nächste Ziel der irischen Unabhängigkeitsbewegung war nun die Erlangung der »*Home Rule*«, also die Selbstverwaltung und nationale Unabhängigkeit. 1893 stimmte das britische Unterhaus für die Selbstverwaltung Irlands, doch die Gesetzesvorlage wurde im

Der gute Umsatz der irischen Pubs ist an ihren gediegenen Fassaden abzulesen.

Oberhaus nicht angenommen. Außerdem lehnten die Protestanten Nordirlands einen irischen Staat kategorisch ab und kündigten ihren erbitterten Widerstand an. Die Gegensätze zwischen den für die Unabhängigkeit eintretenden Iren und den Protestanten in Nordirland brachen endgültig auf. Auf beiden Seiten wurden Untergrundorganisationen gegründet. 1914 bestätigte der englische König die im selben Jahr vom irischen Parlament beschlossene Home-Rule-Regelung. Die Selbstverwaltung Irlands wurde jedoch noch im selben Jahr zurückgenommen, da bei Ausbruch des Ersten Weltkrieges die Männer Irlands auf den Schlachtfeldern Europas gebraucht wurden.

1916 kam es in Dublin zum sogenannten Osteraufstand. Rebellen besetzten das Hauptpostamt und riefen die »Irische Republik« aus. Nach blutigen Straßenkämpfen mußten sich die weit unterlegenen Aufständischen den englischen Truppen ergeben. Die Anführer der Rebellion wurden standrechtlich erschossen, Tausende von Sympathisanten deportiert. Die Grausamkeit, mit der die Briten den Osteraufstand niederschlugen, machte die Aufständischen zu irischen Märtyrern. 1917 errang die »Sinn-Féin-Partei«, eine Partei mit irisch-patriotischen Zielen, einen überragenden Sieg. Eine irische Nationalversammlung wurde gegründet. Sie wählte Eamon de Valera, den einzigen überlebenden Führer des Osteraufstandes, zum Präsidenten der schon 1916 ausgerufenen Republik Irland. Die Folge war die Verhängung des Kriegsrechts über Irland. Von 1919 bis 1921 tobte der irische Unabhängigkeitskrieg, ehe am 23. Dezember 1921 der anglo-irische Vertrag unterzeichnet wurde. Irland blieb als Freistaat Mitglied im Commonwealth und wurde in die beiden noch heute bestehenden Teile getrennt.

Eine Insel, zwei Nationen: Schon bald kam es zu heftigen Kämpfen zwischen Befürwortern und Gegnern des anglo-irischen Vertrages. Die Republikaner lehnten die Teilung Irlands und die weitere Mitgliedschaft im Commonwealth ab. Die Befürworter des Freistaates wollten das Erreichte nicht gefährden. 1922 und 1923 tobte über ein Jahr lang der irische Bürgerkrieg, ehe sich die Freistaatler durchsetzen konnten. Die Grenzen Nordirlands waren so gezogen worden, daß sich in der Bevölkerung der sogenannten Six Counties eine Mehrheit von Protestanten ergab. Diese stimmten durch Volksentscheid für die Zugehörigkeit zu Großbritannien. Erst 1937 gab sich dann der Freistaat Irland eine eigene Verfassung. Irland erklärte sich darin für selbständig und neutral. Im Zweiten Weltkrieg wahrte Irland seine Neutralität, und 1949 trat es endgültig aus dem Commonwealth aus. Ab Mitte der fünfziger Jahre begann dann die IRA mit ihren bewaffneten Anschlägen auf englisch-protestantische Ziele. Die protestantische Seite antwortete mit Ge-

genterror, und so ist in den vergangenen Jahrzehnten das Bild Nordirlands von Gewalt geprägt.

Politik und Wirtschaft

Seit 1937, als die Verfassung der Republik Irland in Kraft trat, ist das Land eine parlamentarisch-demokratische Republik. Alle sieben Jahre wird ein Präsident von der Bevölkerung direkt gewählt, der jedoch hauptsächlich repräsentative Aufgaben zu erfüllen hat.

Die politische Macht liegt beim Parlament und dem von ihm vorgeschlagenen Premierminister. Das Parlament wiederum setzt sich aus zwei Häusern zusammen, dem Unterhaus mit 166 und dem Senat mit 60 Mitgliedern.

Verwaltungsmäßig ist die Republik in 26 Grafschaften, die sogenannten Counties, unterteilt. Zusätzlich zählen laut Verfassung auch die sechs Grafschaften, die heute das britische Nordirland bilden, zur Republik Irland. Als übergeordnete Verwaltungseinheiten fungieren die vier Provinzen Leinster,

Noch immer ist Torf ein weit verbreitetes Brennmaterial in Irland. In gebirgigen Gegenden muß der Rohstoff nach wie vor von Hand abgebaut werden.

Munster, Connaught und Ulster, deren Umfang auf die Grenzen der alten keltischen Königreiche zurückgeht.

Das größte politische Problem ist nach wie vor der Konflikt in Nordirland. Seit über zwanzig Jahren tobt dort der Bürgerkrieg zwischen verfeindeten katholischen und protestantischen Terrororganisationen und hat nach offizieller Zählung mittlerweile über zweitausend Todesopfer gefordert.

Die Republik Irland bietet jedoch ein völlig anderes Bild. Nichts ist hier vom Haß unter den verschiedenen Religionen zu spüren, und die über 90 Prozent Katholiken leben hier einträchtig mit den Protestanten zusammen. Dennoch liefert auch hier die Situation im Norden Diskussionsstoff und den Anlaß für langwährende Verhandlungen zwischen der irischen und britischen Regierung.

Wirtschaftlich gehört Irland zu den ärmsten Ländern der Europäischen Gemeinschaft, der es 1972 beigetreten ist. Eine hohe Geburtenrate und eine Arbeitslosenquote von beständig um die 20 Prozent zwingen auch heute noch Jahr für Jahr Zehntausende von Iren zur Emigration. Auf einer Reise durch Irland wird man immer wieder auf Bilder der Armut stoßen, die nicht, wie in südlicheren Ländern, durch fortwährenden Sonnenschein gelindert erscheinen.

In den letzten Jahrzehnten gelang es zwar den verschiedenen Regierungen, durch Steuerbegünstigungen ausländische Investoren ins Land zu holen, die vor allem eine elektrotechnische und chemische Industrie aufbauten. Doch in weiten Teilen des Landes bestimmt immer noch die Landwirtschaft das Bild. Zusätzlich gewinnt von Jahr zu Jahr der Tourismus als Devisenquelle an Bedeutung.

Bevölkerung und Sprache

3,5 Millionen Einwohner verteilen sich auf das Gebiet der Republik Irland. Das ergibt eine Bevölkerungsdichte von 50 Menschen pro Quadratkilometer. Vergleicht man diese Zahl mit der mitteleuropäischer Länder, erkennt man, wie dünn Irland besiedelt ist. Hinzu kommt, daß sich rund um die größeren Städte nahezu die Hälfte der Bevölkerung konzentriert. So ist die Einsamkeit zu erklären, der man auf dem Lande, vor allem aber im Westen Irlands, begegnet.

Das Durchschnittsalter der Iren ist gering. Eine hohe Geburtenrate und die Abwanderung vieler älterer, arbeitsfähiger Personen nach England und Übersee tragen dazu bei, daß über ein Drittel der Iren noch nicht die Volljährigkeit erreicht haben.

Immer wieder erfreulich ist die Aufgeschlossenheit und Freundlichkeit der Iren. Fremden wird gerne geholfen, und schnell ist man in ein Gespräch mit einem Einheimischen verstrickt. Fasziniert wird man dann entdecken, wie sehr sich doch die keltische Mentalität bei den Iren erhalten hat. Man begegnet nicht kühlen Nordländern, sondern einer eigenwilligen Mischung aus manchmal nordischer Schwermütigkeit und vor allem beredter und lebensfroher, mediterran wirkender Gelassenheit.

Zwei Amtssprachen gibt es in Irland. Da ist zum einen natürlich Englisch, das von allen Iren gesprochen wird. Zum anderen hat sich in einigen Sprachinseln, sogenannten Gaeltacht-Gebieten, das alte Gälisch erhalten, das auf die Kelten zurückgeht. Früher war die Sprachfamilie, zu der Gälisch gehört, in weiten Teilen Europas verbreitet. Heute sind nur noch Reste in der Bretagne, in Wales, Schottland und eben Irland übriggeblieben. Nur noch für ca. fünfzigtausend Iren ist Gälisch heute die Muttersprache. Zu hart war die Diskriminierung dieser Sprache durch die Engländer, und alle Wiederbelebungsversuche durch die irische Regierung scheinen wenig zu fruchten. Auf jeden Fall sind die Gaeltacht-Gebiete, die sich vor allem im einsamen Westen der grünen Insel befinden, einen Besuch wert. Oftmals sind gerade hier die einsamsten und grandiosesten Landschaften zu entdecken, und abends kann man in den Dorfkneipen den seltsamen Klängen dieser alten Sprache lauschen.

Bei der Sprachverliebtheit der Iren ist es nicht verwunderlich, daß der bedeutendste Beitrag Irlands zur Kunst der letzten Jahrhunderte in der Literatur besteht. Es würde zu weit führen, alle bedeutenden Literaten Irlands aufzuzählen. Stellvertretend seien deshalb nur die drei Nobelpreisträger William Butler Yeats, George Bernard Shaw und Samuel Beckett erwähnt, die neben vielen anderen irischen Schriftstellern einen starken Einfluß auf die Entwicklung der Literatur ausübten.

Wanderungen im Osten (Wicklow)

1 Auf den Great Sugar Loaf (501 m)

Von Süden auf den Zuckerhut der Wicklow Mountains

> *Tourencharakter:* Einfache, kurze Bergwanderung, nur die letzten Meter steil. Keine Orientierungsprobleme.
> *Beste Jahreszeit:* Das ganze Jahr über möglich.
> *Reine Gehzeit:* 1¼ Stunden.

Der Great oder Big Sugar Loaf, wie ihn die Einheimischen nennen, ist bei weitem nicht der höchste Berg in den Wicklow Mountains. Doch ob man von den östlichen Stadtteilen Dublins nach Süden blickt, die Nationalstraße nach Wexford hinunterfährt oder sich auf dem Weg nach Glendalough befindet, der Great Sugar Loaf wird immer die Blicke auf sich ziehen. Wie ein steiler Vulkankegel ragt er östlich des Hauptkammes der Wicklow Mountains in den Himmel, und so ist es kein Wunder, daß sich an den Wochenenden viele Dubliner aufmachen, diesen schönen Gipfel zu besteigen. Wegen der Kürze des Anstieges ist diese Unternehmung gerade für Tage mit unbeständigem Wetter hervorragend geeignet.

Da der Gipfel vollkommen isoliert emporragt, bietet er natürlich wunderschöne Ausblicke über die irische Ostküste, einschließlich eines großen Teiles von Dublin. Der Hauptzug der Wicklow Mountains erscheint vom Great Sugar Loaf als breite, dunkle Masse, und man wundert sich um so mehr über die elegante Form unseres Berges. Doch das

Südlich des Great Sugar Loaf erstreckt sich die fruchtbare Hochebene von Calary, in der der Aufstieg zur ersten Tour beginnt.

helle leuchtende Gestein der Gipfelkuppe des Great Sugar Loaf bietet hierfür die Erklärung. Während der Hauptzug der Wicklow-Berge aus Granit aufgebaut ist, besteht der Great Sugar Loaf aus Quarzit.

Dieser Quarzit reagiert auf die natürlichen Abtragungsvorgänge anders als der Granit des Hauptkammes. Er bricht in groben Gesteinsblöcken und scharfkantigem Schutt vom Berg ab, wodurch steile Hänge und markante Formen gebildet werden. Im Gegensatz dazu wird Granit hauptsächlich durch Abspülungen und kleine Abschuppungen abgetragen. Dies führt zu rundlichen Formen. Nur den Gletschern der Eiszeit ist es zu verdanken, daß wir auch im Granit der Wicklow Mountains in den Karen und Tälern auf steilere Formen treffen.

Wer nicht durch ein Fahrzeug an den Ausgangspunkt gebunden ist, der kann übrigens eine schöne Überschreitung des Great Sugar Loaf durchführen. Man startet hierzu in *Kilmacanoge*, das nördlich des Berges an der Nationalstraße 11 liegt. Hierher bestehen gute Busverbindungen, denn die häufig befahrene Strecke von Dublin nach Arklow und Wexford führt durch den Ort. Der Great Sugar Loaf liegt unübersehbar direkt hinter dem Dorf. Man geht auf einer Nebenstraße kurz durch den Ort nach Osten. Bei erster Gelegenheit verläßt man die Straße nach links, in Richtung auf die Nordflanke des Berges. An der kurz darauffolgenden Gabelung hält man sich rechts und gelangt nach einigen hundert Metern an die Flanke des Berges. Hier beginnen mehrere Pfadspuren, auf denen man den Gipfel steil, aber problemlos erreicht. Anschließend kann man den beschriebenen Südweg absteigen und an der Hauptstraße den privaten St.-Kevin's-Bus stoppen, der zwischen Dublin und Glendalough verkehrt. Die Abfahrtszeiten der St.-Kevin's-Busse erfrägt man am besten im TI-Büro in Dublin.

Der Wegverlauf

Am großen *Parkplatz* steht der schön geformte Great Sugar Loaf schon zum Greifen nah vor uns, und der Verlauf des breiten Aufstiegsweges ist von hier schon deutlich zu erkennen. Wir gehen durch das Tor, das wir unbedingt wieder schließen sollten. Entlang unseres Weges sind die Schafe sozusagen in eine Zweiklassengesellschaft geteilt. Durch einen Zaun von unserem Weg getrennt, liegen rechts sattgrüne Wiesen, auf denen die Schafe ihr Leben genießen können. Die Schafe links des Weges müssen im mit Heidekraut zugewucherten Gelände schon härter arbeiten, um sich ihr tägliches Brot zu verdienen. Nach nur kurzem Anstieg weitet sich der Blick beträchtlich. Im Osten schillert die Wasserfläche der Irischen See, im Westen liegt das finstere Bergland der Wicklow Mountains. Nach Süden erstreckt sich die weite Ebene von Calary in einem Flickenteppich von Wiesen, Hecken und Waldstücken, der an seinem Südende vom Stausee bei Roundwood abgeschlossen wird. Grün und braun sind die vorherrschenden Farbtöne, die aber im Frühjahr immer wieder vom leuchtenden Gelb des Ginsters unterbrochen werden. An der Zufahrtstraße zum Parkplatz am Ausgangspunkt haben sich Dinkers, das fahrende Volk Irlands, mit ihren Wohnwägen niedergelassen. Rechts und links des Aufstiegsweges ist immer wieder das Rascheln der Wildkaninchen zu hören, die in den ausgedehnten Heidekrautflächen ein ideales Versteck gefunden haben. Nach einem kurzen Steilanstieg erreichen wir die *Schulter westlich des Gipfels*, auf der wir auf die Spuren des Nordaufstieges treffen. Rechts über uns steht die felsige Gipfelpyramide des Great Sugar Loaf. Nur noch wenige Meter

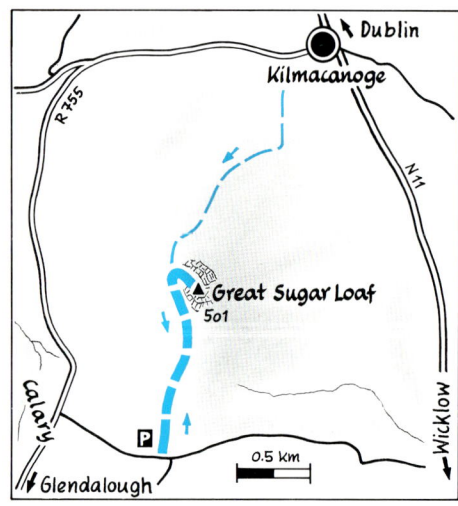

Wie ein Vulkankegel erhebt sich der Great Sugar Loaf über der Hochebene von Calary. Über die Flanke links verläuft der Aufstiegsweg.

sind es von hier bis zum höchsten Punkt, die es aber in sich haben. Kein Weg erleichtert im steilen Gelände den Aufstieg, und über grobblockiges, zuletzt felsiges Gelände steigen wir auf das kleine *Gipfelplateau*. Die Aussicht von hier oben ist phantastisch. Im Norden liegt die Bucht von Dublin mit der weit ins Meer ausgreifenden Halbinsel von Howth. Im Osten türmt sich der felsige Little Sugar Loaf vor der blauen Fläche der Irischen See auf. Im Westen erkennt man die Berge des nördlichen Wicklow-Hauptzuges, mit dem dank seines Sendemasten unverkennbaren Gipfel des Kippure. An den Hängen der Berge, die im Nordwesten dem Great Sugar Loaf gegenüberliegen, sind der obere Teil des berühmten Powerscourt-Wasserfalls und das noch berühmtere Schloß von Powerscourt gut zu erkennen. Im Südwesten ziehen sich die blauen Kämme der Berge rund um Glendalough und Glenmalure hin. Volle zwei Stunden hält uns diese Aussicht gefangen, ehe wir uns zum Abstieg entschließen.

Nützliche Informationen

Ausgangspunkt: *Großer Parkplatz* am Südfuß des Great Sugar Loaf. Von Dublin auf der N11 bis Kilmacanoge. Dort nach rechts auf der R755 Richtung Glendalough. Ca. 4 km auf der zum Schluß stark ansteigenden Straße um den Great Sugar Loaf herum auf die Ebene von Calary. 300 m nach Erreichen der Ebene zweigt eine kleine Teerstraße nach links, zum Südfuß des Berges, ab. Nach ca. 700 m erreicht man den Parkplatz, an dem der Aufstieg beginnt. Von Süden, von Glendalough, auf der R 755 durch Roundwood in Richtung Dublin. Direkt vor dem schon lange sichtbaren Great Sugar Loaf nach rechts wie oben zum Parkplatz.
Gehzeiten: Insgesamt 1¼ Stunden. Aufstieg 45 Minuten, Abstieg 30 Minuten.
Länge der Tour: 3 km.
Höhendifferenz: 210 m.
Verkehrsverbindungen: Nach Kilmacanoge mehrmals täglich Bus ab Dublin und von Süden ab Wexford, Arklow und Wicklow. Zum hier vorgestellten Südanstieg zweimal täglich mit dem St.-Kevin's-Bus, der Dublin und Glendalough verbindet. Startpunkt dieser privaten Buslinie in Dublin ist College of Surgeons, Stephens Green West.

Unterkunft: Hotels und B&B's entlang der Strecke von Dublin nach Glendalough. Jugendherbergen in Dublin (An Oige, Budget und Independent Hostels), am Knockree bei Enniskerry (An Oige) und in Glendalough (An Oige) sowie in Laragh (Independent).
Nächster Campingplatz in Roundwood.
Verpflegung: Nächstes Lebensmittelgeschäft und nächstes Restaurant in Kilmacanoge.
Fahrradverleih: In Dublin und Laragh (Nähe Glendalough).
Sehenswürdigkeiten: Das Schloß von Powerscourt mit wunderschönen Gartenanlagen. Der in der Nähe des Schlosses gelegene Wasserfall von Powerscourt. Schöne Wanderung vom Schloß zum Wasserfall.
Auskunft: TI-Office in Dublin (ganzjährig geöffnet).
Weitere Tourenvorschläge: Küstentour von Bray rund ums Bray Head.
Karten: OS-Karte 1:126720, Blatt 16 (Kildare-Wicklow).
OS-Karte 1:50000, Blatt 56 (Wicklow).

2 Von der Sally Gap Road auf den Djouce Mountain

Gipfeltour auf dem höchstgelegenen Abschnitt des Wicklow Way

> *Tourencharakter:* Einfache Bergwanderung. Bis auf den Schlußanstieg durchgehend mit den stilisierten gelben Wanderern des Wicklow Way markiert.
> *Beste Jahreszeit:* Das ganze Jahr über möglich.
> *Reine Gehzeit:* 3 Stunden.

Nur wenige Iren haben bislang den Reiz des Wanderns für sich entdeckt. So ist es kaum verwunderlich, daß selbst die so nahe an Dublin gelegenen Wicklow Mountains bis heute wild und einsam geblieben sind. Es bieten sich allerdings auch kaum Wege an, auf denen man problemlos diese Einsamkeit genießen könnte. Überquert man zum Beispiel auf der Sally Gap Road die Wicklow Mountains, so wird einem der Grund hierfür deutlich vor Augen geführt. Die abgerundeten Hügel und weiten Mulden des Gebirges sind von einem fast undurchdringlichen Moorland überzogen. Kein Wunder also, daß sich hierher in früheren Jahrhunderten Banditen zurückzogen. Auch irischen Widerstandskämpfern gegen die englische Herrschaft boten die nahe an Dublin gelegenen Berge einen idealen Unterschlupf. Erst zu Beginn des 19. Jahrhunderts ließ das englische Militär eine Straße durch die Wicklow Mountains bauen, um die Kontrolle über dieses Gebiet zu gewinnen. Diese alte Straße ist bis heute erhalten, und die Streckenführung des bekannten Wicklow Way lehnt sich teilweise an ihren Verlauf an.

Dieser Weitwanderweg führt von der Stadtgrenze Dublins über Forststraßen, Moorwege und Schafspfade, teilweise aber auch über asphaltierte Nebenstraßen 130 Kilometer weit durch die Berge nach Süden. Wer die ganze Strecke begehen will, sollte mit zehn Wandertagen rechnen. Den Beginn in Marlay Park an der Stadtgrenze Dublins kann man bequem mit den Stadtbussen 47B oder 48A erreichen. Eine Reihe von Jugendherbergen bietet während der Wanderung gute Unterkunftsmöglichkeiten.

Der schönste Teil des Weges ist der Abschnitt zwischen Glencree und Glendalough, für den man zwei Tage einplanen sollte. Glencree liegt einige Kilometer östlich, oberhalb von Enniskerry, das mit dem Bus 44 von Dublin zu erreichen ist. Von Glendalough verkehren zweimal täglich die privaten St.-Kevin's-Busse zurück nach Dublin.

Die beschriebene Wanderung von Süden auf den Djouce benützt bis kurz unter den Gipfel den mit gelben Wanderern markierten Wicklow Way auf dessen höchstgelegenem Abschnitt.

Der Wegverlauf

Oberhalb des *Parkplatzes* setzt ein kleiner Steig an, der in der Nähe eines Wäldchens links aufwärts zu einem Hügel mit einem großen Granitblock führt. Auf halber Höhe wird der Steig breiter. Wir sind nun auf dem *Wicklow Way*, der im weiteren Verlauf nach rechts in den Wald hineinführt. Alte, eiserne

Zaunpfosten stehen ab hier bis nahe dem Gipfel in Reih und Glied neben unserem Aufstiegsweg und bieten neben den hölzernen Markierungspfosten des Wicklow Way eine zweite Orientierungsmöglichkeit. Schon nach kurzem Aufstieg können wir den Blick nach Süden hinunter genießen, wo im Tal des Cloghoge River die blaue Fläche des Lough Tay liegt. Oberhalb des Sees wird das Tal durch steile Granitwände begrenzt, die Gletscher der Eiszeit zurückgelassen haben. In der entgegengesetzten Richtung, im Nordosten, ragt der höchste Berg der nördlichen Wicklow Mountains, der Kippure, auf, der leider durch einen hohen Sendemast entstellt wird.

Versteckt unter dem großen Granitblock, den wir schon von der Straße aus gesehen haben, befindet sich eine *Gedenktafel* für den Pionier der Wicklow-Way-Erschließung, J.P. Mallone. Wir erreichen bald darauf eine *kleine Kuppe*, von der wir zum erstenmal unser Ziel, den Djouce, sehen. In einer breiten Talmulde links unter uns liegt ein großes Aufforstungsgebiet, und dahinter sind die weiten, nur schwer zu begehenden Moorflächen rund um das Sally Gap zu erkennen. Vor uns im Nordosten dehnt sich der langgezogene Rücken des *White Hill*, der unser nächstes Ziel ist. Ein flaches Wegstück zieht sich bis in den Sattel vor dem White Hill. Bevor wir ihm über einen steileren Hang aufs Haupt steigen können, ist im Sattel jedoch noch ein Zaun über eine kleine Holzleiter zu übersteigen. Nach dem etwas steileren Wegstück auf den breiten Rücken genießen wir nun erst einmal die Aussicht. Gipfel an Gipfel türmen sich nach Süden hin in blauem Licht die Berge des Wicklow-Massivs auf. Der breitschultrige Aufbau des höchsten Berges der Wicklow Mountains mit dem nur schwer auszusprechenden Namen Lugnaquillia bildet den südlichen Abschluß des Hauptkammes.

Die eigenwillige Form des Turlough Hill rechts davor gibt dem Gebietsneuling ein kaum zu lösendes Rätsel auf. Aus seiner voll-

Nach kurzem Anstieg zum Djouce öffnet sich der Blick auf den Lough Tay. Sein steilwandiges Becken wurde in der Eiszeit von Gletschern ausgehobelt.

25

kommen flachen, großen Gipfelfläche ragt ein Türmchen heraus, und wir würden wohl auf ein riesiges, prähistorisches Bauwerk tippen, wüßten wir nicht, daß sich direkt auf seinem Gipfel ein Wasserreservoir zur Versorgung Dublins befindet. Rechts von diesem Reservoir ragen der Tonelagee und der Mullaghcleevaun auf, von denen wir durch weite, ausdruckslose Hügelketten getrennt sind. Während wir über den Rücken des *White Hill* auf den *Djouce* zuwandern, taucht im Osten der gleichmäßige Kegel des Great Sugar Loaf auf. Der Blick hinunter nach Dublin und auf die vorgelagerten Halbinseln, die die weite Hafenbucht abgrenzen, wird frei, und im Vormittagslicht schillert die Wasserfläche der Irischen See. Bei vollkommen klarer Luft soll die Sicht von hier sogar bis zu den Bergen von Wales reichen.

Wir wandern über den nahezu ebenen Rükken auf den runden Kegel des Djouce zu. Deutlich sind schon dessen Gipfelfelsen zu sehen mit dem aufgesetzten Vermessungszeichen. Im schwach ausgeprägten Sattel vor dem Djouce haben die Regenfälle der vergangenen Tage einen kleinen Teich entstehen lassen. Deutlich zieht die Wegspur von hier über den Gipfelaufbau hinauf. Wir folgen dem Weg nach oben und gehen auch dort noch *geradeaus weiter*, wo die Zeichen des *Wicklow Way* seine Begeher nach rechts abwärts in die Ostflanke des Djouce leiten. Noch einige Minuten müssen wir nun gerade nach oben steigen, ehe sich das Gelände nach und nach zurücklegt. Die Spur schwenkt nun nach *rechts* hinaus, um die Felsen und das Vermessungszeichen am höchsten Punkt zu erreichen. Seltsam wirken die bizarren Gipfelklippen in dem sonst nur sumpfigen und abgerundeten Gelände. Der Blick geht von hier weit über das Meer, Dublin und das Wicklow County. Fast genau im Norden, ganz nahe, liegt der Gipfel des Maulin.

In der sumpfigen Ebene davor sammelt sich das Wasser, das im berühmten Wasserfall von Powerscourt etwas weiter östlich zu Tale stürzt. Rechts neben dem Maulin ist das Schloß von Powerscourt inmitten seiner weitläufigen Gartenanlagen zu erkennen. Im Osten, hinter dem Moorgelände rund um das Sally Gap, schimmert die Wasserfläche des großen Wasserreservoirs von Blessington. Vom Gipfel lassen sich zumindest bei guter Sicht einige *Abstiegsvarianten* ausführen. Wir entscheiden uns aber für den Weg, auf dem wir heraufgekommen sind. Zum einen haben wir von dort auch während des Abstieges die schönsten Ausblicke. Zum anderen ist es der einzige Weg, auf dem unsere Schuhe bis hinunter zum Auto weitgehend trocken bleiben.

Nützliche Informationen

Ausgangspunkt: Kleiner Parkplatz an der Sally-Gap-Straße. Am besten zu erreichen von der R755, der kürzesten Straßenverbindung zwischen Dublin und Glendalough. Ca. 3 km nördlich von Roundwood zweigt die beschilderte Sally-Gap-Straße (R759) von der R755 nach Osten ab. Man fährt die Straße nach Osten, an Wäldern vorbei, hoch. Dort, wo die Straße zum erstenmal leicht bergab läuft, kann man den Lough Tay links unten im Tal sehen. Wir fahren die Straße noch einige hundert Meter bergab, vorbei an einer Parkfläche, die rechts oberhalb der Straße liegt. Kurz bevor auf der linken Straßenseite ein Mäuerchen beginnt, können wir auf der rechten Straßenseite auf einem Parkplatz halten. Hier beginnt die Wanderung. Von der R755 bis hierher ca. 4,5 km. Der Weg von Osten, von der N81 nördlich von Blessington

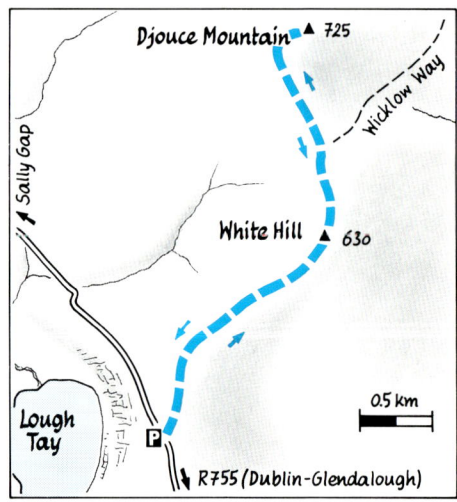

über den Paß des Sally Gap, ist bedeutend länger.
Gehzeiten: Insgesamt 3 Stunden. Für den Aufstieg 1¾ Stunden. Für den Abstieg 1¼ Stunden.
Länge der Tour: 10 km.
Höhendifferenz: 360 m.
Verkehrsverbindungen: Der private St.-Kevin's-Bus verkehrt zweimal täglich zwischen Dublin und Glendalough. Ausstiegsmöglichkeit in Roundwood oder an der Kreuzung Sally Gap Road. Startpunkt der Buslinie in Dublin ist College of Surgeons, Stephens Green West.
Unterkunft: Hotels und B&B's in Roundwood und entlang der R755. Jugendherbergen in Glendalough (An Oige) und Laragh (Independent).
Campingplatz in Roundwood.
Verpflegung: Geschäfte und Restaurants in Roundwood.
Fahrradverleih: Nächster Verleih in Laragh, kurz vor Glendalough.
Sehenswürdigkeiten: Schloß, Schloßgärten und Wasserfall von Powerscourt bei Enniskerry. Die Überreste der berühmten frühchristlichen und mittelalterlichen Klostersiedlung von Glendalough.
Auskunft: TI-Office in Dublin (ganzjährig geöffnet).
Weitere Tourenvorschläge: Von der Knockree-Jugendherberge östlich Enniskerry auf den Maulin. Von Oldbridge, östlich von Roundwood an der Südspitze des Lough Dan gelegen, auf den Scarr.
Karten: OS-Karte 1:126 720, Blatt 16 (Kildare–Wicklow).
OS-Karte 1:50 000, Blatt 56 (Wicklow).

Vom obersten Absatz eines Wasserfalls geht der Blick ein letztes Mal hinunter zum scharf eingeschnittenen Tal von Glendalough mit dem Upper Lake.

3 Von Glendalough durch das Glenealo Valley zum Lough Firrib und über den Camaderry (698 m) zurück nach Glendalough

Der Weg durch das Tal des heiligen Kevin

> *Tourencharakter:* Mittelschwere Bergtour. Der erste Teil der Wanderung und der Abstieg vom Camaderry verlaufen auf deutlichen Wegspuren, teilweise auf ausgebauten Wegen. Im oberen Abschnitt des Glenealo Valley und auf dem Rücken zwischen Lough Firrib und Camaderry weglos durch teilweise feuchtes Gelände. Keine Markierungen, daher bei schlechter Sicht Orientierungsprobleme.
> *Beste Jahreszeit:* Von April bis Oktober.
> *Reine Gehzeit:* 5½ Stunden.

Früher als in irgendeinem anderen Land außerhalb des römischen Machtbereiches faßte das Christentum in Irland Fuß. Fest verbunden mit der Zeit der Christianisierung sind die Namen der frühen Heiligen, die sich auch im heutigen Irland noch großer Verehrung erfreuen. Eigenwillige, asketische Menschen waren sie, die mit großer Härte gegen sich selbst um ihr Seelenheil rangen. Sie suchten das rauhe, einsame Leben fernab von den Versuchungen der menschlichen Gesellschaft. Viele Klosteranlagen entstanden nach und nach an den Orten, an denen sich ursprünglich die Eremitagen dieser Heiligen befanden. Meist duldeten sie in ihrer Umgebung nur ihre Schüler, die sich dem harten Lebensstil anpassen mußten. Nicht vielen Eremiten war es jedoch wie dem heiligen Kevin vergönnt, zu erleben, daß seine Schüler auszogen, um an anderen Orten weitere Klosteranlagen zu gründen. Er hatte sozusagen eine Schule der Heiligen begründet. Den alten Chroniken zufolge soll der heilige Kevin 498 n. Chr. geboren sein. Auf seiner Suche nach Einsamkeit fand er einen der schönsten Rückzugsorte in Irland, nämlich das stille Tal von Glendalough mit seinen zwei dunklen Seen. Für ihn war dieses Tal seine Wüste in der Wildnis; hier konnte er ungestört seinen biblischen Vorbildern nacheifern.

Bei den eigenwilligen Charakteren der meisten irischen Heiligen und bei der Freude am Fabulieren, die den Iren nachgesagt wird, konnte es natürlich nicht ausbleiben, daß in den nachfolgenden Jahrhunderten um ihre Personen Mythen entstanden.

So soll der Legende nach der heilige Kevin nicht ganz freiwillig ins Tal von Glendalough gekommen sein; er befand sich vielmehr auf der Flucht. Was ihm Angst einjagte, waren jedoch keine gewalttätigen Feinde, sondern die Versuchung in Form einer Frau. Kethleen war ihr Name, wunderschön soll sie gewesen sein und in glühender Liebe zu dem Heiligen entbrannt. Mit allen Mitteln versuchte sie dem heiligen Jüngling seine Unschuld zu rauben. Doch der blieb hart und peitschte sie mit Brennesseln aus, als sie sich auf einem Feld vor ihm entblößte. Als er seine kleine Einsiedlerhöhle in den steilen Hängen am oberen See von Glendalough bewohnte, schlich sie sich eines Nachts zu ihm, um sich nackt an seine Seite zu legen. Doch der standhafte Heilige warf sie in den eiskalten See, in dem sich anscheinend ihre Liebe abzukühlen begann. Von weiteren Annäherungsversuchen ist jedenfalls nichts bekannt.

Doch nicht zu allen Lebewesen soll er so hart gewesen sein wie zu den Frauen. Überliefert ist seine grenzenlose Liebe zu den Tieren. Die Legenden, die von seiner Tierliebe erzählen, erinnern stark an Franz von Assisi. Die schönste dieser Geschichten erzählt vom heiligen Kevin und einer Amsel.

Als der Heilige eines Tages seine Arme zum Gebet ausgestreckt hatte, ließ sich eine Amsel in seinen Handflächen nieder. Da der Vogel seine Güte spürte, legte er seine Eier in die Hände des Heiligen und begann zu brüten. Die nächsten Wochen verharrte der heilige Kevin an Ort und Stelle und bewegte sich erst wieder, als die Jungen der Amsel ausgeflogen waren.

Noch heute zeugen die Ruinen im Tal von Glendalough vom einstigen Glanz der bedeutenden Klosteranlage. Hier der 30 Meter hohe Rundturm.

Heute hat sich das Tal von Glendalough zu einer der Hauptsehenswürdigkeiten in Irland entwickelt. Sowohl die berühmten Baudenkmäler als auch die landschaftliche Schönheit des Tales locken vor allem am Wochenende Tausende von Besuchern an. Doch morgens und abends kann man sich immer noch ungestört vom Hauch der Vergangenheit umwehen lassen. Und die Reize der Landschaft erlebt man in völliger Einsamkeit, wenn man die ausgetretenen Touristenpfade verläßt und zu Fuß die umliegende Bergwelt erkundet.

Der Wegverlauf

Von der Einfahrt zum *Parkplatz am Upper Lake* gehen wir die Straße noch einige Meter in Richtung See. Dort, wo die Straße scharf nach links auf eine Brücke schwenkt, leitet uns ein breiter Fußweg geradeaus weiter. Entlang des rechten, nördlichen Seeufers führt der als *Miner's Road Walk* ausgeschilderte Wanderweg immer einige Meter oberhalb des Sees in Richtung Talschluß. Durch die Kiefern blinkt die gespenstische, schwarze Seefläche herauf, und der helle Laubwald der gegenüberliegenden Steilhänge spiegelt sich im Wasser. Der dunkle Kiefernwald geht bald in Lärchenwald über, und gelb aufflammende Ginstersträucher sind von der Natur als Farbtupfer in die Landschaft gemalt. Bald ist das westliche Ende des Sees erreicht, der sich nach und nach in kleine Moortümpel auflöst, auf denen weiße Schaumkronen treiben. Der Schaum, den man auf vielen irischen Gewässern beobachten kann, ist übrigens ein natürliches Produkt der Moorvegetation. Der sanft abfallende, immer noch breite Wanderweg führt nun auf die weißschäumende *Wasserkaskade* zu, die den steilen Talschluß herunterstürzt. Die Hänge über uns sind nun nackt und unbewaldet. Grobes, rotbraunes Blockwerk stapelt sich in den unteren Hangabschnitten, während sich weiter oben dunkle Felswände vom weiß-blauen Himmel abheben. An einem Zaun, den wir problemlos auf einer Holztreppe übersteigen, endet der breite Touristenweg.

Kurze Zeit später stehen wir zwischen am Weg aufgetürmten Sandbergen. Auch von den Seitenhängen laufen helle Schuttstreifen herab. Dank der Abraumhalden und der Reste einer *verfallenen Bergwerkssiedlung*, die vor uns liegen, können wir uns nun den Namen des Touristenweges, Miner's Road Walk, erklären. Mitten durch die Ruinen der Häuser suchen wir uns am Bach entlang durch feuchtes Gelände unsere Spur. Doch kurz nach den Häusern treffen wir auf einen breiten, mit altem Pflaster belegten Weg, der durch den steilen Hang rechts der Kaskade emporzieht.

Auf dem Weg gewinnen wir in angenehmen Kehren an Höhe. Zwischendurch legen wir eine kleine Rast ein und genießen den Blick zurück über das Tal und den See, der sich unter uns ausbreitet.

Das Gelände legt sich schon bald deutlich zurück, und der Bach plätschert über kleine Felsabbrüche neben uns bergab. Am gegenüberliegenden Hang sind nun weitere Ruinen und Halden einer ehemaligen Bergwerkssiedlung zu erkennen, zu deren Versorgung der alte Pflasterweg angelegt war. In Höhe der Siedlung geht der Weg in einen *Trampelpfad* über, der immer auf der *rechten Seite des Baches* nach oben leitet. Nur noch vereinzelt ducken sich windzerzauste, kleine Bäumchen im Gelände.

Der Steig verliert sich nun vollständig, und wir müssen uns den Weiterweg durch sumpfiges Gelände selber suchen. Leitlinie bleibt immer der Bach des Haupttales. Zumeist direkt auf seiner *rechten Uferböschung* bleiben unsere Füße am trockensten. Nach einiger Zeit überqueren wir einen Bach, der von rechts aus einem Seitental herunterfließt, bleiben aber weiterhin im Haupttal.

Für ein kurzes Stück fließt nun der Bach in vielen Mändern über sandigen, flachen Grund. Zwei große, von den Gletschern zurückgelassene *Granitblöcke* laden hier zu einer Rast ein. Wolken treiben über den Himmel, und Sonnenflecken sprenkeln die winterbraunen, kahlen Hänge rundum. In weitgeschwungener U-Form breitet sich unter uns das Tal aus. Der enge untere Teil des Tales, in dem die Seen von Glendalough liegen, ist nur noch als weit entfernte Kerbe zu erahnen.

Kurz nach unserem Rastplatz wird das Gelände wieder steiler. Die Seitenhänge rücken näher zusammen, und der Abstand zu den Gipfeln ringsum hat sich schon deutlich ver-

Über das dunkle Wasser des Upper Lake geht der Blick zum steilen Südufer, in dessen Hängen sich die unzugängliche erste Eremitage des heiligen Kevin befindet.

ringert. Über den südlichen Talhängen taucht nun der breite Gipfel des Lugnaquillia, höchster Berg der Wicklow Mountains, auf. Ein eiskalter Wind peitscht das Gras, und ein Graupelschauer geht über uns nieder. Um so mehr sind wir überrascht, als aus dem Wasser vor uns plötzlich ein Graureiher auffliegt. Jetzt im April gäbe es für ihn in Irland wahrlich wärmere und angenehmere Fischgründe.

Unser Bach plätschert über immer steileres Gelände herab und teilt sich nach oben hin in zwei Quelläste auf. Wir folgen dem *rechten, kräftigeren Arm*. Neugierig beobachtet uns vom gegenüberliegenden Hang ein Hirschrudel, während wir entlang des schmäler werdenden Bächleins höhersteigen. Der Boden löst sich zunehmend in Rinnen und Erdhügel auf, und wir steigen leicht rechts haltend hinauf zum breiten Gratrücken über uns.

Oben am Grat erwartet uns eine wahre Mondlandschaft. Breite Tälchen, deren Boden mit tiefschwarzer Erde oder strahlend weißem Quarzsand bedeckt ist, werden von bizarren Erdhügeln begrenzt. Dazwischen türmen sich von der Erosion angenagte Granittürmchen. Im Westen ragt das Wasserreservoir auf dem Gipfel des Turlough Hill wie eine überdimensionale Keltenfestung in den Himmel. Im Norden, auf der anderen Seite eines breiten Tales, liegt der massige Mullaghcleevaun und rechts daneben, über dem tiefeingeschnittenen Wicklow Gap, die ebenmäßige Pyramide des Tonelagee.

Hier am breiten Gratrücken erhebt sich rechts über uns ein nur um wenige Meter höherer, *felsiger Gipfel*. Schon während des Schlußanstieges haben wir auf diesem Rücken eine auffällige Stange gesehen. Der *Rückweg* verläuft nun über dieses felsige Gipfelchen, doch zuvor wollen wir dem kleinen *Lough Firrib* einen Besuch abstatten. Dazu müssen wir in entgegengesetzter Richtung, also nach Westen, noch etwa einen Kilometer über den breiten Gratrücken wandern. Der dunkle See ist, da er direkt oben auf dem Grat liegt, nicht zu verfehlen. Im Sommer soll der kleine Moorsee sogar Badetemperatur erreichen.

Nach einer Rast am einsamen See, in dem sich der Himmel spiegelt, marschieren wir den Weg, den wir zuvor auf dem Grat zurückgelegt haben, zurück und ersteigen den felsigen *Gipfel* mit der Stange. Über das anschließende Plateau erreichen wir auf einem deutlichen Pfad eine *Schotterstraße*, die nach *links* hinunter, vorbei an einem *Steinbruch*, auf das eingezäunte *Wasserreservoir* zuläuft. Bei einfallendem Schlechtwetter bietet sich übrigens die Teerstraße, die vom Wicklow Gap zum Reservoir heraufgebaut wurde, als idealer Fluchtweg an.

Unser nächstes Ziel aber ist der *Camaderry*, der Hügel rechts, östlich, vom Reservoir. Wir gehen nicht bis ganz an den Zaun heran, sondern verlassen schon etwa 100 Meter davor den Schotterweg nach rechts. Nun halten wir uns zunächst immer circa 100 bis 200 Meter unterhalb des Zauns und steuern auf den *Sattel* zu, der den Camaderry vom Reservoir trennt. Der Boden wird wieder feuchter und ist mehr und mehr von Erdrinnen zerfressen. Vom Sattel steigen wir schnurgerade, über zunehmend trockenen Untergrund, hinauf zum *Gipfel des Camaderry*, dem höchsten Punkt unserer heutigen Tour.

Von den Felsblöcken auf dem Gipfel leitet ein deutliches Steiglein auf dem breiten Bergrücken hinüber zur nächsten Erhebung. Ein wunderschöner Blick über die Wicklow-Berge mit den dazwischenliegenden, tiefeingeschnittenen Tälern und die Irische See dahinter ist reicher Lohn für das unangenehme Gelände im Sattel vor dem Camaderry.

Vom nächsten, *steinmannverzierten Gipfel* ist der letzte Abschnitt unserer Tour gut einzusehen. Im Osten unter uns schiebt sich ein runder Rücken ins Tal von Glendalough vor, auf dessen Schneide sich unser *grüner Weg* deutlich vom braunen Heidekrautgelände ringsum abhebt. Ein kurzer, steiler Steig

Von den windzerzausten Bäumen oberhalb des Tales von Glendalough führt ein kurzer, steiler Abstieg zurück zum Ausgangspunkt.

bringt uns dort hinunter. Nachdem wir den erwähnten Rücken hinter uns gebracht haben, folgen wir dem Weg, der uns auf grünen Wiesen weiter bergab bringt. Vor uns taucht nun zwischen krummen Kiefern der *Rundturm* im Tal von Glendalough auf. Der *Weg* schwenkt über zunehmend steilere Grashänge nach rechts hinunter und bringt uns in wenigen Minuten direkt zum Ausgangspunkt, dem Parkplatz am Upper Lake, hinab.

Nützliche Informationen

Ausgangspunkt: Der große *Parkplatz* am Ende der Straße ins Tal von Glendalough, kurz vor dem *Upper Lake*.
Gehzeiten: Insgesamt 5½ Stunden. Vom Upper Lake zum Lough Firrib 3¼ Stunden. Vom Lough Firrib auf den Camaderry 1¼ Stunden. Vom Camaderry zum Ausgangspunkt 1 Stunde.
Länge der Tour: 16 km.
Höhendifferenz: 650 m.
Verkehrsverbindungen: Der private St.-Kevin's-Bus verkehrt zweimal täglich zwischen Dublin und Glendalough. Startpunkt der Buslinie ist College of Surgeons, Stephens Green West.
Unterkunft: Hotels und B&B's in Glendalough, Laragh. Jugendherbergen in Glendalough (An Oige) und Laragh (Independent). Campingplatz in Roundwood.
Verpflegung: Geschäfte und Restaurants in Glendalough und Laragh.
Fahrradverleih: In Laragh.
Sehenswürdigkeiten: Die Überreste der berühmten frühchristlichen und mittelalterlichen Klosteranlage von Glendalough. – Die schönen Seen von Glendalough.
Auskunft: TI-Office in Dublin (ganzjährig geöffnet).
Weitere Tourenvorschläge: Der Mullaghcleevaun nördlich der Wicklow-Gap-Straße von der Glenbride-Jugendherberge aus. Der Tonelagee vom Wicklow Gap im Süden oder von der Military Road im Norden aus.
Karten: OS-Karte 1:126 720, Blatt 16 (Kildare–Wicklow).
OS-Karte 1:50 000, Blatt 56 (Wicklow).
Kartenskizze zu Tour 3: siehe S. 36.
Sonstiges: Informationszentrum zur Geschichte der Klosteranlage in Glendalough.

4 Von Glendalough auf den Spink, den Mullacor und den Derry Bawn

Über die Aussichtsberge zwischen den beiden schönsten Tälern der Wicklow Mountains

Tourencharakter: Einfache Bergwanderung mit wunderschönen Ausblicken. Keine Markierungen.
Beste Jahreszeit: Das ganze Jahr über möglich.
Reine Gehzeit: 4¼ Stunden.

Mit dem heiligen Kevin und seinen Schülern begann die Geschichte jener Klostersiedlung im Tal von Glendalough, die uns noch heute einen Einblick in das Leben der frühchristlichen und mittelalterlichen Mönche ermöglicht.
Nebenbei bemerkt, ist der heilige Kevin ebensowenig wie der heilige Patrick kanonisiert, also ein von der katholischen Kirche anerkannter Heiliger. Der einzige der berühmten irischen »Heiligen«, dem diese Ehre zuteil wurde, ist St. Lawrence O'Toole, im 12. Jahrhundert Abt des Klosters von Glendalough. Weiteren Heiligsprechungen stand wohl die auf Eigenständigkeit gegenüber der katholischen Mutterkirche bedachte Politik der irischen Kirche entgegen.
Die Keimzelle der Klostersiedlung von Glendalough lag an den Ufern des oberen Sees. Im steilen Südufer, gut nur per Boot zu erreichen, befindet sich eine kleine, als Kevin's Bed bezeichnete Höhle, in der St. Kevin anfänglich gelebt haben soll. In der Nähe der Höhle liegen die Überreste der ältesten Kirche, Temple-Na-Skellig, und Spuren alter Holzhäuser, in denen die ersten Schüler ihr karges Leben fristeten.
Leichter zu erreichen sind die Überreste der Bauwerke, die sich am See-Ende, am Beginn unseres Aufstieges befinden. In der Nähe des Poulanass-Wasserfalls fällt vor allem die gut erhaltene, im letzten Jahrhundert teilweise rekonstruierte *Reefert Church* mit dem angrenzenden Friedhof auf. Etwas oberhalb liegen die Überreste von *St. Kevins Cell*, einem

alten Rundbau. Über die Wiesen, am Seeufer verstreut liegend, sind einige alte Steinkreuze zu bewundern.

Schnell entwickelte sich im 6. und 7. Jahrhundert die Klosteranlage zu einem der geistlichen und geistigen Zentren im damaligen Europa. Mehrere tausend Mönche und Schüler lebten gleichzeitig in der Anlage, und viele von ihnen brachen nach ihren Studien von hier auf, um im übrigen Europa als Missionare tätig zu werden. Der Platz am Oberen See wurde eng, und so breitete sich die Klostersiedlung talabwärts aus.

Unterhalb des Unteren Sees von Glendalough entstand ab dem 9. Jahrhundert das Zentrum, das dem heutigen Besucher den größten Eindruck hinterläßt. Von Gönnern des Klosters wurde Kirche um Kirche gestiftet. St. Mary's Church, Priesterhaus, Rundturm, die Ruine der Kathedrale, ein Hochkreuz und die St. Kevin's Church stehen hier eng beieinander.

So schön sich der Rundturm in die gebirgige Landschaft ringsum einfügen mag, so weist er doch schon auf den beginnenden Untergang des Klosters hin. Denn er wurde als Zufluchtsort konstruiert, die Eingangstür mehrere Meter über dem Boden. Zwischen 833 und 1014 wurde die Klosteranlage nämlich mehrfach von den Wikingern zerstört und geplündert.

Noch hatte man die Kraft, die Anlage nach jedem Überfall in neuem Glanz wiedererstehen zu lassen. Doch der Stern des Klosters begann langsam zu verblassen. Der letzte Kirchenneubau, St. Saviour's Priory, circa 1,5 Kilometer talabwärts des Rundturms, entstand Mitte des 12. Jahrhunderts. Doch die Zeit der weitgehend selbständigen irischen Klöster war zu Ende. Die Katholische Kirche förderte neue, ihr bedingungslos ergebene Mönchsorden und setzte als Statthalter Bischöfe ein, die in den von den Normannen gegründeten Städten residierten.

Den endgültigen Todesstoß erhielt die Klostersiedlung von Glendalough 1398, als sie von englischen Truppen vollständig zerstört wurde. Danach scheiterten alle Wiederbelebungsversuche, und das einstige Zentrum christlicher Gelehrsamkeit wurde endgültig verlassen.

Der Wegverlauf

Vom großen *Parkplatz am Upper Lake* gehen wir am Seeufer entlang nach *links (Süden)* auf das kleine Seitental zu, durch das ein Bach herunterrauscht. Wir überqueren den *Bach* auf einer der beiden Brücken und halten uns noch kurz auf der *Forststraße*, die den Hang hochführt. Nach wenigen Metern verlassen wir die Straße nach *links* und steigen über die Stufen des Wanderweges, der am Poulanass genannten Wasserfall entlang-

Am Beginn des Aufstieges zum Spink befinden sich die Reste der Reefert Church und einige alte Steinkreuze.

Tief unten begrenzt der von Felswänden umgebene Talschluß westlich des Upper Lake den Horizont.

führt, nach oben. Der Bach fließt durch eine tief in die Felsen eingeschnittene Klamm in Kaskaden durch den wunderschönen Laubmischwald, einen der letzten in Irland.

Nach wenigen Minuten treffen wir wieder auf die *Forststraße* und folgen ihr bergauf, bis wir an einer *Gabelung* anlangen. Wir nehmen die *rechte Straße*, die wir durch Fichtenwald leicht ansteigend bis zu einer *scharfen Linkskurve* verfolgen. Über uns ist der Gipfel des Spink zu sehen, von dem ein unbewaldeter Hang zu uns herunterzieht. Auf einer kleinen Holztreppe überqueren wir den Zaun, der uns von der Wiese trennt, und steigen auf steilen Pfadspuren nahe des linksgelegenen Waldes nach oben. Der Lower Lake und der Rundturm von Glendalough rücken in unser Blickfeld.

Nachdem wir einen weiteren Zaun auf einer Holzleiter überstiegen haben, ist der *Gipfel des Spink*, der in Wirklichkeit nur der vorderste Teil eines langen Rückens ist, erreicht. Wir steigen einige Schritte nach rechts ab und gewinnen so einen beeindruckenden Überblick über das Tal von Glendalough.

Wieder zurück auf dem Spink, ist unser Weiterweg schon deutlich zu erkennen. Ein breiter Weg verläuft über den harmlosen Rücken, der nach rechts in steilen Felswänden zum Upper Lake hinunterstürzt. Links dieses Rückens breitet sich eine ausgedehnte, teilweise aufgeforstete Talmulde aus, die wir auf unserem Weiterweg vollständig umrunden werden. Anfänglich können wir auf dem breiten, eben verlaufenden Weg entlang eines Forstzaunes ganz gemütlich vorwärtsschlendern. Rechts unter uns ist der Upper Lake in sein bewaldetes Tal eingebettet, zu dem eine schöne Kaskade über den Talschluß hinunterstürzt.

Doch bald steilt der Kamm auf, und der Steig leitet über wunderschön schillernde Schieferfelsen nach oben. Hier genießen wir noch einmal den Blick hinunter zu den Seen im Tal von Glendalough, denn der Weg wendet sich allmählich nach links vom Tal ab.

Anfänglich ganz nahe an einem Wald, der links von uns liegt, wandern wir auf einen *langgezogenen Berg*, südwestlich vor uns gelegen, zu. In freiem Gelände geht der Weg in eine alte, grün bewachsene *Forststraße* über, die auf den Hügel vor uns mäßig ansteigend zuläuft. In den Hängen des Bergleins wird diese Straße für kurze Zeit steiler, ehe sie unterhalb des höchsten Kammes eben nach links leitet. Ein Rudel Rotwild beobachtet uns aufmerksam, wie wir das kurze Steilstück keuchend bewältigen. Auf dem anschließen-

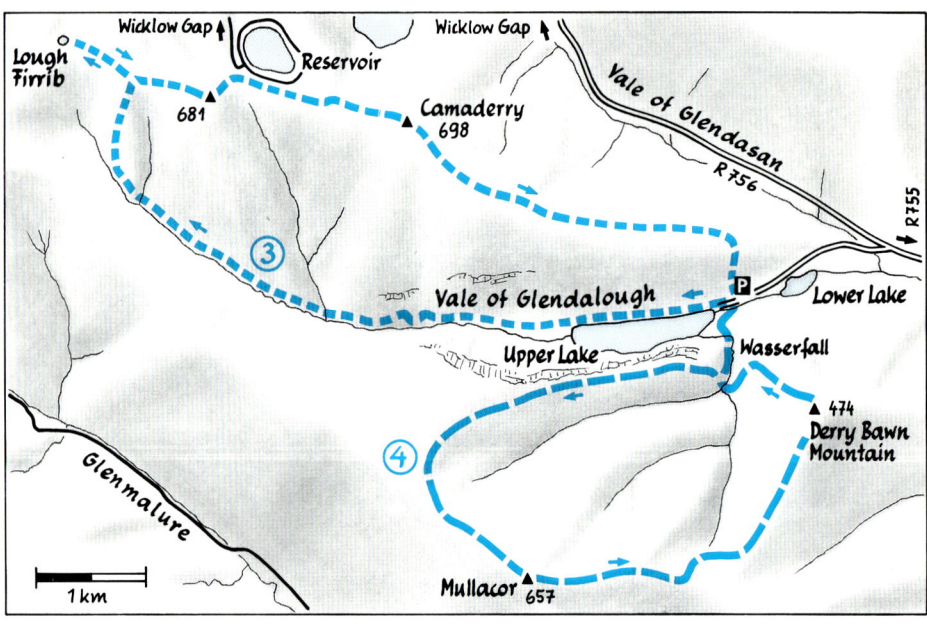

Vom Kamm geht der Blick über das Tal und die Seen von Glendalough.

den Flachstück können wir uns dann wieder erholen. Wir erreichen in leichtem Bergab einen *breiten Sattel*, der uns von einem runden Gipfel links von uns, dem *Mullacor*, trennt. Die ehemalige Forststraße leitet hier noch für ein kurzes Stück geradeaus weiter nach unten ins Tal von Glenmalure hinunter. Wer in dieses Tal absteigen will, der geht hier vom Sattel zur gut sichtbaren Aufforstungsfläche am nördlichen Talhang von Glenmalure hinunter und steigt an deren rechtem Rand bis zur Straße im Talgrund ab. Von dort sind es noch ca. 2,5 Kilometer bis zur Jugendherberge am Straßenende im Glenmalure.

Wir durchqueren aber den Sattel und steigen in wenigen Minuten hinauf zum *Gipfel des Mullacor*. Kein Kreuz und kein Steinmann krönen den höchsten Punkt unserer heutigen Tour, dafür aber ist der Rundblick von diesem im Herzen der Wicklow Mountains gelegenen Gipfel um so schöner. Vor allem der mächtige Lugnaquillia, einer der höchsten

Berge Irlands, auf der anderen Seite des Glenmalure zieht die Blicke an.

Wir behalten die Richtung, in der wir aufgestiegen sind, bei und überschreiten die Gipfelhochfläche. Am Ostende des breiten Gipfelfeldes liegt nun unser Weiterweg deutlich unter uns. Ein kurzer Abstieg bringt uns auf einen *langgezogenen Rücken* mit einer Fichtenschonung auf der linken Seite. Immer in einem Abstand von etwa 100 Metern zu dieser Schonung führt unser Weg über den Rücken, bis wir schließlich auf einen *Zaun* treffen.

Von hier können wir schon unser letztes Ziel, den *Derry Bawn Mountain*, sehen, zu dem nach links ein anfänglich etwas *felsiger Gratrücken* leitet. Wir müssen den Zaun übersteigen und *leicht rechts abwärts* durch Heidekraut den Beginn des Rückens erreichen, der die Narbe einer unbarmherzig in die Erde planierten *Forststraße* trägt. Über den Gratrücken, der in nördlicher Richtung verläuft, erreichen wir nach einer knappen halben Stunde den mit einem Steinmann markierten *Gipfel des Derry Bawn Mountain*.

Von dieser ins Tal von Glendalough vorgeschobenen Aussichtswarte können wir nun wieder den Blick zum Upper Lake hinunter genießen.

Vom Derry Bawn Mountain steigen wir noch einige Meter in *Richtung Glendalough* ab und erreichen eine kleine, ebene Fläche. Links unten, unterhalb der freien Weidefläche, beginnt der mit einem Zaun abgetrennte Wald. Zwei *Zaunpfosten*, deren Köpfe weiß bemalt sind, markieren die Stelle, an der man auf einer Holzleiter den hohen Zaun problemlos übersteigen kann. Dorthin leiten anfänglich nur schwach zu erkennende *Steigspuren*, vorbei an einigen Granitfindlingen. Hinter dem Zaun führt die *Wegspur steil* durch den Wald nach unten. Wir überqueren eine *erste Forststraße*, immer gut geleitet von den mit weißen Ringen bemalten Bäumen links und rechts des Steiges. Auf der *zweiten Forststraße* gehen wir dann einige hundert Meter nach *links* und erreichen die *Forststraßengabelung*, an der wir morgens den Weg nach rechts zum Spink eingeschlagen hatten. Wir verfolgen die Forststraße *rechts abwärts* und stehen schon nach wenigen Minuten am *Ausgangspunkt* der heutigen Tour.

Nützliche Informationen

Ausgangspunkt: Der große *Parkplatz* am Ende der Straße ins Tal von Glendalough, kurz vor dem *Upper Lake*.
Gehzeiten: Insgesamt 4¼ Stunden. Vom Parkplatz auf den Spink 45 Minuten. Vom Spink zum Mullacor 2 Stunden. Vom Mullacor zum Derry Bawn Mountain 1 Stunde. Schlußabstieg zum Ausgangspunkt 30 Minuten.
Länge der Tour: 11 km.
Höhendifferenz: 650 m.
Alle weiteren Informationen: Siehe Tour 3.

5 Vom Glenmalure auf den Lugnaquillia (925 m)

Auf den höchsten Berg Ostirlands

> *Tourencharakter:* Anstrengende Bergtour.
> Der erste Teil auf Forststraßen, dann zumeist auf Pfadspuren.
> Keine Markierungen.
> *Beste Jahreszeit:* April bis Oktober.
> *Reine Gehzeit:* 6 Stunden.

Eng, finster, einsam und unheimlich, das sind die Attribute, mit denen das Tal von Glenmalure belegt wird. Es hat keine Seen und historischen Bauwerke zu bieten, wie das im nördlichen Nachbartal, dem Tal von Glendalough der Fall ist. Dafür kann man aber im Glenmalure die Einsamkeit genießen, die ein Tal auszeichnet, das noch nicht vom Tourismus entdeckt wurde. Und zusätzlich beginnen hier die eindrucksvollsten Touren auf den Lugnaquillia, den höchsten Berg der Wicklow Mountains und damit eine der höchsten Erhebungen der irischen Insel.

Vor allem vom ersten Abschnitt unserer Wanderung aus ist zu sehen, wer für die Ausformung des Tales zuständig war. Die eiszeitlichen Gletscher haben die typische Trogform ausgehobelt. Bis in eine Höhe von 400 Metern war das Tal vom Eis ausgefüllt und bis in diese Höhe ziehen steile, felsdurchsetzte Hänge hinauf. Darüber ändert sich das Bild schlagartig. Die flachen Hänge laufen von einem scharfen Hangknick ab hinauf zu den ausdruckslosen, runden Gipfelkuppen.

Doch an den höheren Bergen, vor allem am alles überragenden Lugnaquillia, nisteten sich kleinere Gletscher ein, die auch die Formen der Hochlagen prägten. So stürzen vom Gipfelplateau des Lugnaquillia auf drei Seiten steile Flanken in die Karmulden der ehemaligen Hochgletscher ab. Steilflankige Täler, durch die höhergelegene Gletscher den Hauptgletschern im Tal zuflossen, durchreißen unterhalb die schwachgeneigten Plateaus. Am schönsten zu erkennen sind die glazialen Formen dort, wo die Hänge nicht mit Aufforstungen überzogen sind.

Doch leider wurden schon große Teile des Tales von Glenmalure aufgeforstet. Dieses »leider« liest sich vielleicht aus der Feder eines Naturfreundes deplaziert. Doch ich schließe mich nur der Meinung meiner irischen Freunde an. Weniger ins Gewicht fallen dabei die ästhetischen Gründe, die gegen die meisten Aufforstungen sprechen. Man verbindet zwar eine baumlose, karge Landschaft mit Irland. Aber dort, wo noch Reste der alten irischen Wälder stehen, empfindet man diese nicht als störend, sondern als Bereicherung.

Das Problem ist darin zu sehen, wie aufgeforstet wird. Brutal werden Forststraßen in die empfindlichen Hänge gefräst und Fichtenmonokulturen gepflanzt, die ganz offensichtlich den Verhältnissen in Irland nicht gewachsen sind. Nur so ist die Unzahl der von Wind und Wetter geknickten Bäume zu erklären, die wir auch auf unserer Wanderung bedauern können.

Vor allem das schnelle Wachstum der Fich-

Am Beginn des Aufstieges überqueren wir mehrmals diesen Bach, der in seinem mit weichem Moos überwucherten Bett zu Tal plätschert.

ten wird wohl den Ausschlag dafür geben, daß die Wahl der Forstbehörden zumeist auf diese Baumart fällt. Es ist zwar schade, daß man offensichtlich nicht aus den Fehlern gelernt hat, die auch anderswo begangen wurden. Aber ehrlich gesagt, können wir von einem armen Land wie Irland, das seinen Holzbedarf durch Importe decken muß, erwarten, daß es seine Forstpolitik anders als zum Beispiel Deutschland nicht nach wirtschaftlichen Erwägungen ausrichtet?

Trotz allem bietet uns auf jeden Fall der Aufstieg vom Glenmalure zum Lugnaquillia einen einsamen Tag in berauschend schöner Natur.

Der Wegverlauf

Vom *Parkplatz* an der Straße aus können wir den Avonbeg River auf einer *kleinen Betonbrücke* überqueren. Durch das anschließende *Gatter* gehen wir auf die *Forststraße* hinaus. Im Hang vor uns sind die Reste eines alten Gebäudes zu erkennen, und der Verlauf der Forststraße, die wir im *ersten Teil unserer Wanderung* benutzen, ist gut zu überblicken.

Genau richtig, um unseren Gehrhythmus zu finden, ist der Beginn der Straße, die sanft *ansteigend taleinwärts* zieht. Drei Männer sind hier mit Wiederaufforstungsarbeiten beschäftigt, da die hier angepflanzten Fichtenmonokulturen dem sumpfigen Boden und dem stürmischen irischen Wetter ganz offensichtlich nicht gewachsen waren.

In *mehreren Kehren* schlängelt sich die Forststraße durch den unteren, von den eiszeitlichen Gletschern steilgeschliffenen Hang des Glen. Einige Male passieren wir einen kleinen Bach, dessen Bett mit Moos bewachsen ist, das in den schönsten Grüntönen aufleuchtet. Nach oben hin werden die Schwingungen der *Kehren immer kürzer*. Nachdem sich der Steilhang deutlich zurücklegt, führt die *Forststraße geradeaus* in eine mit den Stämmen eines Windwurfs bedeckte Senke.

Wir halten uns schon zu *Beginn der Senke*, die von einem steilen Halbrund aus Wänden umgeben ist, *rechts* hinaus, indem wir eine weitere *Forststraße* benützen. Nur ein einziger Baum, eine kleine Föhre, ist übriggeblieben vom ehemals dichten Wald und scheint, festgeklammert auf einem Felsblock, die gan-

Der Arts Lough vom steilen Anstieg zum Clohernagh aus. Im Hintergrund schneidet das von Gletschern ausgehobelte Glenmalure tief in die Wicklow Mountains.

zen großen Fichten zu verhöhnen, die sich vom Sturm so leicht haben umwerfen lassen.
Die Forststraße verläuft immer *leicht bergauf*. Vorbei an einigen großen Bäumen, taucht vor uns die Steilwand des Ben Leagh über dem Frochan Glen auf. Aus dem von der Straße angeschnittenen Hang trieft das Wasser, das in den Sümpfen oberhalb gesammelt ist, heraus. Hier sind wir doch froh über die Straße, auf der wir trockenen Fußes vorwärts kommen. Kleine Fichtensetzlinge entlang des Hanges zeugen vom Bemühen der Forstbehörden um Wiederaufforstung.
Völlig unvermittelt *endet die Straße* im Nichts. Der Blick geht tief hinein ins Frochan Glen mit dem schönen Wasserfall, der über plattigen Fels herunterstürzt. Weit unten liegt der Talboden des Glenmalure, von dem wir durch steile, felsdurchsetzte Hänge getrennt sind.
Vom *Ende der Straße queren* wir weiterhin den *Hang* leicht aufwärts haltend in *Richtung Frochan Glen* hinein. Nach kurzer Zeit treffen wir auf einen *Weidezaun*, der vom Talboden des Frochan Glen den steilen Hang zu uns herauf läuft. *Entlang des Zaunes* steigen wir auf feuchtem Boden nach oben. Über uns können wir schon die steilen Wände sehen, die den Kessel, in dem der kleine *Arts Lough* liegt, nach oben hin abschließen.
Bald liegt das dunkle Wasser des *Arts Lough* in einer kleinen Senke vor uns. Auf einer kleinen *Holztreppe* überklettern wir den Zaun und steigen zum See hinunter.
Gespenstisch still und dunkel liegt die Wasserfläche vor uns. Ein Saum heller Granitblöcke, die von den Felswänden oberhalb heruntergestürzt sind, schimmert am Rand des Sees. *Links oben* bilden einige *große Blöcke* eine kleine Stadt, mit Türmen und Zimmern darunter. Sorglos streifen wir durch Heidekraut zu den Felsen, und plötzlich verschwinde ich im Untergrund. Ein Loch zwischen zwei Blöcken war nur von Gestrüpp überwuchert, und ich bin froh, daß ich mir an dem scharfkantigen Gestein nur kleine Abschürfungen zugezogen habe. Vorsichtig mit den Skistöcken sondierend, gehen wir die letzten Meter zu den Felsblöcken und genießen dort eine lange Rast.
Von den Felsen aus können wir uns schon einmal unseren *Weiterweg* einprägen. *Links (südlich)* der Blöcke schickt die *Steilflanke*, die den Arts Lough überragt, einen gratförmigen *Vorbau* herab. Eine deutliche, *grasige Rampe* mit Steigspuren führt zu diesem *Grat* hoch.
Über diese Rampe queren wir problemlos *etwa 200 Meter schräg aufwärts*. Dann steigen wir über das steile, aber ungefährliche Gelände am *rechten Rand des Hanges* gerade empor. 150 Höhenmeter sind es bis zum nördlichen Vorgipfel des *Clohernagh*. Während der kleinen Verschnaufpausen im steilen Anstieg können wir immer wieder den Blick hinunter zum Arts Lough mit der tiefen Furche des Glenmalure dahinter genießen.
Oben auf dem Vorgipfel liegt der *weitere Aufstieg* bis zum breiten Gipfel des *Lugnaquillia* vor uns. Genau im Süden, ganz nahe vor uns, erhebt sich der unscheinbare Gipfel des *Clohernagh*, von dem aus dann links hinab unser Direktabstieg ins Glenmalure führt. Im Aufstieg müssen wir den Gipfel, eigentlich nur eine unbedeutende Erhebung am Ende des Lugnaquillia-Ostgrates, nicht ersteigen. *Rechts* davon queren wir schräg auf den *Ostgrat des Lugnaquillia* hinauf, den wir bis zum Gipfel hinauf nicht mehr verlassen werden. Rechts von unserem Grat löst sich der Boden in eine kaum zu durchdringende, sumpfige Erdhügel- und Erdrinnenlandschaft auf, dahinter das beeindruckende, weite Rund des Nordostkars am Lugnaquillia. Wir aber folgen der *trockenen Spur*, die in angenehmer Steigung über den Grat aufwärts führt. Vor uns zieht sich der obere Teil der Südwand, die Rückwand eines eiszeitlichen Kars, bis kurz unter den Gipfel des Lugnaquillia hinauf.
Immer wieder kleine, *flache Absätze* mit anschließenden steileren Abschnitten gestalten hier den Aufstieg, der sich doch noch mächtig in die Länge zieht, abwechslungsreich. Rechts bricht die Steilflanke hinunter ins Nordostkar ab und kurze Zeit später, nachdem der *Grat nach links biegt*, wandern wir hart am Rand der *Südabbrüche* zum großen Steinmann auf dem nahen *Gipfel*.
Von dort oben, auf dem Haupt des unumschränkten Herrschers der Wicklow Mountains, hat man natürlich einen umfassenden Rundumblick. Weit ziehen sich im Westen die Ebenen Innerirlands. Im Süden und Nor-

den türmt sich Bergkamm nach Bergkamm, und im Osten erstreckt sich die Wasserfläche der Irischen See bis zu den Bergen von Wales, die an klaren Tagen zu sehen sind.

Vom Gipfel steigen wir auf dem Weg ab, den wir gekommen sind. Vor der steilen Nordostflanke schwenken wir nach *rechts* und begehen den uns schon bekannten, langen *Ostgrat* bis zum Gipfel des *Clohernagh*.

Wer allerdings zur Jugendherberge im Glenmalure absteigen will, der wendet sich am Rand der steilen Nordostflanke nach links und steigt am Kamm links der steilen Abbrüche zum Frochan Glen ab. Dieser Weg ist allerdings den erfahrenen Bergsteigern vorbehalten, denn die Orientierung im Schlußabstieg ins Glenmalure ist auf diesem Weg problematisch. Bei Nebel gerät man hier leicht in gefährliches Gelände.

Wir aber erreichen bald den *Clohernagh*, überschreiten dessen Gipfelchen und beginnen bei *gleichbleibender Richtung* mit dem *Abstieg ins Glenmalure*. Ein *breiter Hang* tut sich unter uns auf, über den ein *Pfad* nach unten führt. Nachdem wir ca. 100 Höhenmeter abgestiegen sind, bricht zu unserer Linken das Gelände steil zu jener Mulde ab, in die wir im Aufstieg auf der Forststraße gelangt waren. Wir steigen die nächsten 150 Höhenmeter am *Rand rechts dieses Abbruchs* ab. Allmählich setzt die Wand links von uns aus, und wir steigen über den *runden Rücken* weiter ab. Das Gelände unter uns wird *flacher, der Pfad verliert* sich im Heidekrautgelände, und nun ist es entscheidend, den *Beginn des Zickzack-Weges* zu finden, der uns durch den steilen Schlußhang in den Talboden hinunterbringt. Leicht rechts halten wir

Natürlich werden im engen Glenmalure auch die steilen Talhänge zur Schafzucht genutzt.

im flacheren Gelände auf eine *unauffällige Ruine* zu, die wir schon von weiter oben erspäht hatten. In der Nähe dieser Ruine beginnt dann der Weg, der uns neben dem schönen Wasserfall des Carrawaystick Brook zu einer Farm im Tal bringt.

Vorbei an den Farmhäusern, durch ein Tor, danach auf Steinen über den Carrawaystick Brook, anschließend auf einer Fußgängerbrücke über den Avonbeg River, und wir stehen auf der Straße durch das Glenmalure. Von hier linkshaltend sind es noch etwa 1,5 Kilometer bis zu unserem morgendlichen Ausgangspunkt.

Nützliche Informationen

Ausgangspunkt: Abzweigung der Forststraße, die auf der Südseite des Avonbeg River taleinwärts zieht, um dann im Zickzack den steilen Südhang des Glenmalure zu überwinden. Circa 1,5 km talaufwärts des schönen Wasserfalls, der die linke Talseite herunterstürzt, bieten sich am Beginn der Forststraße mehrere Parkmöglichkeiten. Wer von der Glenmalure-Jugendherberge kommt, muß vom Parkplatz am Ende der Straße noch ca. 2 km talauswärts wandern, um den Beginn der Forststraße zu erreichen.

Gehzeiten: Insgesamt 6 Stunden. Vom Ausgangspunkt zum Arts Lough 2 Stunden. Vom Arts Lough auf den Clohernagh 1 Stunde. Vom Clohernagh auf den Gipfel des Lugnaquillia 1 Stunde. Abstieg ins Tal und Rückweg (1,5 km) auf der Straße zum Ausgangspunkt 2 Stunden.

Länge der Tour: 17 km.
Höhendifferenz: 800 m.
Verkehrsverbindungen: Keine Busverbindungen ins Glenmalure. Nächstes öffentliches Verkehrsmittel ist der Bus von Dublin nach Glendalough. Von dort entweder mit dem Fahrrad ins Glenmalure oder zu Fuß über die Berge zwischen Glendalough und Glenmalure (siehe dazu Tour 4).
Unterkunft: Einige B&B's im unteren Teil des Glenmalure.
Eine Jugendherberge (An Oige) am Ende der Straße (geöffnet nur im Juli und August, in der Vor- und Nachsaison teilweise an den Wochenenden. Schlechte sanitäre Einrichtungen). Campingmöglichkeit bei der Jugendherberge. Ein offizieller Platz befindet sich im unteren Teil des Tales neben dem Pub Glenmalure Lodge.
Verpflegung: Nächstes Lebensmittelgeschäft in Greenan am Taleingang. Keine Restaurants im Tal.
Fahrradverleih: Nächster Fahrradverleih in Laragh in der Nähe von Glendalough.
Weitere Tourenvorschläge: Von der Jugendherberge auf den Table Mountain; von dort entweder über den Lugnaquillia oder über die Berge nördlich des Tales zurück ins Glenmalure (in beiden Fällen schwieriges, unübersichtliches Gelände). Von der Drumgoft Bridge auf den südlich des Tales gelegenen Croaghanmoira (anfänglich auf der Military Road).
Karten: OS-Karte 1:126720, Blatt 16 (Kildare–Wicklow).
OS-Karte 1:50000, Blatt 56 (Wicklow).

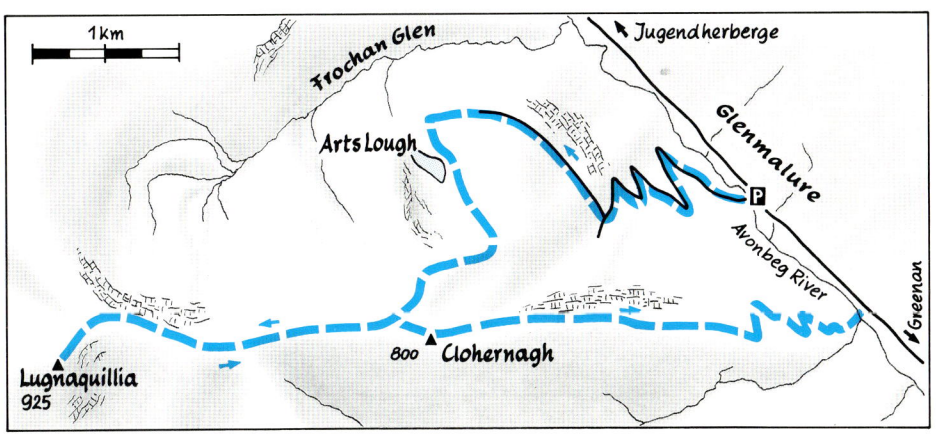

Wanderungen im Süden (Waterford und Tipperary)

6 In den Comeragh Mountains

Der Weg um den Mahon-Wasserfall

Tourencharakter: Bergtour, bis zum Wasserfall Pfadspur (hier Abbruchmöglichkeit steil entlang des Wasserfalls zum Ausgangspunkt). Ab dem Wasserfall querfeldein in teilweise feuchtem Gelände.
Keine Markierungen.
Beste Jahreszeit: Von April bis Oktober.
Reine Gehzeit: 3½ Stunden.

Das Ziel der meisten Irlandtouristen vom europäischen Kontinent ist der Westen der Insel. Hier locken die einsamen Landschaften mit den großen Namen wie Kerry, Connemara oder Donegal. So ist der Süden und Südosten Irlands meist nur Durchgangsstation für diejenigen, die in Rosslare Harbour mit der Fähre ankommen. Irische und vor allem englische Urlauber bevölkern hier die schönen Strände und genießen das wärmste und trockenste Klima der Insel.

Zugegebenermaßen wirkt die Küste im Vergleich mit den einsamen Traumstränden der irischen Westküste überlaufen. Doch im Landesinneren erwartet den Urlauber eine stille, anziehende, wenn auch eher unspektakuläre Landschaft, die aber auf jeden Fall einen Besuch wert ist. Vor allem mit den fruchtbaren Flußtälern von Barrow, Nore, Suir und Blackwater, die Hügelketten im Landesinneren durchschneiden, verdient sich Irland seinen Beinamen die »Grüne Insel«.

In der hügeligen Landschaft verstecken sich kleine Städte und Dörfer, die dem geschichtsinteressierten Urlauber so manches Kleinod zu bieten haben. Klöster, Rundtürme, Hochkreuze und Burgen aus normannischer Zeit warten auf ihre Entdeckung. Sogar eine kleine irische Sprachinsel rund um An Rinn konnte sich bis in unsere Tage behaupten.

Und auch der Wanderer kommt hier im Südosten nicht zu kurz. Ein ausgedehntes Netz von Weitwanderwegen durchzieht die Flußtäler und Hügelketten. Und die Bergzüge, die sich in weitem Bogen von den Wicklow Mountains im Nordosten bis zu den Bergen von Kerry im Südwesten ziehen, schwingen sich immer wieder zu beachtlicher Höhe auf. Die Blackstairs Mountains nördlich von New Ross, der Slievenamon nördlich von Carrick on Suir und die Knockmealdown Mountains südlich von Mitchelstown laden zu Bergtouren ein. Vor allem aber die Comeragh Mountains im County Waterford zeigen mit steilen Wänden, Wasserfällen und tiefeingeschnitten Karen alpinen Charakter und stehen den Bergen im Westen in nichts nach.

Man sollte also auf seinem Weg in den Westen der Insel ruhig einmal hier einen Zwischenstopp einlegen, um das andere, vielleicht sogar normale Irland kennenzulernen und die Blicke von den Comeragh Mountains auf das Meer und das grüne Land zu genießen.

Der Wegverlauf

Wir starten unsere Tour am *Parkplatz*, von dem aus schon nahezu der gesamte *Wegverlauf* einzusehen ist. Über den *linken (westlichen) Begrenzungskamm* des Tales wandern wir bis auf den obersten *Abbruch des Wasserfalls*. Von dort geht es weiter auf den *kegelförmigen Berg* über dem rechten Talabschluß, anschließend auf den dahintergelegenen breiten Rücken und dann in weitem Bogen die östlichen Talhänge bergab, zurück zum Ausgangspunkt.

Vom Parkplatz aus überqueren wir die Straße und passieren einen auffallenden, *großen Felsblock*. Anschließend erklimmen wir den dahinterliegenden, kurzen, *steilen Hang*, der zum *langen Grat* emporleitet, über den wir dann rechts hinauf auf die Höhe des Kammes gelangen, der das Tal zur Linken abschließt. Vom Grat bietet sich uns schon ein weiter Blick über die irische Südküste zwischen Dungarvan und Waterford.

Im flachen Gelände oberhalb des ersten Absturzes des Mahon-Wasserfalls überqueren wir auf Steinen den Bach.

Am Gratrücken läuft ein *Weidezaun* entlang, in dessen Nähe wir nach oben steigen. Hier finden wir immer wieder *Pfadspuren* im Heidekraut, die uns den Aufstieg erleichtern.

Kurz vor dem ersten, *Comeraghmountain* benannten Gipfel ist das Gelände felsdurchsetzt. Wir steigen vorsichtig einige Schritte nach rechts hinaus und genießen für kurze Zeit die Nahblicke ins Tal unter uns, über dessen steilen Schlußhang der schöne Mahonfall in die Tiefe rauscht.

Oben auf dem *Comeraghmountain* setzt ein *kleiner Steig* an, der nahe bei den steil ins Mahontal abbrechenden Wänden nach *Norden* verläuft. Nach einiger Zeit kreuzt der Steig einen kleinen, verblockten *Bachlauf*. Danach ist der Steig nur noch schwer zu erkennen und wir suchen uns unseren Weg leicht bergab haltend. Wir zielen auf die *ruhige Bachstrecke* unmittelbar oberhalb des ersten, etwa 15 Meter hohen *Abbruches des Wasserfalls*. Der Wind zerstäubt das stürzende Wasser, und die Sonne zeichnet einen Regenbogen in die Gischt.

Über Steine steigen wir auf die andere Seite des Baches. Trampelpfade führen von hier entlang des Wasserfalls zum breiten Wanderweg, der durchs Tal zu unserem Ausgangspunkt hinausläuft.

Links (nördlich) über dem Wasserfall strebt eine *felsige Kanzel* in den Himmel, die mit senkrechten Wänden ins Tal abbricht. Diese Kanzel ist unser nächstes Ziel. Zuerst etwa *100 Meter links haltend* über sanftes Gelände, anschließend auf *Steigspuren* nach rechts durch einen steilen Hang gewinnen wir die

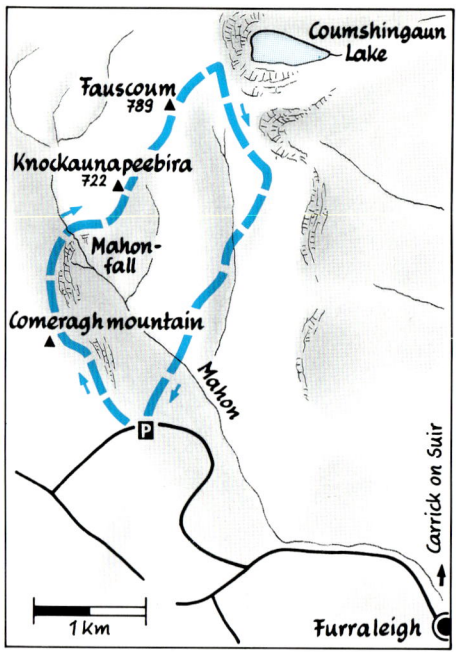

Mountains. Ein breiter, *sumpfiger Sattel* trennt uns vom Fauscoum. In den sandigen Rinnen, die die feuchten Erdhügel voneinander trennen, kommen wir jedoch gut voran. Anschließend steigen wir im nur zu Beginn etwas steileren, kurzen *Gipfelhang* geradeaus nach oben. Schnell ist die sumpfige *Gipfelhochfläche* erreicht. Wir halten uns *leicht links*, und nach wenigen Minuten stehen wir neben dem *Steinmann auf dem Gipfel des Fauscoum*, der sich vom umliegenden Gelände kaum abhebt.

Vom *Gipfel* gehen wir in Verlängerung der Linie, die wir heraufgekommen sind, nach *Nordosten* über die nach den Regenfällen der vergangenen Wochen sehr sumpfige, konturlose Hochfläche auf einen langgezogenen, *flachen Rücken* zu.

Nachdem wir das ärgerliche Gelände hinter uns gebracht haben, stehen wir auf der rückwärtigen Seite des langgezogenen Hügels vollkommen unvermittelt vor dem *senkrechten Abbruch* in ein tiefeingeschnittenes Kar. Umgeben von hohen Felswänden, liegt tief unter uns der tiefblaue Wasserspiegel des *Coumshingaun Lake*.

Auf *Steigspuren* gehen wir vorsichtig entlang der *Abbruchkante* nach rechts. Immer wieder halten wir an und bewundern den See unter uns und die ihn einschließenden, senkrechten Kletterwände. Nach einigen hundert Metern trennt ein scharfgeschnittener Grat das Kar mit dem eingelagerten See vom nächsten, *südlich gelegenen Kar*. Wir lassen es uns nicht nehmen, noch ein Stück den harmlosen Beginn des Grates hinauszugehen, um von dort einen letzten Blick ins beeindruckende Coumshingaun-Kar zu werfen.

Entlang der Abbruchkante des zweiten Kars wandern wir anschließend weiter *Richtung Süden*. Weit geht hier der Blick hinaus zum Meer, zur Küste von Waterford und über das hügelgesäumte Tal des River Suir. Dort, wo nach einigen hundert Metern der felsige *obere Rand des Kars nach links (Osten) umbiegt*, sehen wir wieder hinunter ins *Mahontal und zu der Straße*, an der wir geparkt haben. Von nun an wandern wir durch wegloses Gelände abwärts immer *auf diese Straße zu*.

Nach kurzer Zeit durchqueren wir einen *Graben*, auf dessen Grund ein kleines Bächlein fließt. Etwas tiefer erreichen wir *flache-*

Plattform auf dem erwähnten Felskopf. Hier ist genau der richtige Platz, um eine kurze Rast einzulegen und die Blicke in das felsige Mahontal und auf die Küstenlandschaft weit draußen in uns aufzunehmen.

Anschließend überklettern wir die Reste einer alten *Steinmauer* und steigen dann gerade im nur anfänglich steilen Gelände *nach Nordosten* hoch zum noch nicht sichtbaren Gipfel mit dem schwer auszusprechenden Namen *Knockaunapeebira*. Ab und zu hindert uns höheres Heidekraut, doch meist ist das Vorwärtskommen zwar anstrengend, aber problemlos.

Zwei *große Steinmänner* zieren den Gipfel des Knockaunapeebira. Von hier besteht die Möglichkeit, über den breiten Hang nach Südosten abzusteigen und anschließend nach rechts (Süden) über den steilen Talhang zum Ausgangspunkt zurückzukehren. Doch dadurch würde man sich um die wahrlich atemberaubenden Blicke ins Coumshingaun genannte Kar bringen.

Deshalb steuern wir nach *Nordosten* auf den vom Knockaunapeebira gesehen unattraktiven, breiten *Fauscoum* zu, die mit 789 Metern höchste Erhebung in den Comeragh

res *Gelände*, das sich nach rechts zum Knokkaunapeebira mit den zwei auffälligen Steinmännern auf seinem Gipfel emporzieht. Wir überqueren das teilweise sumpfige, flache Gelände, wobei wir *immer die Richtung auf die Straße* beibehalten. Auf einem grünen Wieslein, über das eine alte Steinmauer verläuft, gelangen wir schließlich an den *Rand des steileren Abbruchs zu unserem Ausgangspunkt im Mahontal*.

Das nächste Ziel, das wir ansteuern, ist ein großer *Felsblock*, der unten im Mahontal *am Rand des Baches* liegt, wo dieser beginnt, sich ins Gelände einzuschneiden. Wir steigen über den blockigen, *steilen Hang* ab und überqueren anschließend den *breiten Talboden* in Richtung des auffallenden Felsblocks am Bachufer. Einige Meter unterhalb können wir auf *Steinen den Bach* überqueren. Auf der Gegenseite klettern wir die *Uferböschung* hoch und erreichen kurz darauf einen *Wanderweg*, auf dem wir nach wenigen Metern unseren Ausgangspunkt erreichen.

Nützliche Informationen

Ausgangspunkt: Letzter Parkplatz auf der linken Seite der schmalen Straße im obersten Mahontal, wo auch der breite Wanderweg zum Wasserfall beginnt. Hierher zuerst auf der R676, die Lemybrien, das an der N25 zwischen Dungarvan und Waterford liegt, mit Carrick on Suir verbindet. Ca. 5 km nördlich von Lemybrien zweigt in Furraleigh das zu den Mahon Falls führende Sträßlein von der R676 nach Westen ab, das uns bis zum Startpunkt der Tour bringt.

Gehzeiten: Insgesamt 3½ Stunden. Vom Ausgangspunkt bis zum Wasserfall 1 Stunde. Vom Wasserfall auf den Fauscoum 1¼ Stunden. Vom Fauscoum zurück zum Ausgangspunkt 1¼ Stunden.

Länge der Tour: 9 km.

Höhendifferenz: 520 m.

Verkehrsverbindungen: Mehrere Busse täglich nach Lemybrien (der Ort liegt an der Hauptverkehrsroute von Waterford nach

Tief hat sich während der Eiszeit ein Kar in die Ostflanke der Comeragh Mountains eingeschnitten, in dem heute der Coumshingaun Lake liegt.

Cork). Die letzten 9 km von hier zum Ausgangspunkt werden von keinen öffentlichen Verkehrsmitteln bedient.
Unterkunft: B&B's entlang der R676, entlang der N25 und vor allem in den Küstenorten zwischen Dungarvan und Waterford. Hotels entlang der Küste. Campingplätze an der Küste zwischen Waterford und Dungarvan. Nächste Jugendherberge in Waterford.
Verpflegung: Die nächstgelegenen Geschäfte und Restaurants entlang der N25.
Fahrradverleih: In Waterford.
Sehenswürdigkeiten: Die kleinen Dörfer und schönen Strände entlang der Küste von Waterford.
Auskunft: TI-Office in Waterford (ganzjährig geöffnet). TI-Office in Carrick on Suir (nur während der Sommermonate geöffnet).
Karte: OS-Karte 1:126 720, Blatt 22 (East Cork–Waterford).
Sonstiges: Lough Coumshingaun Rock Climbing Center, Outdoor-Center an der Ostseite der Comeragh Mountains.

7 Auf den Galtymore Mountain (917 m)

Tourencharakter: Einfache Bergtour mit guter Aussicht. Der erste Teil auf breitem Weg, der zweite Teil auf Pfadspuren. Keine Markierungen.
Beste Jahreszeit: Von April bis Oktober.
Reine Gehzeit: 4½ Stunden.

Tipperary ist eine Binnengrafschaft im Süden der irischen Insel. Der Name ist vor allem aus einem alten Soldatenlied bekannt. Weite Teile des County sind dicht besiedelt und landwirtschaftlich intensiv genutzt. Die Kalkebenen Tipperarys sind eine der Kornkammern Irlands.
Vor allem im Süden der Grafschaft, entlang des River Suir, reiht sich ein geschichtlich interessanter Ort nach dem anderen wie auf einer Perlenschnur auf. Beginnend mit Carrick on Suir am Unterlauf, über Clonmel und Cahir bis zum berühmten Cashel.
Der Burgberg von Cashel überragt eine flache Ebene um 60 Meter. Der Sage nach verdankt er seine Entstehung dem Teufel, der vom nördlich gelegenen Devilsbit Mountain ein Stück abgebissen haben soll und im Flug über die Ebene jenes Stück verlor, auf dem heute die »Akropolis Irlands« zu bewundern ist. Pech für den Teufel, denn hier ließ sich König Aengus vom heiligen Patrick zum Christentum bekehren, und später wurde der Felsen der katholischen Kirche übergeben.
Heutzutage ist der Burgberg eine der meistbesuchten Sehenswürdigkeiten in Irland. Doch trotz des Rummels sollte man sich nicht abhalten lassen, ihn zu besteigen. Wie eine verwunschene Gralsburg ragen die Gebäude in den Himmel, und von oben bietet der Hügel eine phantastische Aussicht. In der grünen Ebene liegen die Ruinen kleiner Klöster, und im Südwesten, am Rand der Grafschaft Tipperary, überragt ein mächtiger Bergzug, die Galty Mountains, das topfebene Land.
Neben dem Lugnaquillia in den Wicklow Mountains ist der Galtymore, die höchste Erhebung der Galty Mountains, der einzige Berg Irlands außerhalb der Grafschaft Kerry, der die 3000-Fuß-Marke überschreitet. Das ergibt zwar nur eine Höhe von knapp über 900 Metern, doch die Unmittelbarkeit, mit der der Bergzug aus den 800 Meter tiefer liegenden Ebenen aufstrebt, ist beeindruckend.
Der Weg von Süden auf den Galtymore bietet im Vergleich zu den anderen Anstiegsmöglichkeiten zwei Vorteile. Erstens liegt der Ausgangspunkt relativ hoch, und zweitens kann man auf weiten Strecken des Anstieges die sogenannte Black Road benutzen, einen jener Schotterwege, die früher das Torfstechen in den Gebirgen erleichtern sollten.
Ganz in der Nähe des Ausgangspunktes, unten in der Ebene von Mitchelstown, liegt eine weitere Attraktion, die man sich nicht entgehen lassen sollte, die Mitchelstown Caves. Dieses weitverzweigte Höhlensystem, eines der längsten in Irland, bildete sich seit Jahrmillionen im durchlässigen Kalkstein aus.

Steil fällt die Nordostflanke des Galtymore Mountain zum kleinen Lough Dineen ab.

Am Westrand der Gipfelhochfläche des Galtymore Mountain steht seit einigen Jahren das weiße Gipfelkreuz.

Während einer Besichtigung erlebt man eine faszinierende Unterwelt mit Tropfsteinen, die je nach Mineralbeimengungen in unterschiedlichen Farben leuchten.

Der Wegverlauf

Vom *Parkplatz* gehen wir zurück auf die Teerstraße und auf dieser *nach rechts*. Schon nach wenigen Metern endet der Teerbelag, und die grasbewachsene *Sandstraße* wird zu beiden Seiten von einer Steinmauer flankiert. Über die Steinmauern wuchert dichtes Rhododendrongebüsch, und wie in einem grünen Tunnel erreichen wir ein *Metalltor*. Nach dem Tor lassen wir die Zufahrt zum höchstgelegenen Bauernhof im Tal links liegen und marschieren *geradeaus* auf dem breiten Weg weiter. Für ein kurzes Stück nimmt die Steigung zu, ehe wir an einem *Holztor* anlangen.

Danach liegt die sogenannte *Black Road* vor uns, die im Osthang des rechts von uns liegenden Berges, dem *Knockeenatong*, mäßig ansteigend auf den markanten *Galtybeg* zuläuft. Wir teilen uns den Weg mit einer Schafherde, deren Lämmer wie verirrte Wollknäuel im Heidekrautgestrüpp wirken.

Der Blick zurück geht hinunter auf die grünen Ebenen zwischen Cahir und Mitchelstown und den langen Zug der Knockmealdown Mountains im Süden.

Angenehm ansteigend läuft die *Black Road nach Norden* auf den Hauptkamm der Galty Mountains zu. Links unten begleitet uns das Tal von Coopers Wood. Die einsame Farm inmitten hellgrüner Laubbäume auf dem gegenüberliegenden Talhang liegt schon im County Limerick, denn der Bach unten im Tal ist die Grenze von Tipperary.

Links vor uns erhebt sich die grüne Pyramide des *Galtymore Mountain* täuschend nahe. Im *Sattel* nördlich des Knockeenatong öffnet sich der Blick auf den langen Hauptkamm der Galty Mountains und nach Osten auf die weite Ebene, an deren Ende sich die steilen Comeragh Mountains aufbauen.

Zwischen uns und dem Galtymore Mountain liegt nun nur noch eine *runde Vorkuppe*, deren Hang die Black Road nach rechts hinaufquert. Wir bleiben auf dem *Weg*, der uns zunächst von unserem Ziel wegführt. Nach einigen hundert Metern wird über einem *breiten Sattel*, der die Vorkuppe vom Gipfel des Galtybeg trennt, links die Pyramide des Galtymore wieder sichtbar. An der Black Road sind hier einige *Steinmänner* errichtet, an denen wir nun den Schotterweg *nach links* verlassen.

Unser nächstes Ziel ist der *tiefeingeschnittene Sattel* zwischen dem Galtymore und dem Galtybeg. Um dorthin zu gelangen, queren wir auf einer *Pfadspur*, die im *Südhang des Galtybeg* bergauf führt, zu dem Einschnitt hinauf.

Das Gelände ist, besonders kurz unter dem

Sattel, etwas feucht. Doch bei erster Gelegenheit gehen wir *über den Sattel nach rechts* bis hart an den *steilen Nordabbruch*, an dessen Oberkante wir auf einem trockenen *Steiglein* schnell an Höhe gewinnen.

Im Norden breiten sich tief unten die weiten Ebenen von Tipperary und Limerick aus, davor das schöne, teilweise bewaldete Tal des Glen of Aherlow. Fast senkrecht fallen die Hänge zum kleinen Lough Dineen ab, der sich in einem Kar zu unseren Füßen eingenistet hat.

Schweißtreibend ist der Anstieg über den steilen, aber ungefährlichen *Gipfelhang*, der über uns in den blauen Himmel ragt. Doch vorbei an einigen *Sandsteintürmen*, die wie Betonmauern aus den grünen Weiden ragen, ist der *Gipfel* in kurzer Zeit erstürmt.

Vom *großen Steinmann* auf dem höchsten Punkt kennt die Rundumsicht keine Grenzen mehr. Im Westen ragen über grünem Hügelland die Berge rund um Killarney und Dingle auf. Im Norden die Ebenen und das Shannon-Becken und im Süden eine Mischung aus Bergen, Meer und Himmel. Wo die Erde aufhört und der Himmel beginnt, ist nicht mehr zu entscheiden.

Bevor wir mit dem Abstieg beginnen, gehen wir noch hinüber zum etwas tiefer gelegenen *weißen Kreuz am Westrand* der Gipfelhochfläche. Von dort aus lockt die blaue Wasserfläche eines weiteren Sees, des Lough Curra, der in grüne Hügel westlich des Galtymore Mountain eingebettet ist.

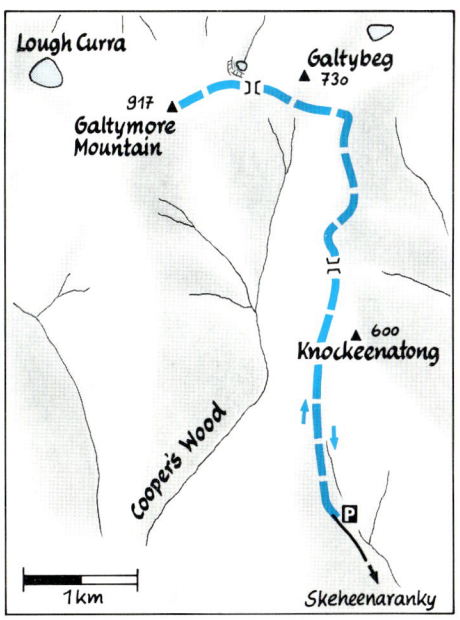

Nützliche Informationen

Ausgangspunkt: Kleiner Parkplatz am Ende der Teerstraße, die von der N8 2,5 km in die Galty Mountains führt. Der Abzweig der kleinen Teerstraße von der breiten N8 in der Nähe einer kleinen Häuseransammlung, die auf der Karte den Namen Skeheenaranky trägt, ist unbeschildert und unauffällig. Bester Anhaltspunkt ist eine Shell-Tankstelle, die ca. 500 m nach dem Abzweig in Richtung Mitchelstown liegt. Von dieser Shell-Tankstelle fährt man ca. 500 m in Richtung Cahir und biegt dann vor einer kleinen Steinmauer mit gelb aufgemalten Streifen in das Sträßchen links ein. Auf der schmalen Teerstraße immer geradeaus talaufwärts bis zu ihrem Ende.

Von Cahir bis zum Abzweig ca. 15 km, von Mitchelstown 9 km.

Gehzeiten: Insgesamt 4½ Stunden; für den Aufstieg 2¾ Stunden; für den Abstieg 1¾ Stunden.

Länge der Tour: 13 km.

Höhendifferenz: 600 m.

Verkehrsverbindungen: Gute Busverbindungen, da auf der N8 die Hauptstrecke zwischen Cork und Dublin verläuft.

Unterkunft: Hotels und B&B's entlang der N8 zwischen Cahir und Mitchelstown und in den beiden Orten. Zwei Jugendherbergen in Cahir (Independent). Jugendherberge an der Südflanke der Galty Mountains (An Oige); Abzweig von der N8 ca. 2,5 km vor dem Ausgangspunkt in Richtung Cahir.

Verpflegung: Lebensmittelgeschäfte und Restaurants an der N8 zwischen Cahir und Mitchelstown. Am besten in einem der beiden Orte.

Sehenswürdigkeiten: Die Mitchelstown-Höhlen in der Nähe des Ausgangspunktes. – Cahir mit seiner Burg auf einer Insel im River Suir. – Der Burgberg in Cashel.

Auskunft: TI-Office in Cahir (nur in den Sommermonaten geöffnet).

Karte: OS-Karte 1:126 720, Blatt 22 (East Cork–Waterford).

Wanderungen im Südwesten (Cork und Kerry)

8 Von Baltimore zum Lough Hyne

Tourencharakter: Einfache Wanderung auf Nebenstraßen und Wanderwegen, nur nach dem Spain Tower ein kurzes Stück querfeldein. Die Wanderung kann mit einem Fahrzeug in zwei Kurztouren aufgeteilt werden: Erstens von Baltimore zum Spain Tower und zurück. Zweitens auf den Aussichtsberg am Lough Hyne.
Beste Jahreszeit: Das ganze Jahr über möglich.
Reine Gehzeit: 5½ Stunden.

Der ewige Kampf zwischen Meer und Land ist wohl nirgendwo in Irland so augenscheinlich wie im äußersten Südwesten des County Cork. Fährt man von Skibbereen entlang des Mündungstrichters des Ilen nach Süden, so wird man sich in der amphibischen Landschaft immer wieder verwirrt fragen: was ist Fluß, was Meer, was Festland und was Insel.
Das Land scheint hier schon vor langer Zeit vor der Übermacht des Meeres kapituliert zu haben. Weiter nördlich ziehen die großen Halbinseln von Cork und Kerry, gestärkt durch das Rückgrat ihrer mächtigen Gebirgszüge, weit in den Atlantischen Ozean hinaus.
Auch hier im Süden wird vor Jahrmillionen eine Halbinsel das Meer zerteilt haben. Doch heute sind nur Hunderte von Inseln übriggeblieben. Das Meer holt sich nach und nach zurück, was einst aus ihm aufgestiegen ist.
Die rundbuckelige Landschaft, kleinparzelliert durch Hecken und Steinmauern, geht ganz unmerklich über in die Meereskanäle, an denen sich die schwarzen Ebbestreifen entlangziehen. Weit draußen im Meer trotzt Clear Island noch den Fluten, und einsam ragt davor der Fastnet Rock, der berühmte Wendepunkt des Admiral's Cup, als letzte Landmarke aus der unendlichen Fläche des Meeres.

Entlang der Südküste, besonders unterhalb des Spain Tower, zeigt sich die Küste noch wehrhaft. Hoch stürzen die Klippen ab, und auf den Kiesbänken tummeln sich gelegentlich die Seehunde. Ein besonderes Kleinod ist der Lough Hyne. Nur durch einen engen, 400 m langen Kanal mit dem offenen Meer verbunden, schwappt bei Flut das Meerwasser in das Becken des Sees. Da Süßwasserzuflüsse weitestgehend fehlen und die Sonne das eingedrungene Wasser teilweise verdunstet, hat das Wasser im See einen höheren Salzgehalt als im Meer. So konnte sich eine einzigartige Flora und Fauna entwickeln. Heute bildet der See mit den ihn einrahmenden Wäldern ein kleines Naturreservat.
Das Leben hier war schon immer hart. Der Boden ist, auch wenn blühende Fuchsienhecken und Ginsterbüsche ein anderes Bild vorgaukeln, wenig fruchtbar. So traf es diesen schönen Zipfel der irischen Insel während der großen Hungerjahre Mitte des 19. Jahrhunderts besonders hart.
Auch vom Meer her drohten immer wieder Gefahren. Der Spain Tower, Teil eines Vorwarnsystems, das im 16. Jahrhundert ganz Irland umspannte, ist Ausdruck der Vorsicht. Trotzdem überfielen im 17. Jahrhundert algerische Korsaren Baltimore und verschleppten die Einwohner in die Sklaverei.
Die härtesten Zeiten sind Gott sei Dank auch in Baltimore vorbei. Man hat sich mit dem Meer arrangiert. Tourismus bringt Geld in die Kassen des bunten Hafenortes. Die alte Burg aus dem 16. Jahrhundert, die das Hafenbecken überragt, hat ihren Nutzen verloren. Im kleinen, geschäftigen Hafen starten die Fähren zu den vorgelagerten Inseln, und immer mehr elegante Segelboote suchen hier Schutz.

Der Wegverlauf

Wir beginnen unsere Wanderung direkt am *kleinen Hafen* von Baltimore. Zwischen den bunten Häusern zur Rechten und der Ruine des Castells zur Linken gehen wir *in Richtung Skibbereen* bis zu den letzten Häusern des Orts. Oben an einem kleinen Berglein steht ein Lokal, neben dem die Tankstelle des Ortes liegt, und am unteren Ende des Berges passieren wir das zugewachsene *Ortsschild*. Danach zweigt *rechts* eine schmale *Teerstraße* ab, die sich nach hundert Metern verzweigt. Hier halten wir uns *links* und gewinnen zwischen Hecken an Höhe. Unter uns liegen nun schon die vielen kleinen Inseln, zwischen denen Meeresarme weit ins Land greifen. Bevor die Steigung der Straße merklich abnimmt, biegen wir neben einer *Garage nach rechts* hinauf in ein weiteres kleines Teersträßlein ein. Zwischen einem Gehöft auf der linken Seite und einem Wohnhaus auf der rechten windet sich diese Straße *in Kurven nach oben*. Nach kurzer Zeit, in der Nähe einer Hausruine, geht das Sträßlein in einen *Feldweg* über, dem wir bis zu seinem Ende unterhalb des Spain Tower folgen. Nach *rechts* steigen wir auf Steigspuren entlang einer Steinmauer zum nahen Turm hoch.

Nicht ohne Überlegung wurde vor 400 Jahren dieser Hügel als Standplatz für einen Wachturm gewählt. Die Aussicht ist wahrlich umfassend und überwältigend. Im Nordwesten liegt die inselübersäte Roaringwater Bay, im Südwesten bauen sich die Steilküsten von Sherkin und Clare Island auf, und im Osten geht der Blick über die zerrissene, buchtenreiche Küste bis zum felsigen Toe Head. Zu unseren Füßen, im Süden, durchsticht der Kedge Island genannte Felsturm die Wasserfläche.

Der *Kliffrand* gegenüber diesem Felseneiland ist nun unser *nächstes Ziel*. Auf einem felsigen Rücken verlaufen *Steigspuren* vom Turm genau *nach Süden zum Kliff* hinunter. Nach wenigen Minuten erreichen wir dem Steiglein folgend die Steilküste, die hier überhängend zum Meer hinunter abbricht. Vor uns zerteilt der massige Felsturm des Kedge Island die unruhige See, und mit etwas Glück können wir Seehunde beobachten, die sich tief unter uns am felsigen Kiesstrand tummeln.

Die folgenden 500 Meter bilden den schwierigsten Abschnitt der Wanderung, denn einige Zäune versperren uns den Weiterweg.

In der Nähe der Klippen steht dieses kleine, verlassene Dorf. Die einstigen Bewohner haben schon vor langer Zeit den Kampf mit den Stürmen aufgegeben.

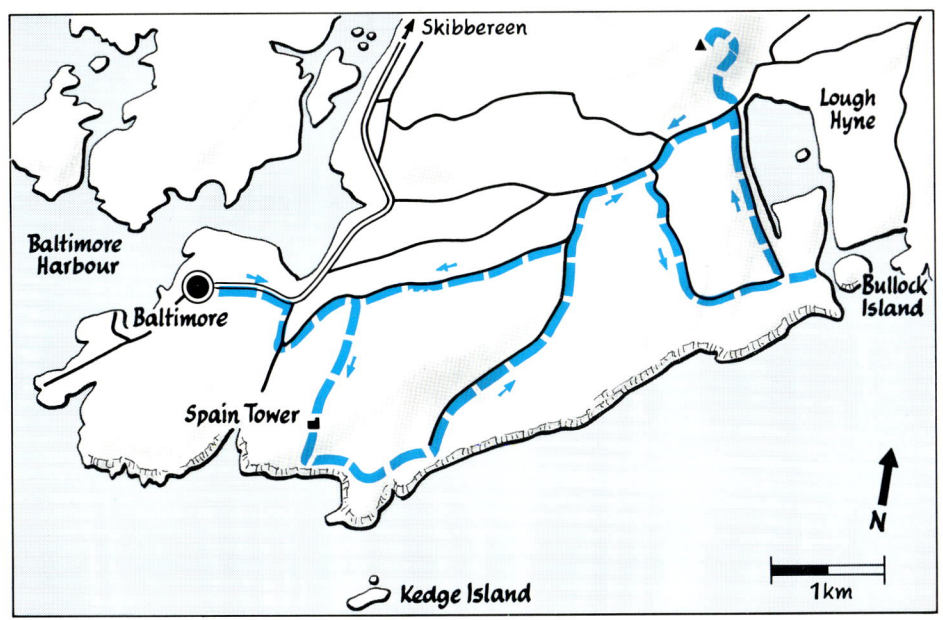

Vom Kliffrand wenden wir uns auf Steigspuren entlang einer alten Steinmauer *nach links*. Nach hundert Metern erreichen wir einen *Zaun*, der eine grüne Talmulde absperrt. Die Steilklippen biegen hier nach rechts um und bilden südlich von uns einen kleinen Landvorsprung. Wir müssen den sperrenden Zaun überwinden und *durch die Talmulde*, den Landvorsprung abschneidend, *nach Osten* wandern. Nach zwei weiteren Zäunen stehen wir wieder im offenen Gelände.

Hier setzt an der rechten (südlichen) Seite der Talung ein *Feldweg* an, auf dem wir schnell die schon vom Spain Tower aus sichtbaren Bauernhofruinen erreichen. Vor diesen *Ruinen* biegt der Weg nach *links hinauf* und geht bald in ein geteertes Sträßlein über. Vorbei an einigen Farmen und Häuslein, anschließend durch einsames Farmland, überwinden wir auf der Straße einen langgezogenen Höhenrücken. Nur das entfernte Bellen eines Schäferhundes ist zu hören, und ein Falke verzehrt mitten auf der Straße einen kleinen Vogel, ohne sich von uns stören zu lassen.

Senkrecht fallen die Schieferklippen südlich des Spain Tower zum Meer hin ab, wo das kleine Kedge Island den Stürmen trotzt. Hier tummeln sich ab und zu Robben im Wasser.

Drei Kilometer wandern wir auf der kaum befahrenen *Nebenstraße*, ehe wir auf eine weitere schmale *Teerstraße* treffen, auf der wir später unseren Rückweg vom Lough Hyne nach Baltimore bestreiten werden. Wir müssen nun aber *nach rechts*, in die Gegenrichtung. Nach kurzer Zeit treffen wir auf eine *weitere Kreuzung*, an der wir uns wieder *rechts* halten. Anschließend bleiben wir nur 500 Meter auf dieser Straße, ehe wir bei nächster Gelegenheit nach *rechts* in eine kleine *Nebenstraße* einbiegen.

Nur anfänglich läuft diese Straße um einige Häuser herum in Kurven steil bergauf. Bald schon führt der Weg in abwechslungsreichem *Auf und Ab durch einen Hang nach rechts*. Nur noch vereinzelt stehen rotbedachte Farmen im grünen Weideland. Dazwischen breitet sich die inselübersäte Roaringwater Bay aus. Nach einer Ruine steigt die Straße noch einmal *steil in einen Sattel* hinauf an. Oben am Sattel lohnt sich ein kleiner Abstecher auf die Kuppen links der Straße. Während einer Rast im Gras kann man dann die atemberaubendste Aussicht des ganzen Tages über die traumhafte Südküste mit den steilen Kliffs und eingelagerten Buchten genießen.

Zurück auf der Straße, wandern wir *steil*

nach Süden, in Richtung Küste hinab. Das so gut wie unbefahrene Sträßlein biegt bald nach links und wird flacher, ehe es bei einigen Häusern wieder etwas steiler zum *Lough Hyne* hinabführt. Inmitten der unteren Häuser treffen wir wieder auf eine kleine *Kreuzung*. Hier müssen wir uns entscheiden, ob wir gleich unseren Weiterweg nach links entlang des Westufers des Lough Hyne einschlagen oder noch einen kurzen Abstecher nach rechts hinunter ans Meer machen.

Wir folgen dem Sträßlein nach *rechts*, an einem weißen Tor links vorbei zu einer nur wenige Minuten entfernten *Bootsanlegestelle unten am Meer*. Links beginnt der 400 Meter lange, schmale Kanal, der das Meer mit dem Lough Hyne verbindet, und direkt vor uns schirmt Bullock Island die kleine Bucht, an der wir stehen, von der Brandung ab. Bei Ebbe ist ein Damm zu sehen, der Bullock Island mit dem gegenüberliegenden Festland verbindet.

Zurück an der *Kreuzung*, an der wir unseren Abstecher begannen, wandern wir auf dem *flachen Straßenstück am Lough Hyne* entlang. Einige Reiter kommen uns auf der von schönen Eichen flankierten Straße entgegen, ehe wir am Nordende des Lough Hyne auf eine *weitere Straße* treffen.

Links den Berg hinauf wird später unser Rückweg nach Baltimore führen, und rechts, am Ufer entlang, steht nach 200 Metern eine Schautafel mit Hinweisen zu den interessantesten Tieren und Pflanzen des Lough Hyne.

Wir aber *überqueren die Straße*, denn auf der gegenüberliegenden Seite beginnt der *Wanderweg* auf den Aussichtshügel nördlich des Lough Hyne. Stufenreich führt dieser Wanderweg in weiten Serpentinen unter alten, windzerzausten Buchen den steilen Hang hinauf. Immer wieder ergeben sich schöne Durchblicke auf den Lough Hyne, der bald tief unter uns liegt. Von hier oben erst bemerken wir die Mauern der alten Burg, die auf dem kleinen Castle Island inmitten des Lough Hyne zu erkennen sind.

Von der Rückseite, zum Schluß durch Nadelwald, erreichen wir den Gipfel des Aussichtsberges. Unter uns liegt der Lough Hyne und die reichgegliederte Küste, an sich grünes Hügelland entlangzieht, aufgelockert durch kleine, weiße Häuschen. Im Westen, hinter der inselreichen Roaringwater Bay, zieht der gebirgige Rücken der Mizen-Halbinsel weit in den Atlantischen Ozean hinaus.

Bis zur Straße zurück benützen wir den Weg, den wir auch im Aufstieg begangen haben. Wieder am Ufer des Lough Hyne angekommen, wenden wir uns auf der *Straße nach rechts*, die uns, anfänglich in steilen Kehren, nach *Baltimore* zurückbringt. Die Straße wird bald *flach*, und nach einer Linkskurve wird sie kurz von *Alleebäumen* zu beiden Seiten begleitet. Bald nach der kleinen Allee zweigt nach links das Sträßlein ab, auf dem wir den Aussichtssattel vor dem Lough Hyne erreichten. Wir lassen diesen Abzweig links liegen und gehen weiter *geradeaus* auf der uns schon vom Hinweg bekannten Straße. Bei nächster Gelegenheit, dort, wo unsere Straße steiler bergab verläuft, nehmen wir die *Teerstraße links hinauf*, die von hohen Hecken gesäumt wird. Immer *geradeaus*, mehrere Abzweige ignorierend, wandern wir in angenehmen Auf und Ab nach *Baltimore*. Noch einmal bieten sich von hier die Blicke zur Inselwelt rund um Baltimore Harbour, ehe sich an unserem morgendlichen Abzweig hinauf zum Spain Tower für heute der Kreis schließt. Nur noch wenige Minuten sind es von hier zurück nach Baltimore.

Nützliche Informationen

Ausgangspunkt: Der Ort Baltimore im äußersten Südwesten Irlands. Zu erreichen von Skibbereen auf der R595. Skibbereen liegt an der N71, die entlang der Südwestküste Irlands von Cork nach Killarney verläuft.
Gehzeiten: Insgesamt 5½ Stunden. Vom Hafen in Baltimore zum Spanish Tower 45 Min.; vom Tower zum Lough Hyne 2½ Stunden; vom Lough Hyne auf den Aussichtshügel und zurück 45 Min.; vom Lough Hyne zurück nach Baltimore 1½ Stunden.
Länge der Tour: 18 km.
Höhendifferenz: 550 m.
Verkehrsverbindungen: Mehrere Busse täglich von Skibbereen nach Baltimore. Von Cork mehrmals täglich Busse nach Skibbereen. Von Skibbereen einmal täglich Busverbindung nach Glengarriff. Von Baltimore mehrmals täglich Fähren nach Sherkin Island und Clear Island. Im Juli und August Fährver-

Knorrige, alte Eichen wachsen an den Ufern des seltsamen Lough Hyne.

bindung von Clear Island nach Skull auf der Mizen-Halbinsel.
Unterkunft: Ferienwohnungen und B&B's in Baltimore. Angenehme Jugendherberge in Baltimore (Independent). Campingmöglichkeit bei der Jugendherberge.
Verpflegung: Lebensmittelgeschäfte und Restaurants in Baltimore.
Fahrradverleih: In der Jugendherberge von Baltimore oder in Skibbereen.
Sehenswürdigkeiten: Der alte Leuchtturm südwestlich des Hafens. – Sherkin Island mit schönen Stränden und an Wochenenden lebendiger Pubszene (Livemusik). – Clear Island mit einer bekannten Vogelbeobachtungsstation und bis heute erhaltener irischer Sprache der Bewohner.
Auskunft: TI-Office in Skibbereen (ganzjährig geöffnet).
Karte: OS-Karte 1:126720, Blatt 24 (West Cork).
Sonstiges: Jeden Mittwoch bunter Viehmarkt in Skibbereen. Gute Folk-Musik im Algier Inn in Baltimore.

9 Rund um das Three Castle Head

Der Weg zur finsteren Burg am Klippenrand

Tourencharakter: Kurze, einfache Wanderung auf deutlichem Pfad. Bis zur Burg sehr für Kinder geeignet.
Beste Jahreszeit: Während des ganzen Jahres möglich.
Reine Gehzeit: 1½ Stunden.

Fünf große Halbinseln, beginnend mit der Mizen-Halbinsel im Süden bis zur Dingle-Halbinsel im Norden, strecken ihre gebirgigen Finger im Südwesten der irischen Insel weit in den Atlantik hinaus. Im Gegensatz zu ihren nördlichen Geschwistern liegen vor allem die zwei südlichen Halbinseln noch weitestgehend abseits der gängigen Touristenrouten. Ihnen fehlen die spektakulären Gebirgszüge im Landesinneren und die bekannten Touristenorte an den Küsten. Nichtsdestotrotz bietet vor allem die Mizen-Halbinsel Strände und Steilküsten, die den Vergleich mit keiner anderen Küste der irischen Insel zu scheuen brauchen.

Im Norden trennt die tiefeingeschnittene Dunmanus Bay die Mizen- von der Sheep's-Halbinsel. Die Küste ist steil, einsam und wenig gegliedert. Im Landesinneren bestimmen rundgeschliffene, mit Ginster überwachsene Felsbuckel die einsame Landschaft.

Abwechslungsreicher ist die Südküste, an der die größeren Orte mit ihren buntbemalten Häuserfronten liegen. Hier entwickelte sich in den sechziger Jahren eine Hippie-Alternativ-Szene, die allerdings schon lange wieder verlassen ist. Die von den Einheimischen »blow-ins« genannten Zuwanderer fanden hier die Abgeschiedenheit und Einsamkeit, die sie suchten. In den letzten Jahren hat der Tourismus verstärkt Fuß gefaßt, ohne jedoch in Massentourismus umzuschlagen.

Südlichster Punkt des irischen Festlandes und gleichzeitig Endpunkt und Höhepunkt der Halbinsel ist das Mizen Head, zu dem eine Straße führt. Auf einer vorgelagerten Felsspitze trotzt der weiße, einsame Leuchtturm den Elementen. Himmelhoch fallen am Kap die Steilklippen des Festlandes zum Meer ab.

Die Halbinsel ist reich an geschichtlichen Bauwerken. In der Bronzezeit begann hier, vor allem am Mount Gabriel in der Nähe von Skull, der Erzabbau. Aus dieser Zeit sind noch bronzezeitliche Gräber erhalten. Ringforts und alte Kirchen aus späterer Zeit sind zu entdecken. Wer sich näher mit den teilweise schwer auffindbaren Zeugen der vergangenen Jahrtausende beschäftigen will, der sollte sich auf jeden Fall die Broschüre »Antiquities of the Mizen Peninsula« besorgen. Im 15. Jahrhundert erbauten die O'Mahonies, die zu dieser Zeit in der Region herrschende Familie, einen Ring von zwölf Befestigungsanlagen rund um die Halbinsel. Unsere Wanderung bringt uns zur besterhaltenen und bei weitem eindrucksvollsten dieser Burgen, den finsteren Three Castles am Dun Lough oberhalb des einsamen Three Castle Head.

Der Wegverlauf

Einige Meter oberhalb des kleinen Parkplatzes führt eine *Schotterstraße* zu den weißen Farmhäusern inmitten saftig grüner Wiesen.

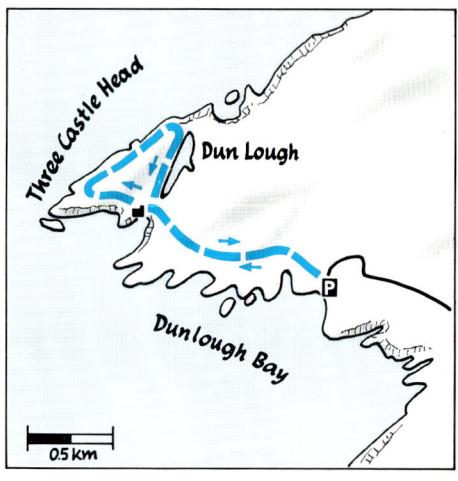

Neben dem Gatter am Beginn der Zufahrtsstraße können wir von einem Verbotsschild ablesen, was im Farmgelände verboten ist (Camping, die Durchfahrt von Autos, Jagen und das Mitführen von Hunden). Man sollte sich unbedingt an diese Gebote halten, denn unsere Tour verläuft über Privatgelände, und es ist schon freundlich genug vom Farmer, den Besuchern den Durchgang zu gewähren. Durch das schöne Wiesengelände, auf dem elegante Pferde weiden, erreichen wir schnell die ersten *Gebäude der Farm*. Ein *Schild*, auf dem eine stilisierte Burg aufgemalt ist, hilft uns hier weiter.

Wir müssen nach *links* entlang des ersten Gebäudes und der anschließenden Steinmauer auf ein *Metallgatter* zuhalten (bitte unbedingt wieder schließen). Nach dem Gatter folgen wir einer *deutlichen Spur* rechtshaltend bergauf, mitten durch die Wiese. Wir erreichen ein *zweites Gatter* und 50 Meter danach einige Wieslein, die von Steinmauern umgeben sind. Wir weichen in einem weiten *Linksbogen* diesen Wiesen aus und halten uns auf den dahinterliegenden steinigen Hang zu.

Immer leicht *links aufwärts*, Steigspuren folgend, steigen wir den Hang bergauf. Hier legen wir eine kleine Pause ein, denn die unbeschreiblich schöne, einsame Küste zwischen Mizen Head und Three Castle Head ist nun zu überblicken. Zum Meer zieht von Steinmauern kleinparzelliertes Farmland herab, einige weiße Gehöfte darin verstreut, und dahinter die kahlen, rundbuckeligen Hügel. Wir erreichen bald einen *Rücken* und folgen dem dahinterliegenden *Zaun* nach rechts. Rechts unter uns taucht ein kleiner, nahezu vollständig mit Schilf bewachsener See auf, und kurz darauf sehen wir zum erstenmal den *Dun Lough* mit den dunklen Türmen der *Burg* an seinen Ufern.

Einem kleinen Pfad folgend, erreichen wir ein letztes, kleines *Holzgatter*, durch das wir den Klippenrand an der Südseite des *Three Castle Head* erreichen. Nur wenige Meter bleiben jetzt noch entlang der steilen, absturzbereiten Klippen bis zur Burg, deren Mauern bis an den Rand des Steilabbruchs heranreichen. Vor allem mit Kindern ist natürlich, bevor wir zum Kap weiterwandern, eine ausführliche Erkundung des alten Gemäuers angesagt.

Unseren *Weiterweg* zum nahen, einsamen Kap beginnen wir am mächtigen ersten Turm. Wir steigen den grasigen Hang *nördlich des Turms* hoch, ehe wir auf *deutlichen Spuren*, immer hoch über dem Meer, nach links zum *Three Castle Head* hinauswandern. Vom Meer dringt das Getöse der Brandung zu uns hoch und vermischt sich mit dem Geschrei der Seevögel, die um ihre Nistplätze in den Felsen unter uns kreisen.

Draußen am Kap umgibt uns eine fast bedrückende Einsamkeit. Unter uns tobt das Meer und wirft weiße Schaumkronen auf. Im Norden, auf der anderen Seite der tief eingeschnittenen Dunmanus Bay, zersägt die gebirgige, einsame Sheep's-Halbinsel wie ein gezacktes Messer das Meer. Dahinter türmen sich die mächtigen Berge der Beara-Halbinsel. *Vom Kap* wenden wir uns nach *rechts (Nordosten)* und gehen auf einer schmalen Pfadspur hoch über der Dunmanus Bay zurück. Wir halten uns immer in der *Nähe des höchsten Rückens*, vorbei an einem Steinmann auf einem Gipfelchen. Ein weiterer *kleiner See rechts* unter uns wird sichtbar. Wir bleiben auf dem felsigen Rücken links oberhalb des kleinen Sees, bis der *Dun Lough mit der Burgruine* rechts unter uns liegt.

Vom letzten kleinen Felskopf vor dem See mit seiner Burg, der das äußere Kap vollständig vom Hauptteil der Halbinsel abtrennt,

**Kahle Hügel umgeben am Three Castle Head sattgrünes Weideland.
An dieser reichen Farm beginnt die Wanderung zum Kap.**

Weitab von jeder menschlichen Siedlung schlummert die Burgruine am Three Castle Head vor sich hin.

bietet sich uns noch einmal eine phantastische Rundumsicht. An der steilen Nordküste, vor der das felsige Bird Island aus dem Meer steigt, nagen die Wellen des Atlantischen Ozeans. Hinter dem dunklen Dun Lough mit dem Gruselgemäuer der Three Castles spannt sich der weite Bogen der felsigen Bucht, an der wir unsere Wanderung begannen, bis hin zum einsamen Leuchtturm am Mizen Head. Wir steigen nun nach *rechts* die wenigen Meter zum *See* hinunter, in den hier ein altes Gemäuer hineinreicht. Von dort führt ein *Pfad an der Westseite* des Sees zu den nahen Türmen der Burg. Vorsichtig steigen wir dort, wo eine steile Flanke in den See abbricht, über glitschige Steine nahe dem Ufer durch den See. Rechts an der Burgmauer entlang gelangen wir auf den Weg, den wir vom Startpunkt heraufgekommen sind.

Nützliche Informationen

Ausgangspunkt: Kleiner Parkplatz am Ende der Straße, die bis in die Nähe des Three Castle Head führt. Hierher zunächst immer der Beschilderung zum Mizen Head folgen. Oberhalb der weiten Bucht von Barly Cove zweigt die Straße zum Mizen Head (bis dahin noch ca. 4 km) und Barly-Cove-Hotel (bis dahin noch ca. 500 m) nach links von der unklassifizierten Straße ab. Wir lassen den Abzweig zum Mizen Head links liegen und fahren geradeaus weiter. Nach wenigen hundert Metern treffen wir im rechten Winkel auf eine weitere Straße. Wir fahren auf der rechten, engen und kurvigen Straße bis zum Ausgangspunkt an ihrem Ende (vom Abzweig zum Mizen Head bis zum Ausgangspunkt 2,5 km).

Gehzeit: Insgesamt 1½ Stunden.
Länge der Tour: 4,5 km.
Höhendifferenz: Ca. 170 m.
Verkehrsverbindungen: Tägliche Verbindung von Cork und Skibbereen nach Skull bzw. Crookhaven.
Unterkunft: Hotels und B&B's entlang der ganzen Südküste der Mizen-Halbinsel. Zwei Jugendherbergen in Skull (gehören keiner Organisation an). Voll ausgerüsteter Campingplatz in der Nähe von Crookhaven.
Verpflegung: Nächste Lebensmittelgeschäfte und Restaurants in Crookhaven.
Fahrradverleih: Nächster Verleih in Skull.
Weitere Tourenvorschläge: Kurze Rundwanderung entlang der Kliffs am Mizen Head. Von Skull auf den Mount Gabriel.
Karte: OS-Karte 1:126 720, Blatt 24 (West Cork).
Sonstiges: Schöne Strände rund um die Bucht von Barley Cove. In dieser Bucht auch gute Surfbedingungen.

10 Rund um den Barley Lake

Durch wildes Bergland rund um den schönsten Bergsee der Beara-Halbinsel

Tourencharakter: Bergtour in weglosem Gelände. Schwierige Orientierung, keine Markierungen.
Beste Jahreszeit: Das ganze Jahr über möglich.
Reine Gehzeit: 3 Stunden.

Im hintersten Teil der tief eingeschnittenen Bantry Bay, die die Beara- von der Sheep's-Halbinsel trennt, liegt einer der schönsten Flecken ganz Irlands. Der Küstenabschnitt rund um den kleinen Ort Glengarriff wird nicht umsonst die »Irische Riviera« genannt. Von hohen, schützenden Gebirgskämmen umgeben und der milden Strömung des Golfstroms zugewandt, konnte sich das wohl mildeste Klima in Irland herausbilden.

Eine seltsame, einzigartige Symbiose aus Nord und Süd ist die Natur hier eingegangen. Palmen, Kakteen, Bambus, Fuchsien, Rhododendron und andere subtropische Pflanzen wuchern zur felsigen Küste hinunter, an der sich die Seehunde tummeln. Dahinter ragen die kahlen, von den Gletschern der Eiszeit geformten Caha Mountains auf. Unten am Meer Italien, oben in den Bergen Norwegen, so zeigt sich diese einzigartige Bucht.

Es konnte natürlich nicht ausbleiben, daß ein solches Kleinod vom Tourismus entdeckt wurde. Schon im 19. Jahrhundert kamen die ersten englischen Reisenden, um sich von diesem Ort bezaubern zu lassen. 1910 begann ein Industrieller, sich auf einer nahe gelegenen Felsinsel seinen Traum zu verwirklichen. Erde wurde zum kahlen Garnish Island hinübergeschafft, und kurze Zeit später wucherten exotische Gärten auf der kleinen Insel. G.B. Shaw fand auf Garnish Island die Ruhe, um seine »Heilige Johanna« zu verfassen.

Heute ist Glengarriff ein bekannter Touristenort, von dem aus Ausflüge nach Garnish Island veranstaltet werden. Doch bisher konnte sich der kleine Ort aus zwei bunten Häuserzeilen noch seinen Charme bewahren.

Nordwestlich von Glengarriff, der Name bedeutet übersetzt »das zerrissene Tal«, schneidet sich ein Tal tief ins Fleisch der Caha Mountains. Wunderbare Waldbestände, eine Seltenheit im dünn bewaldeten Irland, füllen den Talboden aus, durch den der Glengarriff River herabfließt. Durch dieses Tal führt eine Straße hinauf zum Barley Lake, einem der größten und schönsten Gebirgsseen der Beara-Halbinsel. Über die einsamen Bergkämme und Hochflächen, die diesen See einschließen, führt unsere Wanderung.

Der Wegverlauf

Vom kleinen *Parkplatz* gehen wir den Schotterweg noch einige Meter hoch und erklettern dann den *niedrigen Felsriegel*, der unmittelbar hinter dem Parkplatz rechts ansetzt. Auf Spuren steigen wir entlang des Rückens bis zum wenig ausgeprägten *Crossterry Mountain*, einem Hügel nördlich des Barley Lake, hinüber. Unter uns liegt der tiefblaue See in einer weitgeschwungenen, grasigen

Mulde. Dahinter bauen sich die steilen Wände auf, die die Hochfläche, über die später unser Weg führen wird, zum See hin begrenzen. Rechts, nördlich unter uns, liegt das Tal des Kerry River, in das über Sandsteinplatten Wasserfälle hinunterrauschen.

Nach dem Crossterry Mountain durchqueren wir auf dem Kamm eine *grasige Fläche*. An ihrem Ende baut sich ein steiler Hang auf, über den wir einen *langgezogenen Höhenrücken* gewinnen. Auf dem Rücken wandern wir nach *links* auf die rechte Begrenzung des Hauptkamms zu. Haben wir am Ende des Rückens den *Hauptkamm* erreicht, führt durch die felsige Steilflanke ein *grasiges Tälchen* nach oben. In diesem Tälchen steigen wir hoch, bis es kurz unterhalb der Hochebene in eine *flache Wiese* ausläuft. Hier wenden wir uns scharf nach *links* und erklettern einen *Felsrücken* und kurz danach einen zweiten, noch etwas weiter links gelegenen. Südlich von uns ist nun der Bergsee zu erkennen, von dem aus unser späterer Abstieg zum Barley Lake beginnen wird.

Vom Felskopf folgen wir auf einem *Kamm* schwach ausgeprägten *Steigspuren*, und bald taucht südlich vor uns ein kleiner See auf. Wir wandern am *linken Ufer dieses Sees* entlang. Dort, wo wir sumpfiges Gelände erreichen, durchqueren wir dieses nach *links, vom See weghaltend*. Am Ende der ebenen Fläche halten wir rechts auf einen *plattigen Felskopf* zu, an dessen Fuß ein Steiglein ansetzt. Von hier sehen wir wieder zum See hinüber, den es zu erreichen gilt.

Immer ungefähr *unsere Höhe haltend*, gehen wir nach links, wobei wir ab und zu auf Steigspuren stoßen. Bald liegt vor uns ein weiterer kleiner, in eine felsige Wanne eingebetteter *See*, auf den wir zusteuern. Wir wandern an seinem *linken Ufer* entlang und anschließend leicht links haltend auf plattigem Felsgelände bergab.

Bald sehen wir *links unten den See* liegen, an dem der Abstieg beginnt. Wir halten uns aber vorerst nicht nach links zum See hinunter, sondern *weiter geradeaus*. Der See bleibt links unten liegen, und wir queren im Hang zu dessen *südöstlichem Ende* hinüber.

Östlich des Sees setzt eine grasige Ebene an, die auf ihrer rechten Seite von einem niedrigen, abgerundeten *Felsrücken* begrenzt wird.

Anfänglich über die Grasebene zur Linken dieses Felsriegels wandern wir nun in Richtung Barley Lake. Nach kurzer Zeit überqueren wir den *Rücken nach rechts* und steuern anschließend durch das felsdurchsetzte Gelände auf *Steigspuren* immer leicht rechts hinunter auf den *Barley Lake* zu. Tief unter uns liegt die Bantry Bay, und rechts fallen die Flanken steil zum Coomarkane-Tal ab. Dahinter türmt sich die massige Gestalt des Sugar Loaf Mountain auf, zu dessen Rechten zwei schöne Bergseen mit den unaussprechlichen Namen Derreenadavodia und Eckenohoolikeaghaun in einem Hochtal liegen.

Wir steigen weiter *nach vorne*, bis zum *steilen Abbruch, zum Barley Lake* hinunter. Hier beginnt ein *deutlicher Steig*, der uns steil nach rechts hinunter in eine *Scharte* südlich des Barley Lake bringt.

Hier setzt ein *schmaler Steig* an, der uns auf den *Kamm östlich der Scharte* hinaufbringt. Die ersten zwei Kuppen umgehen wir auf der linken Seite, um dann anschließend direkt auf dem allmählich an Höhe verlierenden Kamm weiterzuwandern.

Nach einigen hundert Metern können wir zu den weiten *Grasflächen links unten am See absteigen*, durch die deutliche Pfadspuren *zum Auslauf* am Nordende des Sees führen.

Wer zu Fuß nach Glengarriff zurückkehren will, der kann entlang des Owenacahina Stream, so heißt der Auslauf des Barley Lake, auf einem Pfad und später auf einem Schotterweg ins Tal absteigen.

Wir jedoch *überqueren nur den Auslauf* und gehen danach auf einem Pfad, der leicht ansteigend *rechts vom Ufer* wegführt. Nach etwa 400 Metern kommt von links, vom See-

Schon nach kurzem Anstieg wird der Blick auf den Barley Lake frei. Rund um den See erheben sich die Berge, über die die Tour verläuft.

Auf der kuppigen Hochfläche oberhalb des Barley Lake liegen viele kleine, namenlose Bergseen.

ufer, eine Spur herauf, auf der wir *nach rechts zu unserem Ausgangspunkt* zurückwandern.

Nützliche Informationen

Ausgangspunkt: Kleiner Parkplatz am Ende der Zufahrtsstraße zum Barley Lake. Hierher am besten von Glengarriff auf der N71, die über den Turne's-Rock-Paß nach Kenmare führt. Nach ca. 1,5 km zweigt nach links eine beschilderte Seitenstraße zum Barley Lake ab. Nach weiteren 2,5 km an einer Kreuzung wieder links (Hinweisschild Barley Lake) halten. Weitere 2 km auf schmaler, steiler Serpentinenstraße bis zum kleinen Parkplatz am Ende der Teerstraße.
Gehzeiten: Insgesamt 3 Stunden. Vom Parkplatz bis zum ersten See auf der Hochfläche 1¼ Stunden; vom See bis zur Scharte über dem Barley Lake 1 Stunde; von der Scharte zurück zum Ausgangspunkt 45 Minuten.
Länge der Tour: 8 km.
Höhendifferenz: 350 m.
Verkehrsverbindungen: Mehrmals täglich Busse von Cork nach Glengarriff. Einmal täglich Busse von Killarney nach Glengarriff.
Unterkunft: Hotels und B&B's in Glengarriff. Zwei Jugendherbergen an der N71 einige Kilometer außerhalb von Glengarriff in Richtung Kenmare. Besser ist die zweite, höher gelegene, die zur Gruppe der Independent gehört. Camping an den Jugendherbergen oder auf voll ausgerüsteten Plätzen außerhalb von Glengarriff in Richtung Adrigole.
Verpflegung: Lebensmittelgeschäfte und Restaurants in Glengarriff.
Fahrradverleih: In der Jugendherberge (Independent).
Sehenswürdigkeiten: Garnish Island mit seinen Gärten (Bootstouren ab Glengarriff).
Auskunft: TI-Office in Glengarriff (nur während der Sommermonate geöffnet).
Karten: OS-Karte 1:126 720, Blatt 24 (West Cork).
OS-Karte 1:63 360 (District Map of Killarney).

11 Auf den Sugar Loaf Mountain

Auf den schönsten Berg über der Bantry Bay

> **Tourencharakter:** Kurze, aber steile Bergtour in weglosem Gelände. Keine Markierungen.
> **Beste Jahreszeit:** Das ganze Jahr über möglich.
> **Reine Gehzeit:** 2½ Stunden.

Blickt man von der Südseite der Bantry Bay zur gegenüberliegenden Beara-Halbinsel, so beeindruckt die Geschlossenheit, mit der das Sandsteingebirge über der Bucht von Glengarriff aufragt. Nur ein Berg ist der gewaltigen Hochfläche vorgelagert und zieht magisch die Blicke an. Fast 600 Meter strebt der Great Sugar Loaf als wunderschön geformte Pyramide vom Meer auf. Doch nicht nur seine Form ist es, die zu seiner Besteigung anregt, sondern auch seine vorgeschobene Lage, die unvergleichliche Ausblicke über Land und Meer verspricht.
Vor etwa 370 Millionen Jahren wurde der Sandstein abgelagert, aus dem die Berge im Südwesten Irlands aufgebaut sind. Die glatten Trennflächen der einzeln abgelagerten Schichten sind am Aufstieg zum Sugar Loaf gut zu erkennen. Erst 70 Millionen Jahre spä-

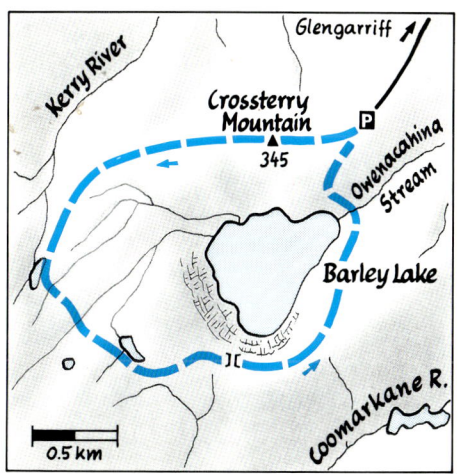

ter jedoch geriet das abgelagerte Gestein unter Druck und wurde aufgefaltet. Wie Wellen, abwechselnd von Norden nach Süden ein Kamm und ein Tal, lagen ab diesem Zeitpunkt die einzelnen Gebirgsrücken nebeneinander. Dieses Nebeneinander ermöglichte es dem Meer, von Westen her tief in die Wellentäler einzudringen. Auf diese Weise ist die unvergleichliche Verzahnung von Land und Meer entstanden, die das Landschaftsbild im Südwesten Irlands so abwechslungsreich gestaltet.

Im wahrsten Sinne des Wortes den letzten Schliff erhielten Berge und Täler während der Eiszeiten, deren letzte Phasen erst vor etwa 15 000 Jahren abklangen. Die vielen Bergseen und tiefeingeschnittenen Täler, die auch den Sugar Loaf so markant vom übrigen Gebirge abschneiden, sind in dieser Zeit entstanden.

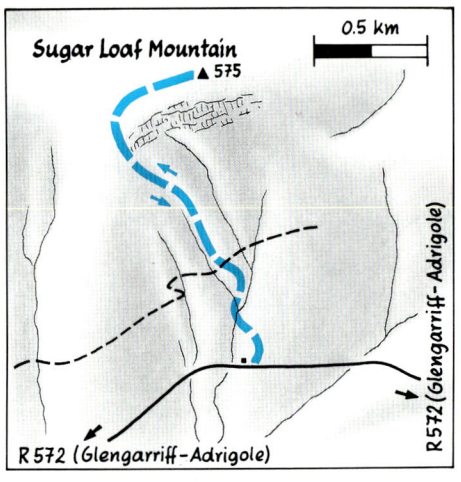

Der Wegverlauf

Von der Straße aus gehen wir durch das *rechte der beiden Metalltore*. Nur wenige Meter sind es, bis der *Schotterweg* nach rechts zu einem Haus hinüberläuft. Wir verlassen hier den Weg und überqueren geradeaus eine kleine Ebene. Den anschließenden *kurzen Steilhang* erklimmen wir links aufwärts bis zu einem Zaun, hinter dem ein *kleiner Bach* über glattgewaschenen Fels plätschert. Am besten ganz links, direkt oberhalb eines schönen, kleinen Wasserfalls, steigen wir über den Zaun.

Nach dem Bach an einer anschließenden flachen Weide gewinnen wir linkshaltend einen *Schotterweg*, der im Hang nach rechts hinaufläuft. Wir folgen dem Schotterweg ein kurzes Stück, ehe wir vor einem Bach, der über den Weg läuft, auf einer Wiese nach *links* oben steigen. Wir sehen nun schon den *Zaun*, der quer über den Hang läuft, und der das nächste Hindernis auf unserem Weg zum Sugar Loaf ist.

Am besten folgen wir dem Zaun ein kurzes Stück nach *links* und *überklettern* ihn unterhalb eines Eisentors, das zu einer höher liegenden Weide gehört. Die Reste einer Steinmauer erleichtern uns hier den Überstieg.

Nun stehen wir auf einem *Schotterweg*, der oberhalb des Zaunes, den wir gerade überwunden haben, entlangläuft. Wir gehen auf dem Weg einige Meter nach rechts und können nun mit dem *Aufstieg entlang eines Zaunes* beginnen. Im steilen Grashang rechts der eingezäunten Weide gewinnen wir schnell an Höhe.

Dort, wo der Zaun nach links abbiegt, erreichen wir eine *kleine Ebene*, an deren rechtem Rand die Reste einer Steinhütte zu erkennen sind. Am Ende der kleinen Ebene beginnt ein *grasiges Tälchen*, das S-förmig und steil den Hang nach oben zieht. Anstrengend immer das steile Tälchen nach oben steigend, stehen wir bald zum zweitenmal auf einer *deutlichen Verebenung* im steilen Hang. An deren Ende setzt wieder ein schmaler, *steiler Graben* an, der uns den Weiterweg vorzeichnet. Bis etwa 50 Meter unterhalb des Grates folgen wir dem Graben, ehe dieser sich fast schließt und recht feucht wird.

Hier queren wir auf einer *grasigen Rampe nach rechts* hinauf zu einer sumpfigen Wiese unterhalb des Grates. In gleichbleibender Richtung steuern wir nun auf eine *felsige Kuppe im Gratverlauf* vor uns zu.

Auf Begehungsspuren an dieser Kuppe links vorbei ist der *Gipfel* mit dem weißen Vermessungszeichen bald gewonnen. Nun können wir nach dem anstrengenden Aufstieg zum erstenmal die phantastische Aussicht in

An diesem hübschen Bächlein beginnt der weglose Anstieg über die steile Südflanke des Sugar Loaf Mountain. Im Hintergrund erhebt sich der felsige Gipfel.

vollen Zügen genießen. Tief unten liegt die Bantry Bay, dahinter die beiden südlichen Halbinseln. Das tiefeingeschnittene Magannagan-Tal zieht im Osten zur Bucht von Glengarriff mit den vielen Inselchen hinaus. Im Norden grüßt über die weite Hochfläche der Caha Mountains der Carrauntuohill, der höchste Berg Irlands, herüber, und im Westen imponiert die massige Gestalt des Hungry Hill. Noch lange bleiben wir hier oben, ehe wir mit dem steilen *Abstieg* entlang der Aufstiegsroute beginnen.

Nützliche Informationen

Ausgangspunkt: Eine schmale Straße, die den Südhang des Sugar Loaf Mountain quert. Hierher auf der R572 von Glengarriff nach Adrigole. Nach Glengarriff durchquert die Straße, vorbei an zwei Seen, felsiges, baumfreies Gelände. Ca. 7,5 km ab Glengarriff erreicht man eine Baumgruppe an der Straße, in der mehrere Gebäude stehen. Rechts zweigt eine unbeschilderte Straße ab und einige Meter weiter links ein Sträßlein, das zum Zetland-Pier ausgeschildert ist. Wir fahren in das unbeschilderte Sträßlein zur Rechten hinein und im Auf und Ab durch Felsbukkellandschaft auf den Sugar Loaf Mountain zu. Die Straße steigt ein kurzes Stück steil an, um dann eben den Südhang des Sugar Loaf zu queren. Hier steht ein Einfamilienhaus oberhalb der Straße, mit einem verzierten Metallgittertor, das die Zufahrt absperrt. Direkt rechts ein zweites Tor, das zu einem Haus rechts oberhalb gehört. Hier beginnt die Wanderung. Von der R572 bis hierher ca. 1,5 km. Schmale Parkmöglichkeiten entlang der Straße.

Gehzeiten: Insgesamt 2½ Stunden. Für den Aufstieg 1½ Stunden, für den Abstieg 1 Stunde.

Länge der Tour: 4 km.

Höhendifferenz: 450 m.

Verkehrsverbindungen: Mehrmals wöchentlich Busverbindung von Glengarriff nach Adrigole (privates Busunternehmen).

Alle weiteren Informationen siehe Tour 10.

Von Süden gesehen erhebt sich der Kegel des Sugar Loaf Mountain markant über der blauen Wasserfläche der Bantry Bay.

12 Der Hungry Hill

Auf den höchsten Berg der Beara-Halbinsel

> **Tourencharakter:** Der Aufstieg in steilem und weglosem Gelände, teilweise rot markiert. Der Abstieg anfänglich in weglosem Gelände, später auf angenehmem Weg.
> Dieser auch als aussichtsreiche Kurzwanderung gerade mit Kindern zu empfehlen.
> **Beste Jahreszeit:** Von April bis Oktober.
> **Reine Gehzeit:** 4 3/4 Stunden.

In vielerlei Hinsicht ist die Beara-Halbinsel die kleinere und stillere Zwillingsschwester der nördlich gelegenen Iveragh-Halbinsel. Um beide laufen Ringstraßen, die dem Urlauber einige landschaftliche Höhepunkte Irlands erschließen. Doch während der »Ring of Kerry« entlang der Iveragh-Küste schon nahezu zu einem Muß für jeden Irlandreisenden geworden ist, ist es auf dem Beara-Ring noch ruhig geblieben. Nichtsdestotrotz steht diese Straße dem »Ring of Kerry« an Schönheit in keiner Weise nach.

Das Rückgrat beider Halbinseln bilden mächtige Gebirgszüge. Doch wieder gibt sich die Beara-Halbinsel bescheidener. Die Berge brauchen zwar bezüglich ihrer Wildheit und Schönheit einen Vergleich mit denen der Iveragh-Halbinsel nicht zu scheuen. Doch ihre geringeren Gipfelhöhen lassen sie in den Augen der Bergsteiger weniger attraktiv erscheinen.

Der höchste Berg auf der Beara-Halbinsel ist der Hungry Hill, ein breitschultriger, wuchtiger Sandsteinklotz. Daphne du Maurier wählte diesen Berg zum Namenspatron ihres Romanes »Hungry Hill« (der deutsche Titel lautet »Die Erben von Clonmere«). Sie erzählt darin die Geschichte einer Familie, die im Dunboy Castle nahe Castletownbere lebte und im 19. Jahrhundert die Kupferminen in der Umgebung besaß. »Hungry Hill« ist ein sozialkritischer Roman, der sich mit der Ausbeutung der Einheimischen beschäftigt, durch die die Minenbesitzer des 19. Jahrhunderts riesige Vermögen erwirtschafteten.

Gottlob sind diese harten Zeiten vorbei, und der Name Hungry Hill steht heute nur noch für einen schönen Tag am Berg.

Der Wegverlauf

Vom Startpunkt der Tour aus läßt sich die felsige Flanke gut überblicken, durch die unser Aufstieg verläuft. Kaum zu glauben, daß sich durch dieses steile Gelände ein Weg zum Gipfel finden lassen soll. Doch bei genauem Hinschauen ist ein deutliches Band unterhalb des linken, westlichen Grates zu erkennen, das uns schräg rechts aufwärts den Durchstieg vermitteln wird.

Vom Parkplatz gehen wir die schmale *Seitenstraße* hoch, die hier beginnt. In weitem Bogen führt dieses Sträßlein hinauf zu zwei Häusern unterhalb der breiten Südflanke des Hungry Hill. Kurz nach den Häusern durchqueren wir ein *Tor*. Auf der anschließenden *Schotterstraße* erreichen wir einen kleinen Sattel. Links unter uns liegt in einer Mulde ein *kleiner See*. Wir gehen auf der Schotterstraße noch circa 100 Meter auf diesen See zu. Rechts über der Straße leitet ein Wiesenhang hinauf zur Südflanke des Hungry Hill. Oberhalb der Straße ist inmitten des anfänglich sumpfigen Geländes ein kleiner *Felsbuckel* eingelassen, auf dem wir die ersten, *blaßroten Markierungen* unseres Anstieges er-

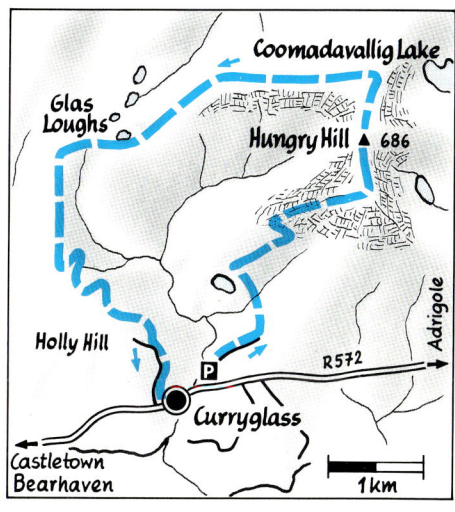

kennen können. Über diesen Felsbuckel und den anschließenden Hang steuern wir nun auf einen *großen Felsblock* zu, der rechts oben an einer Steinmauer liegt. Vorbei an dem Felsen und dann immer am besten entlang des folgenden Zaunes steigen wir nach oben, bis der Zaun an einem *tiefeingeschnittenen Bachbett* aussetzt. Von hier halten wir *leicht links* aufwärts auf die Felsen zu. Nach kurzer Zeit zieht die schwer kenntliche Stützmauer eines *alten Weges*, die man leicht mit den Resten einer alten Steinmauer verwechseln kann, nach *links auf ein Grasband* in felsdurchsetztem Gelände hinaus.

Zuerst auf dem alten Weg, wo dessen Spuren aussetzen, in gleicher Richtung weiter auf dem breiten Grasband queren wir nach *links hinaus*. Nach einigen hundert Metern verengt sich das Grasband und läuft als steiler Graben zum Westgrat des Hungry Hill hinauf. Doch schon zuvor können wir rechts ein *grasiges Tälchen* erkennen, das uns den weiteren Aufstieg zum Gipfel vermittelt.

Nach dem kurzen, steilen Beginn wird dieser Graben bald zu einer angenehmen, *breiten Grasrampe*, auf der wir in gleichbleibender Richtung (Nordost) die steile Südflanke des Hungry Hill *von links nach rechts aufwärts queren*. Zur Sicherheit zeigen uns immer wieder *verblaßte, rote Farbmarkierungen* an, daß wir uns auf dem richtigen Weg befinden. Wir gewinnen schnell an Höhe, und der kleine See am Beginn unseres Aufstieges liegt schon tief unter uns.

Kurz vor der *Gipfelhochfläche* steilt die Grasrampe noch einmal auf, doch schon bald legt sich das Gelände links oberhalb unserer Spur merklich zurück.

Wir behalten unsere Richtung noch bei, bis wir auf dem *südlichen Vorgipfel des Hungry Hill* stehen. Links oben ist schon das Vermessungszeichen auf dem Hauptgipfel zu sehen. Wir jedoch machen noch einen kleinen Rundgang um den Vorgipfel, denn von hier haben wir die schönsten Blicke auf die Bantry Bay und den kleinen Coomadavallig Lake, der in einem Kar östlich des Hungry Hill liegt.

Im linken Teil der steilen Südflanke, immer ein Stück unterhalb des markanten Grates, führt der Anstieg zum Gipfel des Hungry Hill hinauf.

Schnell ist anschließend der *Hauptgipfel* erreicht, von dem sich der Blick nach Norden bis hin zum Carrauntouhill, dem höchsten Berg Irlands, weitet.

Vom Hauptgipfel gehen wir noch einige hundert Meter weiter auf dem *Kamm Richtung Norden*. Links unter uns erstrecken sich flache, glatte Felsplatten. Dort, wo dieses Felsplattengelände aussetzt, gehen wir *nach links hinunter*. Im Abstieg sind links vor uns schon die Glas Loughs zu erkennen, die unser nächstes Ziel sein sollen. *Im Sattel* unter uns setzt ein breiter, felsdurchsetzter Rücken an, der nach links zu den Seen leitet. Haben wir diesen *Rücken* erreicht, marschieren wir auf ihm hinüber zum *linken der beiden Glas Loughs*. Ab und an sind Steigspuren und verblaßte, rote Farbmarkierungen zu erkennen. Auf halbem Wege zu den Seen tut sich der Blick auf in das Glenmore Valley mit seinem inselübersäten See, in das Wasserfälle über die steilen Flanken hinunterrauschen.

Immer auf dem Felsrücken wandernd, vorbei an einem kleinen See, erreichen wir den *ersten der Glas Loughs*, der tiefblau in seiner braunen, felsigen Wanne rechts unter uns liegt. Wir gehen nicht hinunter zum See, sondern bleiben *weiterhin auf dem Rücken*, bis der zweite der Glas Loughs rechts vor uns liegt.

Nun können wir schon die *Schotterstraße* vor uns im Westen erkennen, auf der wir zum Ausgangspunkt zurückwandern werden. Wir steigen *leicht links haltend* vom Rücken ab und stehen bald auf dem Weg, der einst für den Abbau von Torf gebaut wurde.

Nach *links* führt uns dieses Sträßlein in weiten Kurven hinunter zur Bantry Bay. Ohne die Anspannung der Wegsuche können wir nun in vollen Zügen die Landschaft rings um uns genießen. Vom unnahbaren, felsigen Hungry Hill, auf dessen Gipfel wir noch vor kurzer Zeit standen, trennt uns ein tiefeingeschnittenes Tal, auf dessen Grund grüne Weideflächen nach oben ziehen. Verstreut liegen kleine, weiße Häuslein und dahinter hebt sich das Blau der Bantry Bay von den braunen Bergen ab.

Kurz bevor wir die *oberste Farm* im Tal erreichen, entdecken wir seltsam aufgerichtete Steine rechts oberhalb der Straße. Die Karte vermerkt hier zwar keine archäologische

Wie so oft in den irischen Bergen, haben sich auch am Hungry Hill kleine Seen in von Eiszeitgletschern ausgehobelten Felsbecken eingenistet.

Stätte. Doch der Name Holly Hill für den Hügel läßt uns doch vermuten oder zumindest hoffen, daß wir die Reste eines keltischen Steinkreises entdeckt haben.

Ab den Häusern ist das *Sträßlein geteert*, windet sich aber wunderschön zwischen hohen, grünüberwucherten Steinmauern nach unten. Immer bergab, einige abzweigende Straßen ignorierend, sehen wir schon bald die *kleine Kirche von Curryglass* vor uns. In ihrer Nähe stoßen wir auf die Hauptstraße, auf der wir nach links nach einigen hundert Metern unseren *Ausgangspunkt* erreichen.

Nützliche Informationen

Ausgangspunkt: Parkplatz in Curryglass an der R572. Curryglass ist eine kleine Häuseransammlung auf halbem Wege zwischen Adrigole und Castletownbere. Von der kleinen, grauen Kirche des Ortes aus liegt der Parkplatz ca. 500 m in Richtung Adrigole, direkt neben einer schmalen Brücke. Am Parkplatz ein blaues Hinweisschild zum Hungry Hill.

Gehzeiten: Insgesamt 4¾ Stunden. Vom Ausgangspunkt auf den Gipfel 2½ Stunden. Vom Gipfel bis zum Weg 1¼ Stunde. Auf dem Weg zurück zum Ausgangspunkt 1 Stunde.

Länge der Tour: 11 km.

Höhendifferenz: 650 m.

Verkehrsverbindungen: Tägliche Busverbindung von Cork bzw. Glengarriff nach Castletownbere, Curryglass liegt an der Strecke (Privates Busunternehmen).

Unterkunft: B&B's in Adrigole, Castletownbere und entlang der Strecke. Die nächsten Hotels in Castletownbere.
Jugendherberge in Adrigole (gehört keiner

Organisation an) und außerhalb von Castletownbere (Independent). Camping an den Jugendherbergen oder auf voll ausgerüstetem Platz in der Nähe von Curryglass.
Verpflegung: Kleiner Lebensmittelladen in Curryglass. Lebensmittelläden und Restaurants in Adrigole oder besser in Castletownbere.
Fahrradverleih: In Castletownbere im Ort und in der Jugendherberge.
Sehenswürdigkeiten: Die grandiose Straße über den Healy Pass. – Dunboy und Puxley's Castle in der Nähe von Castletownbere. – Dursey Island an der äußersten Westspitze der Beara-Halbinsel (nur mit einer wackligen Seilbahn zu erreichen).
Auskunft: In Glengarriff (nur während der Sommermonate geöffnet).
Karte: OS-Karte 1:126 720, Blatt 24 (West Cork).

13 Auf den Mangerton Mountain (841 m)

Zum »Punchglas des Teufels«

Tourencharakter: Einfache Bergtour, bis auf die letzten Meter zum Gipfel durchgehend auf Wegen. Keine Markierungen.
Beste Jahreszeit: Von April bis Oktober.
Reine Gehzeit: 4 Stunden.

Killarney, die Stadt im Herzen des berühmten County Kerry, die Stadt der Berge und Seen, ist das touristische Mekka der gesamten Region. Hunderttausende von Touristen aus der ganzen Welt machen hier jedes Jahr Station auf ihrem Weg durch Irland. Diese Beschreibung wirkt natürlich auf jeden, der wandernd die Einsamkeit Irlands sucht, zu-

Schon am Beginn des Aufstieges zum Mangerton Mountain genießt man den Blick auf das Massiv des Purple Mountain und die Seen von Killarney.

nächst abschreckend. Doch lassen Sie sich nicht abhalten, hierherzukommen, denn zum einen bietet die Gegend rund um Killarney eine der schönsten Landschaften, die man sich nur vorzustellen vermag, und zum anderen sind die Touristen hier faul. Begibt man sich nur wenige Meter abseits der ausgetretenen Touristenpfade, so erlebt man Einsamkeit wie an jedem anderen Ort in Irland.

Killarney ist eine Erfindung des Tourismus. Bevor dieser hier am Lough Leane Einzug hielt, war auf den Karten keine Stadt vermerkt. Erst der Förderung des örtlichen Landesherrn verdankt es seine Entstehung und den raschen Aufstieg während der letzten zweihundert Jahre.

Doch schon tausend Jahre zuvor wußten natürlich, wie so oft, Mönche die Schönheit und Abgeschiedenheit dieses Ortes zu schätzen. Auf der Insel Inisfallen im Lough Leane sind die efeuumrankten Überreste eines alten Klosters zu entdecken, das vom frühchristlichen heiligen Finnian gegründet wurde. Weiter südlich, am durch eine Halbinsel vom Lough Leane abgetrennten Muckross Lake, steht die Muckross Abbey. Und südlich dieser verwunschenen Ruine eines Franziskanerklosters aus dem 16. Jahrhundert erhebt sich einer der schönsten und eigenartigsten Berge des gesamten Gebietes, der Mangerton Mountain.

Auf seinen Gipfel führt ein Weg hinauf, der im 19. Jahrhundert für die englischen Touristen angelegt wurde, die auf dem Rücken eines Pferdes dort hinaufritten. Vorbei an einem Schlachtfeld aus dem 13. Jahrhundert, auf dem sich eine irische Armee erfolgreich einer anglo-normannischen entgegenstellte, erreicht man einen der eigenartigsten Seen in Irland, die Devil's Punchbowl.

Dieser See ist es, der schon vor über hundert Jahren Touristen auf den Mangerton Mountain lockte. Wie ein Kratersee ist die Punchbowl in den Gipfelbereich des Mangerton eingelagert, und so ist es nicht verwunderlich, daß man den Mangerton lange Zeit für einen erloschenen Vulkan hielt.

In Wirklichkeit allerdings stammt das Seebecken aus der Eiszeit, als sich dort oben ein kleiner Gletscher das Kar schuf, in dem heute der See liegt.

Bei der Fabulierfreude, die den Iren zu eigen ist, konnte es natürlich nicht ausbleiben, daß viele Geschichten über die Devil's Punchbowl erdacht wurden. So wird erzählt, daß der See grundlos tief sei. Als Beleg wird die Geschichte zweier Freunde angeführt, die einst im See badeten. Einer der beiden verschwand in der Tiefe des Sees, und auch wochenlange Suchaktionen blieben erfolglos. Erst einige Zeit später klärte sich der Vorfall auf, als eine Karte aus Australien den trauernden Freund erreichte. Der Verschollene war nach Australien durchgetaucht und verlangte nun danach, daß ihm trockene Kleider zugeschickt werden sollten.

Dem Wasser des Sees werden außerdem nachwuchsfördernde Kräfte zugeschrieben. Schon viele Frauen, deren Kinderwunsch unerfüllt geblieben war, sollen nach einem Trunk aus dem kalten See doch noch Nachwuchs bekommen haben.

Der Wegverlauf

Vom Sträßchen aus überqueren wir die *kleine Betonbrücke*, die nach links ins offene Weidegelände führt. Ein grober *Schotterweg* leitet anschließend noch ein kurzes Stück zu einem Schafpferch, ehe sich ein *schmaler Steig* durch blühende Ginsterbüsche nach oben windet. Schon von hier geht der Blick weit ins Land, über den Lough Leane bis zu den Slieve Mish Mountains auf der Dingle-Halbinsel.

Nach einer Steinmauer versperrt ein Zaun den Weg. Ein *Gatter* hilft uns hier weiter, und kurz danach gehen wir auf dem *deutlichen Steiglein* zu einem *Bach* hinunter, den wir überspringen. Im anschließenden Hang zerfranst das kleine Steiglein in *mehrere Spuren*. Wir steigen in der Nähe eines Grabens, in dem früher der *Ponytrack* für die Touristen lief, nach oben.

Bald erreichen wir eine *Ebene*, über die uns die verrosteten Metallpfähle eines alten Weidezauns den Weg weisen. Hier fand übrigens 1262 die oben erwähnte Schlacht statt.

Oberhalb der Verebenung verläuft der *Weiterweg links einer ausgeprägten Runse*, wo sich der alte Ponytrack in Kurven nach oben schwindelt. Das Wasser der Regenfälle hat den alten Weg tief eingeschnitten, und so wandern wir *neben dem Weg*, zumeist auf seiner linken Seite, auf einem Steiglein bergauf. Im Osten liegen nun der Lough Guitane und der Lough Garagarry, von dem aus das wilde Tal des Glenacappul zum Mangerton Mountain zieht, unter uns.

Dort, wo sich das Gelände merklich zurücklegt, erwarten uns *einige große Steinmänner*. Der *breite Weg* biegt nach *rechts*, Richtung Südwesten, und quert, nur noch leicht ansteigend, den *Nordhang des Mangerton Mountain*. Ohne besonders auf den Wegverlauf achten zu müssen, können wir die neugewonnenen, berauschenden Ausblicke voll auskosten. Die unwirtlichen Höhen der Reeks, des höchsten Gebirgszuges in Irland, ziehen sich nun vor unseren Augen gen Westen, und nach und nach wird der Blick frei auf das Puzzle der Wasserflächen tief unter uns im Westen, das den Namen Upper Lake trägt. Über uns ist nun auch bald der obere Rand des Kessels zu erkennen, in dem die Devil's Punchbowl liegt.

Kurze Zeit vor dem Erreichen des Sees kreuzt eine *Steinmauer* unsere Aufstiegsroute. Hinter der Mauer führt ein Pfad links hinauf, direkt zur Punchbowl, der jedoch bald sehr feucht wird. Wir schlagen lieber den gemütlichen Weg ein, der immer *dieselbe Richtung* beibehaltend, die wir schon bis zur Steinmauer einhielten, weiterhin den Hang aufwärts quert. Nur die ersten Meter nach der Mauer ist der Pfad schwer zu erkennen, und bald schon erleichtert uns der *ausgewaschene alte Steig* wieder die Wegsuche.

Nur noch wenige Minuten sind es nun hinauf zum *See*, auf den wir genau bei dessen *Auslauf* treffen. Vom Ufer aus erscheint es uns nicht verwunderlich, daß das kleine Kar mit dem tiefen See in Gipfelnähe und den steilen Flanken ringsum früher für den Krater eines Vulkans gehalten wurde.

Vom Auslauf aus erklimmen wir nun den niedrigeren, *linken Seitenkamm des Kars*, der anscheinend aus dem Moränenmaterial des kleinen Eiszeitgletschers aufgebaut ist. Auf diesem Kamm, gegenüber die steile Flanke, die vom Gipfel des Mangerton Mountain in den See abbricht, wandern wir *auf Pfadspuren nach Osten*. An dem dem Auslauf gegenüberliegenden Ufer des Sees erreichen wir

Die letzten Sonnenstrahlen lassen die Nordflanke des Mangerton Mountain aufleuchten. Über diese sanften Hänge führt der Weg zum Gipfel.

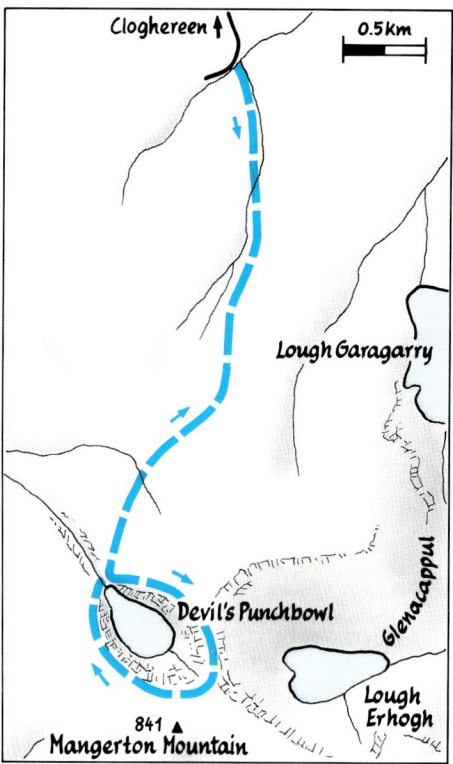

hen wir bald wieder unten am Auslauf des Sees, wo wir unsere kleine Umrundung begonnen haben. Wir überspringen den Bach, der aus dem See läuft, und wandern nach *links hinunter* entlang unserer Aufstiegsroute zurück.

Nützliche Informationen

Ausgangspunkt: Ein schmales Sträßlein am Nordfuß des Mangerton Mountain. Hierher zunächst auf der N71 von Killarney entlang des Lough Leane in Richtung Kenmare. Nach ca. 4 km passieren wir die links der Straße gelegene, kleine, graue Kirche von Cloghereen, und kurz darauf beginnt rechts der Weg in den Muckross Park. Kurz darauf zweigt direkt nach einem Hotel an der linken Straßenseite eine schmale Straße nach links ab. Neben dem Sträßlein ein Hinweisschild zum Mangerton. Das Sträßlein aufwärts, eine scharfe Kurve nach links und nach bewaldetem Gelände bei nächster Gelegenheit rechts (Schild Mangerton Car Park) abzweigend, fahren wir, zwischen offenem Gelände links und Wald rechts, auf den Mangerton Mountain zu. Vorbei an einem Aussichtsplatz mit Bänken auf der rechten Seite halten wir so lange geradeaus, bis der Wald zu unserer Rechten aussetzt. Kurz darauf erreichen wir im offenen Gelände eine Rechtskurve, an der wir parken. Ein kleines Hinweisschild mit der Aufschrift »Mangerton Mountain« und »Devil's Punchbowl« zeigt nach links, und eine kleine Betonbrücke überspannt das nahe Bächlein.

Gehzeiten: Insgesamt 4 Stunden. Vom Ausgangspunkt bis zur Devil's Punchbowl 2 Stunden; auf dem Kamm rund um den See 45 Minuten; vom See zurück zum Ausgangspunkt 1¼ Stunden.

Länge der Tour: 10 km.

Höhendifferenz: 700 m.

Verkehrsverbindungen: Von Killarney zum Ausgangspunkt keine öffentlichen Verkehrsmittel. Im Zentrum von Killarney befindet sich ein Taxistand.

Unterkunft: Hotels und B&B's in Killarney und entlang der Zufahrtsstraße zum Ausgangspunkt. Mehrere Jugendherbergen in und um Killarney. Campingplätze außerhalb Killarneys in Richtung Killorglin und Cork.

den *schmalen Kamm*, der das Seebecken vom östlich gelegenen, tief eingeschnittenen Glenacappul trennt. Steil fallen die felsdurchsetzten Flanken zu den zwei Seen im Tal östlich unter uns ab.

Hier trennt uns nur noch ein kurzer, *steiler Grashang* vom Gipfel des *Mangerton Mountain* rechts über uns. Schnell ist der Steilhang überwunden, und wir stehen am Rand der sumpfigen *Gipfelhochfläche* des Mangerton Mountain. Der höchste Punkt, auf dem man nicht unbedingt gestanden haben muß, liegt etwas südlich inmitten der ausdruckslosen Sumpfebene. Wir jedoch bleiben an der *Abbruchkante* zur Punchbowl und gehen ihr entlang nach Nordwesten wieder in Richtung Ausfluß zurück. Ein *Pfad* führt, vorbei an einem großen Steinmann, auf trockenem Untergrund entlang des Abbruchs und erlaubt uns Blicke auf die Punchbowl und die großen Seen von Killarney.

Das Gelände beginnt nun allmählich *etwas steiler* abzufallen, und immer in der *Nähe des Kars* zu unserer Rechten *absteigend*, ste-

Über dem Lough Leane zeichnet das Licht der untergehenden Sonne die Silhouetten des Tomies Mountain und des Purple Mountain in den Himmel.

Verpflegung: Lebensmittelgeschäfte und Restaurants in Killarney.
Fahrradverleih: Mehrere Verleiher in Killarney.
Sehenswürdigkeiten: Die Landschaft rings um Killarney mit ihren Seen, Wäldern und Bergen (Nationalpark). – Muckross Park mit seinen Bauwerken und dem nahe gelegenen Torc-Wasserfall. – Das Ross Castle am Lough Leane. – Die Insel Innisfallen mit ihren Klosterruinen im Lough Leane. – Ladie's View, der schönste Aussichtspunkt auf die drei Seen an der Straße zwischen Killarney und Kenmare.
Auskunft: TI-Office in Killarney (ganzjährig geöffnet).
Weitere Tourenvorschläge: Rund ums Glenacappul; Rundtour um das tief eingeschnittene Tal östlich des Mangerton Mountain. Vom Muckross Lake auf den Torc Mountain.
Karten: OS-Karte 1:126 720, Blatt 20 (Dingle Bay).
OS-Karte 1:63 360, (District Map of Killarney).

14 Über Tomies Mountain, Purple Mountain und durch das Gap of Dunloe

Auf der Himmelsleiter über den Seen von Killarney

Tourencharakter: Im ersten Abschnitt teilweise steile Bergtour zumeist auf Steigspuren, keine Markierungen. Der zweite Teil durch das Gap of Dunloe Spaziergang auf einer Schotterstraße.
Beste Jahreszeit: Von April bis Oktober.
Reine Gehzeit: 6 Stunden.

Schaut man von Norden zu den Bergen westlich von Killarney, fällt der wie von Riesenhand geschlagene Einschnitt des Gap of Dunloe sofort ins Auge. Die eiszeitlichen Gletscher zwängten sich hier durch die Berge und hinterließen die vielleicht eindrucksvollste Schlucht Irlands. Der höchste Punkt im Tal liegt nur 240 Meter über dem Meeresniveau, während steile, felsige Flanken zu den bis über 800 Meter hohen Gipfeln ringsum hinaufziehen.

Schon in vorgeschichtlicher Zeit wurde das Gap natürlich als Übergang genutzt. Später war es ein willkommenes Rückzugsgebiet für irische Widerstandskämpfer gegen die herrschenden Engländer und für so manchen einfachen Dieb. Noch Anfang unseres Jahrhunderts war es üblich, die Touristen im finsteren Tal von angeworbenen Möchtegernräubern erschrecken zu lassen. Das gehörte sozusagen zum Service. Die echten Wegelagerer waren damals allerdings schon lange vertrieben. Die Ruine einer kleinen Militärunterkunft, in der Soldaten zum Schutz der frühen Touristen untergebracht waren, ist auf halbem Wege im Tal noch zu sehen und zeugt davon, daß eine Durchquerung in früheren Zeiten wirklich nicht ungefährlich war.

Heute ist der Weg durch das Gap schon nahezu ein Muß für jeden Irlandtouristen. In Kutschen und auf Pferden werden die Urlauber durch das Tal gekarrt und dann anschließend in Ausflugsbooten über die drei Seen von Killarney zurückgeschippert. Zweifelsohne ist dies ein landschaftlich kaum zu übertreffender Ausflug, dessen Reiz aber teilweise durch den Massenauflauf deutlich getrübt wird.

Ist man jedoch bereit, auf Schusters Rappen die Magie dieser Landschaft zu erkunden, wird man auch hier seine Ruhe finden. Allerdings sollte man im Gap of Dunloe die Morgen- und Abendstunden nutzen, um möglichst unbehelligt zu bleiben. Also früh aufstehen und die Tour gegen den Uhrzeigersinn unternehmen oder erst spät starten und die abendliche Beleuchtung während des Rückweges durchs Gap genießen.

Auf der Himmelsleiter des Tomies und Purple Mountain zwischen den Seen von Killarney und dem Gap of Dunloe wird man sowieso nur selten auf Menschen treffen.

Für den Namen des Purple Mountain bieten sich übrigens zwei Erklärungsmöglichkeiten an. Die einen sagen, der Name sei auf den teilweise purpur leuchtenden Fels des Berges zurückzuführen. Die anderen schwören auf die Erklärung, daß die im Spätherbst rot

Der Glas Lough am Abstiegsweg vom Purple Mountain in das Gap of Dunloe.

leuchtenden Laubwälder an den Flanken des Berges für den Namen Paten standen. Wie auch immer, eines steht fest: Man wird in ganz Irland nur schwer einen Weg finden, der schönere Ausblicke zu bieten hat als der Gratrücken zwischen den freundlichen Seen von Killarney und dem dunklen Gap of Dunloe.

Der Wegverlauf

Vom *Parkplatz* gehen wir auf der Zufahrtsstraße zum Gap of Dunloe *etwa 300 Meter zurück* und biegen dann in einen kleinen Seitenweg nach rechts ein. Direkt vor uns liegt der *langgezogene Rücken*, den es zuerst einmal zu erreichen gilt und auf dem wir dann nach *rechts zum Tomies Mountain* hochsteigen werden.
Unser Sträßlein endet jedoch nach einem Bauernhof abrupt an einem *Gatter*. Durch das Gatter gelangen wir auf eine tief zertrampelte Wiese, die jetzt im Frühjahr sehr schlammig ist. Doch gleich danach entläßt uns ein *zweites Metallgatter* in wieder besser zu begehendes Gelände. Hier bleiben wir zunächst auf der *linken Seite eines Zaunes* und erreichen dort, wo dieser nach links abbiegt, durch ein *letztes Tor* endlich freies Gelände.
Ein Pfad führt nun *oberhalb des Zaunes nach links* und endet erst an einem weiteren Zaun, auf den wir oben auf dem *Rücken* treffen. Vor uns liegt der Lough Leane. Die Spur wendet sich hier nach *rechts* und läuft immer *entlang des Zaunes* auf dem Rücken nach oben. Dort, wo der *Zaun endet*, gehen wir in gleichbleibender Richtung auf den steileren Hang vor uns zu, der zum *Tomies Rock* hinaufführt. Unter uns liegt nun der Beginn des engen Gap of Dunloe und darüber türmen sich die steilen Gipfel der östlichen Reeks.
Den steilen *Nordhang des Tomies Rock* überwinden wir auf einer Pfadspur, die von links unten nach rechts oben führt. Rechts im Hintergrund ragt nun schon der Carrantouhill, der höchste Berg Irlands, mit seiner beeindruckenden Ostwand auf. Bald legt sich das Gelände deutlich zurück, und wir könnten nun gleich in einem leichten *Linksbogen* den nördlichen Vorgipfel des Tomies Mountain angehen. Wir jedoch behalten zuerst auf ebenem Gelände, später *leicht abwärts*, die Richtung bei, in der wir den steilen Hang zuvor erstiegen haben. Nach kurzer Zeit erreichen wir so den *Tomies Rock*, einen steilen Felsen am Abbruch ins Gap of Dunloe. Als Belohnung für den kleinen Umweg haben wir den schönsten Blick, den man in das enge Tal haben kann. Zusätzlich ist nun links vom Tal der gesamte Anstiegsweg zum Purple Mountain zu übersehen.
Nach ausgiebigem Schauen wenden wir uns für den weiteren Aufstieg scharf nach *links* und erklettern den *runden Vorgipfel* des Tomies Mountain. Zwei Wachteln, die mit infernalischem Gekreische aus dem Heidekrautgestrüpp direkt vor uns auffliegen, jagen uns einen gehörigen Schrecken ein.
Der runde Vorgipfel ist durch einen *weiten Sattel* von der beeindruckend steilen Pyramide des *Tomies Mountain* getrennt. Wir wandern an der *linken Seite* des Sattelgeländes vom Vorgipfel hinüber zum Hauptgipfel, denn hier ist der Boden am trockensten, und zudem ergeben sich hier berauschende Tiefblicke auf den inselübersäten Lough Leane.
Anschließend bezwingen wir die *steile Gipfelflanke* des Tomies Mountain, indem wir anfänglich vom Sattel aus *geradeaus* hochsteigen und weiter oben dem schuttübersäten Hang in einem *weiten Linksbogen* ausweichen.
Auf seltsame *Steingebilde* treffen wir dann oben auf dem *Gipfel*. Angeblich sollen die stehenden Steine, Steinmauern und Steinmänner den Ort einer alten Begräbnisstätte anzeigen. Doch so lange kein Archäologe an diesem abgelegenen Ort genauer nachgeforscht hat, wird auch die Bedeutung dieser Zeichen im dunkeln bleiben.
Vom Tomies Mountain führt nun ein *breiter Rücken nach Süden*. Auf diesem Rücken wandern wir nun bis zum *nächsten Aufschwung*. *Gerade hinauf* bezwingen wir diesen und stehen am Beginn des *Grates*, der uns nun endlich zum nahen *Purple Mountain* bringen wird. Ein zweiter, breiter Rücken zweigt hier nach links (Osten) ab und führt zum Shehy Mountain, von dem man eine großartige Aussicht auf die Seen von Killarney hat. Wir aber gehen *nach Südwesten* entlang einiger *Steinmänner* auf den Purple Mountain zu, der scharfgeschnitten in den

Himmel sticht. Der Weg ist gut ausgetreten und nicht zu verfehlen. Ganz tief liegt nun das Gap of Dunloe mit seinen Seen rechts unter uns, und links unten ist zum ersten Mal der Upper Lake zu sehen, der sich in eine wilde, felsige Landschaft schmiegt.

Bald haben wir nun auch den *Gipfel des Purple Mountain* bestiegen. Auf dem schmalen Gipfel fühlen wir uns, als ob wir direkt aus dem Himmel auf Irland hinunterblicken würden. Wir können kaum verarbeiten, was alles zu sehen ist. Natürlich beeindrucken von hier aus die schöngeformten Gipfel der Reeks und das dunkle Black Valley, das sie südlich begrenzt. Nur andeutungsweise all die Gipfel im Osten und Süden zu erwähnen, würde schon zu weit führen. Wunderschön ist auf jeden Fall, wie sich der blaue Kenmare River zwischen den braunen Bergen tief ins Landesinnere zwängt, mit dem breitschultrige Hungry Hill auf der Beara-Halbinsel dahinter.

Vom *Hauptgipfel* gehen wir hinüber zum nahen, steinmanngeschmückten *Südwestgipfel*, an dem der *Abstieg* beginnt. Fast genau *nach Süden* steigen wir den allmählich breiter werdenden *Rücken* ab. Immer rechts von uns bleiben die steilen Hänge, die zum Gap of Dunloe hin abfallen. Unter uns taucht eine *Verebenung* im Gratverlauf auf, die es zu erreichen gilt. *Rechts* vom Grat leuchtet nun auch der *Glas Lough* herauf, an dem unsere Abstiegsroute vorbeilaufen wird.

Am *Beginn der flachen Stelle* schwenken wir sofort scharf nach *rechts* und steigen in einem *steilen Tälchen* entlang eines *alten Eisenzauns* zum Glas Lough hinunter. Ein einsames Schaf ist das einzige Lebewesen, das mit uns den Anblick des Sees teilt, in dem sich der blaue Himmel spiegelt.

Wir gehen *rechts um den See* herum bis zu seinem gegenüberliegenden *Ende* unter einer Felswand. Hier beginnt eine *alte Steinmauer* mit verrostetem Zaun obenauf, die uns für den nächsten Abschnitt des Abstieges als *Leitlinie* dient. Immer entlang dieser Steinmauer, zu der sich nach kurzer Zeit ein Bach gesellt, wandern wir in einem schwach ausgeprägten *Tal* auf deutlichen *Steigspuren nach Südwesten* hinunter.

Links über uns begleitet uns eine *Felswand* bergab. Dort wo sich das kleine Tal, in dem

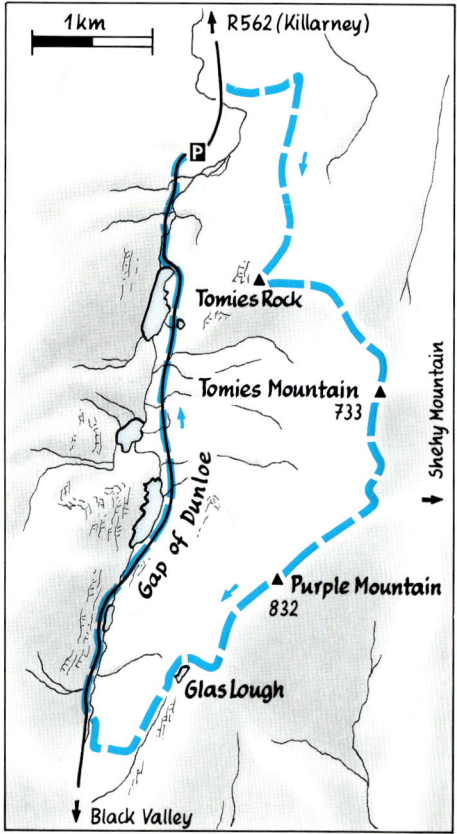

wir absteigen, weitet und wo die Felswand links über uns aussetzt, treffen wir auf einen weiteren *verrosteten Weidezaun*, der von *rechts, vom Gap of Dunloe*, heraufkommt. Entlang dieses Zaunes erfolgt nun unser *Schlußabstieg* ins Gap of Dunloe.

Am *höchsten Punkt* betreten wir *das Tal*. Nach links führt der Weg zur nahen Jugendherberge im Black Valley. Wir jedoch wenden uns nach *rechts* und genießen die abendliche Ruhe im engen Tal. Vorbei an einigen Seen, ungestört vom Trubel, erreichen wir nach langen *sechs Kilometern* unseren *Ausgangspunkt* am Nordausgang des Tales.

Nützliche Informationen

Ausgangspunkt: Der große Parkplatz am Nordeingang zum Gap of Dunloe. Hierher von Killarney auf der R562 nach Killorglin.

Nach dem Ort Fossa Abzweig nach links und noch 6 km bis zum Parkplatz. Ab Killarney ist der Weg zum Gap of Dunloe durchgehend ausgeschildert.

Gehzeiten: Insgesamt 6 Stunden. Vom Ausgangspunkt auf den Tomies Mountain 2¾ Stunden; vom Tomies Mountain auf den Purple Mountain 1 Stunde; vom Purple Mountain in das Gap of Dunloe 45 Minuten; Rückweg durch das Gap of Dunloe 1½ Stunden.
Länge der Tour: 14 km.
Höhendifferenz: 850 m.
Verkehrsverbindungen: Busverbindung von Killarney nach Cahersiveen ein- bis zweimal wochentags. Von der Haltestelle Beaufort bis zum Ausgangspunkt 4 km.
Unterkunft: Hotels und B&B's in Killarney und am Weg zum Ausgangspunkt. Jugendherbergen am Weg von Killarney zum Ausgangspunkt in Fossa (An Oige und Budget) und in Killarney. Jugendherberge (An Oige) am Südende des Gap of Dunloe. Hier kann die Tour unterbrochen werden. Hier auch die Möglichkeit, in den Weitwanderweg Ring of Kerry einzusteigen.
Verpflegung: Lebensmittelgeschäfte und Restaurants in Killarney und entlang des Anfahrtsweges.
Fahrradverleih: In Killarney oder in den Jugendherbergen.
Auskunft: In Killarney (ganzjährig geöffnet).
Weitere Tourenvorschläge: Der Kerry Way, der um die Iveragh-Halbinsel führt. Vom Ausgangspunkt der oben beschriebenen Tour über die MacGillycuddy's Reeks. Sehr lange und hochalpine Überschreitung des gesamten Hauptkamms des höchsten Gebirgszuges in Irland.
Karten: OS-Karte 1:126720, Blatt 20 (Dingle Bay).
OS-Karte 1:63360 (District Map of Killarney).
OS-Karte 1:50000, Blatt 78 (Kenmare).

Ein angenehmer Weg führt tief hinein in das Hag's Glen genannte Tal, an dessen Ende sich die markante Felspyramide des Carrauntouhill erhebt.

15 Auf den Carrauntouhill (1039 m)

Über die Teufelsleiter auf den höchsten Berg Irlands

Tourencharakter: Hochalpine Bergtour. Bis ins Hag's Glen einfacher Anstieg auf breitem Weg (gut geeignet für Kinder). Der Weiterweg in steilem Schuttgelände über die sogenannte Devil's Ladder schwierig.
Steinmänner als Markierungen.
Beste Jahreszeit: April bis Oktober.
Reine Gehzeit: 5½ Stunden.

Zwischen dem Gap of Dunloe im Osten und dem Lough Acoose im Westen erstreckt sich auf einer Länge von zehn Kilometern der Zug der MacGillycuddy's Reeks. Der Name wird übrigens »Maclicaddy« ausgesprochen und geht auf den gleichnamigen Familienclan zurück, der in diesem Gebiet lebte.

Entlang des Hauptkamms des oft auch nur kurz Reeks genannten Bergzuges reihen sich eine Anzahl von Gipfel mit Höhen von 900 bis 1000 Metern auf.

Der höchste Gipfel der Reeks und damit der höchste Berg Irlands ist der Carrauntouhill. Nur 1039 Meter erreicht dieser Berg, selbst viele deutsche Mittelgebirge sind höher. Doch man sollte nie den Fehler machen, die irischen Berge zu unterschätzen. Während der Eiszeit nagten die Gletscher die Berge an und ließen so steile Flanken entstehen. Auch in die Hänge der Reeks kerbten sich tiefe Kare ein, die die Gipfel und Grate scharf zerschneiden.

Der Carrauntouhill ist ein Paradebeispiel eines solchen Karberges. Fast allseitig brechen von seinem Gipfelplateau steile Wände ins Tal ab. Als beeindruckende Felspyramide steht er dann auch über dem Hag's Glen, durch das unser Aufstieg auf dem Normalweg führt.

Der Carrauntouhill ist nicht nur der höchste und einer der schönsten Berge Irlands, sondern auch der Berg mit einem der wohl schwierigsten Normalanstiege in Irland. Die Devil's Ladder trägt nicht umsonst ihren Namen, und man sollte schon etwas Bergerfahrung mitbringen, um diesen steilen Schutthang mühelos erklettern zu können. Bei der Vielzahl der Bewerber um den höchsten Gipfel Irlands ist es dann auch nicht verwunderlich, daß hier die meisten Bergunfälle in Irland gezählt werden.

Man sollte sich aber nicht zu sehr abschrecken lassen. Denn selbst wenn man die Devil's Ladder nicht bezwingen sollte, lohnt sich der Aufstieg ins Hag's Glen. Zwei dunkle, stille Bergseen, hinter denen die unnahbare Felspyramide des Carrauntouhill aufstrebt, warten hier auf den Betrachter. Bis zu den Seen ist die Tour gerade auch mit Kindern zu empfehlen.

Der Wegverlauf

Von der *Brücke* aus gehen wir die *Straße aufwärts* zur nahen *Gabelung*. Rechts steht eine große Tafel, die auf die Risiken einer Bergtour aufmerksam macht.

An der Gabelung nehmen wir den *linken, bergauf führenden Ast* der Straße. Durch grünes Farmgelände, auf dem sich Hunderte von Schafen tummeln, marschieren wir zu den *obersten Farmen* hinauf, an denen die Teerstraße endet.

Hier gelangen wir durch das *linke der beiden Tore*, die in eine Steinmauer eingelassen sind, auf eine *Schotterstraße*. Zu Beginn läuft diese *scharf nach links*, ehe sie in *weitem Bogen* nach Süden, hinein ins *Hag's Glen*, abbiegt. Vor uns ragt nun schon der lange, scharfgeschnittene Grat der östlichen Reeks auf.

Kurze Zeit später erscheint über dem Tal vor uns die beeindruckende Pyramide des *Carrauntouhill*. Wir wandern nun *nahe am Bach*, der unser Tal herunterfließt. Von links, den Bach traversierend, trifft die Spur von der Jugendherberge auf unseren Weg. Auf dem genußvollen, *fast ebenen Panoramaweg* dringen wir nun immer tiefer ins Hag's Glen ein.

Wo der Bach die Moränenwälle, die die Gletscher der Eiszeit im Glen abgelagert haben, durchbricht, wechseln wir *auf Steinen* auf das *gegenüberliegende Ufer* hinüber. Für ein kurzes Stück steigt der Weg danach an, ehe *links* unter uns der östliche der beiden Seen, der *Lough Callee*, liegt.

Vom oberen Ende der Devil's Ladder geht der Blick hinunter in das Hag's Glen mit den beiden Seen.

Wir hatten hier eigentlich keine Pause geplant, denn erst dreihundert Höhenmeter haben wir überwunden. Doch der unbeschreibliche Reiz dieses Talschlusses nimmt uns gefangen und läßt uns einige Zeit nicht mehr los.

Schwarz liegt die Wasserfläche des Sees unter uns, und einige Sonnenstrahlen zaubern Lichtreflexe auf das gekräuselte Wasser. Ringsum türmen sich die steilen Wände der Reeks, über die Wasserfälle herunterrauschen. Über allem thront die majestätische Gestalt des Carrauntouhill. Nur der Anblick der ungemein steilen Schuttrinne im obersten Winkel des Tales, die den bezeichnenden Namen Devil's Ladder trägt und durch die unser Weiterweg nach oben führt, bereitet uns leichtes Kopfzerbrechen.

Am See endet die Schotterstraße, und ein *Steig* leitet nun weiter auf die *Devil's Ladder* zu. Entlang einiger *Steinmänner* ersteigen wir ein kleines Hügelchen, das in Richtung Talende liegt. Von hier sehen wir nun *rechts* hinunter auf den zweiten See, den *Lough Gouragh*.

Durch *sumpfiges Gelände* und über einen Bach steigen wir immer auf die *Devil's Ladder* zu. Zum Schluß durch ein Tälchen erreichen wir den Beginn der steil aufstrebenden *Schuttrinne*.

Auf *Steigspuren*, die im *Zickzack* zwischen zwei kleinen Bächlein nach oben führen, überwinden wir den *grobblockigen ersten Abschnitt* der Teufelsleiter. Zumindest diese Stelle sah von unten bedeutend unangenehmer aus, als sie nun ist.

Auf *halber Höhe* der zwischen steilen Felswänden eingeschnittenen Schuttrinne läßt die Steigung für kurze Zeit etwas nach, doch das Gehen auf dem nunmehr immer *kleinkörnigeren Schutt* wird zusehends unangenehmer. Vorsichtig, um eine Partie unter uns nicht zu gefährden, tasten wir uns nach oben. Immer *steiler* wird das Gelände, und immer näher rücken nach oben hin die begleitenden Felswände zusammen. So ist es kein Wunder, daß wir merklich erleichtert sind, als wir endlich den *breiten Sattel südöstlich des Carrauntouhill* erreichen, von dem ein harmloser Hang nach rechts bis zum Gipfel hochzieht.

Hier haben wir nun die Muße, die schönen Ausblicke in uns aufzusaugen. Tief liegen die dunklen Seen im Hag's Glen unter uns, und auf der Südseite fallen die Hänge ins einsame Black Valley ab. Dahinter dringt das blaue Wasser des Kenmare River, der Bucht zwischen Beara- und Iveragh-Halbinsel, weit ins gebirgige Land ein.

Ein *breiter Weg*, gekennzeichnet mit vielen *Steinmännern*, leitet nun nach rechts zum *kreuzgeschmückten Carrauntouhill* hinauf. Der Gipfel erscheint nahe, doch noch trennen uns *300 Höhenmeter* von ihm, und wir kommen noch einmal ganz schön ins Schwitzen, ehe wir uns zur verdienten Gipfelrast niederlassen können.

Eine nicht enden wollende Rundumsicht entschädigt uns reichlich für die Mühen des Aufstieges auf den höchsten Berg im Umkreis von tausend Kilometer. Eine Aufzählung dessen, was zu sehen ist, würde Seiten füllen. Auf jeden Fall ist die Kombination von Meer, Ebenen, Bergen und Seen, die unter uns liegen, an Schönheit kaum zu überbieten, und nur der Gedanke an die Devil's Ladder, über die wir wieder absteigen müssen, trübt ein ganz klein wenig unseren Genuß.

Nützliche Informationen

Ausgangspunkt: Eine kleine Straße am Nordhang der Reeks. Hierher von Killarney zuerst der Beschilderung zum Gap of Dunloe folgen. Ca. 2 km vor dem Nordende des Gap of Dunloe erreichen wir eine Kreuzung, an der die Straße zum Gap in stumpfem Winkel nach links abzweigt. Hier fahren wir geradeaus über die Kreuzung in Richtung Glencar. Nach ca. 3,5 km zeigt ein Schild mit der Aufschrift Carrauntouhill nach links hinauf. Auf dieser Straße gelangt man zur Jugendherberge, von der aus man ebenfalls die Tour beginnen kann. Wer mit dem eigenen Fahrzeug unterwegs ist, fährt besser noch ca. 1,5 km weiter in Richtung Glencar. Der nächste Abzweig nach links führt hier entlang eines kleinen Flusses bergauf, auf die Reeks zu.

Nach ca. 1 km überquert das Sträßlein den Fluß auf einer schmalen Brücke. Direkt nach der Brücke kann man das Fahrzeug bequem parken.

Gehzeiten: Insgesamt 5½ Stunden. Vom Ausgangspunkt zum Lough Callee 1½ Stunden; vom Lough Callee zum Gipfel 2 Stunden; vom Gipfel zurück zum Ausgangspunkt 2 Stunden.

Länge der Tour: 13 km.

Ein tief eingeschnittenes Kar mit kleinem See trennt den Carrauntouhill vom zweithöchsten Gipfel Irlands, dem Been Deragh.

Höhendifferenz: 950 m.
Verkehrsverbindungen: Keine öffentlichen Verkehrsmittel.
Unterkunft: Hotels und B&B's in Killarney und entlang der Zufahrtsstrecke. Jugendherberge (An Oige) in der Nähe des Ausgangspunktes. Von dort kann man in die beschriebene Aufstiegsroute einqueren. Nächster Campingplatz in Fossa an der Zufahrtsstrecke von Killarney zum Ausgangspunkt.
Verpflegung: Lebensmittelgeschäfte und Restaurants in Killarney. Kleines Lebensmittelgeschäft in der Nähe des Abzweiges zur Carrauntouhill-Jugendherberge.
Fahrradverleih: In Killarney.
Auskunft: In Killarney.
Weitere Tourenvorschläge: Von Westen auf den Carrauntouhill. Startpunkt am Lough Acoose auf dem vielgipfligen Grat (einer der Gipfel ist der Carrauntouhill) um den Karsee Coumloughra. Lange, wunderschöne Tour, teilweise am scharfen Grat jedoch Klettergelände.
Karten: OS-Karte 1:126720, Blatt 20 (Dingle Bay).
OS-Karte 1:63360 (District Map of Killarney).
OS-Karte 1:50000, Blatt 78 (Kenmare).

16 Rund um den Coomasaharn Lake

Tourencharakter: Bergtour in weglosem, teilweise steilem Gelände.
Keine Markierungen.
Beste Jahreszeit: April bis Oktober.
Reine Gehzeit: 4½ Stunden.

Zwischen Glenbeigh und Cahersiveen an der Nordküste der Iveragh-Halbinsel drängt ein breiter Bergzug die Straße, auf der der berühmte »Ring of Kerry« verläuft, ganz nahe an die Küste. Von Westen gesehen erscheinen uns diese Berge als harmlose, moorüberzogene Hügel. Von Nordosten aber, aus dem Gebiet von Glenbeigh, ändert sich das Erscheinungsbild grundlegend.
Ein breites Tal zieht hier zu den Flanken des Bergzuges, der auf dieser Seite einen hochalpinen Eindruck hinterläßt. Auf engstem Raum haben sich vier Kare in das Fleisch der Berge hineingefressen, deren felsige Steilflanken zu einsamen Seen abfallen, die sich im Schoß der Kare eingenistet haben.
Wie kann man sich aber diesen Kontrast er-

Hoch über dem Coomasaharn Lake liegt in einem felsigen Seitenkar der kleine Coomacullen Lake.

klären, den die beiden Flanken dieses Bergzuges aufweisen? Begünstigt durch die Schattenlage der Nordosthänge und die Westwinde, die den Schnee auf diese Seite der Berge wehten, entwickelten sich hier während der Eiszeit kleine Firnfelder. Der Firn wurde dicker und dicker und wandelte sich durch den zunehmenden Druck zu fließendem Gletschereis. Dieses Eis strömte über die steilen Hänge herab und schabte vor allem im hintersten Bereich der Gletscher den Untergrund derart aus, daß die Wannen entstanden, in denen heute die kleinen Seen liegen. Zusätzlich dienen Moränen, die die Gletscher während ihres Rückzuges am Ende der Eiszeit hier hinterlassen haben, als Damm.

An den Seitenwänden der Kare herrschten während der Eiszeit besonders intensive Abtragungsbedingungen. Das Nebeneinander des dunklen Gesteins und des hellen Schnees und Eises begünstigte starke Temperaturunterschiede. Das Eis schmolz tagsüber, und das Schmelzwasser drang in die Klüfte der Felsen ein. Nachts gefror dieses Wasser und sprengte mit ungeheurer Wucht das Gestein entzwei. Der Schutt wurde anschließend vom Eis fortgeschafft. Dieses Spiel unterschnitt die Flanken der Kare und hinterließ uns die Steilflanken, die noch heute zu den Seen abfallen.

Rund um das größte und schönste der vier Kare, in das der einsame Coomasaharn Lake eingebettet liegt, führt unsere Wanderung entlang der steilen Karwände.

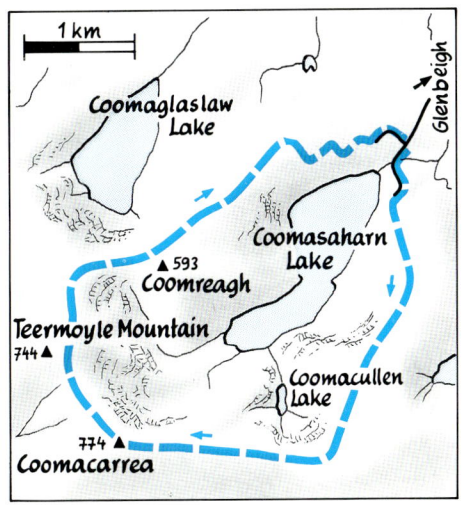

Der Wegverlauf

Wir gehen von unserem *Parkplatz* auf der *Schotterstraße* zuerst auf den *Coomasaharn Lake* zu und dann nach *links* hinauf zu den *Bauernhöfen*, an denen die Straße endet. Links über uns setzt der *steile Hang* an, den es nun zu überwinden gilt. Durch ein kleines, grünes *Gatter* erreichen wir einen *Zaun*, an dem entlang wir bis zu einer niedrigen Felswand hochsteigen.

Hier wenden wir uns nach *rechts* und queren auf grasigem Gelände bis auf einen *Absatz*, von dem aus wir zum ersten Mal den Coomasaharn Lake in seiner ganzen Länge überblicken.

Links über uns baut sich der *steile, felsdurchsetzte Hang* auf, den wir nun erklimmen müssen. Wir übersteigen den niedrigen Zaun und steigen in schweißtreibendem *Zickzack leicht rechts* haltend hinauf. Das Gelände erweist sich als besser gangbar, als es von unten schien.

350 Höhenmeter müssen wir dem Steilhang abringen, ehe wir das flachere Gelände am *breiten Gratrücken* erreichen. Hier können wir eine wohlverdiente kurze Pause einlegen und die neugewonnenen Ausblicke genießen. Gut zu sehen sind von hier die sandigen Halbinseln, die weit in die Dingle Bay hinausziehen. Die grüne Fläche des Coomasaharn Lake liegt schon tief unter uns, und unser Rundweg um dessen steilwandiges Kar ist jetzt in voller Länge einzusehen.

Wir wandern nach *rechts (Süden)* mäßig ansteigend auf den *langgezogenen Rücken* zu, der unser Kar im Süden begrenzt. Dort, wo wir diesen Rücken erreichen, biegt unser *Weg* wieder *nach rechts*, nach Westen, um. Atemberaubend ist der Blick von hier auf den Coomasaharn Lake und einen weiteren kleinen See, den Coomacullen Lake, der in einem höhergelegenen, kleinen Seitenkar direkt unter uns eingelassen ist. Dort unten, im hintersten Winkel des schwer zugänglichen Kares, wurde übrigens der letzte irische Wolf erlegt.

Im Osten können wir die spitzgipfligen Reeks erkennen, und das Kar unter uns mit dem anschließenden breiten, U-förmigen Tal läßt in

Gedanken die Gletscher der Eiszeit wiedererstehen.

Am *breiten Rücken*, der nach *Westen* auf den *Coomacarrea* zuläuft, treffen wir bald auf eine *alte Steinmauer*, die uns bis zum *Gipfel* begleiten wird. Teilweise auch als Graben ausgeführt, dienten diese Mauern in früheren Zeiten wohl als Grenzmarkierung oder -befestigung. Wer sie angelegt hat, ist allerdings in Vergessenheit geraten.

Am *Gipfel des Coomacarrea* biegt unser Weg wiederum *leicht nach rechts*, da wir uns immer an den *Rand der Felswände*, die zum Coomasaharn Lake abfallen, halten. Vom nächsten Gipfel im *Nordwesten*, dem *Teermoyle Mountain*, trennt uns ein *Sattel*, der schnell erreicht ist. Rechts vorbei, am höchsten Punkt des sumpfigen Teermoyle Mountain, wandern wir auf *Steigspuren*, immer entlang der *Abbruchkante*, nach *Norden*.

Nach circa einem Kilometer stehen wir über dem äußersten, *nordwestlichsten Winkel* des *Coomasahern-Kares*. Ein breiter *Grashang* führt hier *rechts (östlich)* hinunter, der uns zu einem scharfgeschnittenen *Grat* bringt. Kurz vor dem Grat setzt ein deutlicher *Steig* an, auf dem wir die schmale Schneid überwinden. Über die anschließende Felsnase erreichen wir die grasige, trapezförmige Gipfelhochfläche des *Coomreagh*. Links unter uns liegt der Coomaglaslaw Lake, und entlang der ihm zugewandten Seite der Gipfelfläche wandern wir zu deren *Nordostgipfel* hinüber. Von dort leitet uns ein schmaler Kamm nach *Nordosten* hinunter in Richtung unseres Ausgangspunktes. Weiter unten nimmt die Hangneigung deutlich ab, und wir treffen auf einen *Weidezaun*. Wir gehen noch einige Meter an der linken Seite des Weidezauns entlang und überklettern ihn dann, wobei uns ein großer Steinblock gute Dienste erweist. Jetzt können wir vom Kamm nach *rechts*, in Richtung *Coomasahern Lake*, absteigen und erreichen bald einen nicht zu übersehenden *Schotterweg*.

Wir begehen diesen Schotterweg bis zu seinem Ende an einem *Metalltor* am oberen Ende eines *Farmgeländes*. Hinter dem Tor wenden wir uns auf einer grasbewachsenen *Straße* nach *links* und gehen direkt vor dem nächsten *Gehöft* auf einem grobschottrigen *Weg rechts* hinunter. Kurz darauf treffen wir auf ein geteertes *Sträßlein*, das uns in weitem Bogen zu unserem *Ausgangspunkt* hinunterbringt.

Nützliche Informationen

Ausgangspunkt: Schmale Schotterstraße am Nordende des Coomasaharn Lake. Hierher auf schmaler Straße, die in Glenbeigh (gelegen zwischen Killorglin im Osten und Cahersiveen im Westen) neben der Kirche von der N 70 (Ring of Kerry) nach Süden abbiegt. Auf dem Sträßlein immer geradeaus, abzweigende Straßen ignorierend, bis kurz vor dem See (ca. 7 Kilometer ab Glenbeigh). Die Teerstraße biegt hier scharf nach rechts, und geradeaus, auf den See zu, läuft eine Schotterstraße weiter. Hier Parkmöglichkeiten entlang der Straße. Kommt man von Westen, zweigt schon vor Glenbeigh eine zum Coomasharn Lake ausgeschilderte Straße nach rechts ab, die auch zum Ausgangspunkt führt.

Gehzeiten: Insgesamt 4½ Stunden. Vom Ausgangspunkt auf den Coomacarrea 3 Stunden; vom Coomacarrea zurück zum Ausgangspunkt 1½ Stunden.

Länge der Tour: 10,5 km.

Höhendifferenz: 700 m.

Verkehrsverbindungen: Ein- bis zweimal wochentags Busverbindung von Killarney nach Cahersiveen (Haltestelle in Glenbeigh).

Unterkunft: Hotels und B&B's entlang des Ring of Kerry und in Glenbeigh. Jugendherberge in Glenbeigh (Independent). Campingplatz in Glenbeigh.

Verpflegung: Lebensmittelgeschäfte und Restaurants in Glenbeigh.

Weitere Tourenvorschläge: Von der Faha Lodge östlich Glenbeigh auf den Rossbehy Hill (kurze Wanderung auf angelegtem Weg).

Karten: OS-Karte 1:126 720, Blatt 20 (Dingle Bay).
OS-Karte 1:50 000, Blatt 78 (Kenmare).

Sonstiges: Puck Fair, großer Jahrmarkt vom 10. bis 12. August in Killorglin, 12 Kilometer östlich von Glenbeigh. Lange Sandstrände bei Glenbeigh.

Immer dem Kammverlauf der mächtigen Berge folgend, die den Coomasaharn Lake überragen, umrunden wir den See.

17 Über den Pilgerweg auf den Knocknadobar (691 m)

Die vierzehn Kreuzwegstationen zum Gipfel

Tourencharakter: Einfache Bergwanderung auf meist gutem Steig. Durch die weißen Kreuze gut markiert.
Beste Jahreszeit: Das ganze Jahr über möglich.
Reine Gehzeit: 3¼ Stunden.

Im nordwestlichen Winkel der großen Iveragh-Halbinsel liegt an den Ufern des Valentia River das kleine Städtchen Cahersiveen. Als gutgelegener Ausgangspunkt für Ausflüge zu den vorgelagerten Inseln bietet es ausreichend Unterkunftsmöglichkeiten und eine Anzahl anheimelnder Pubs.
Nicht weit liegt Valentia Island, das einen Ausflug wert ist und als Startpunkt des ersten transatlantischen Telegraphenkabels in die Geschichte einging.
Von Cahersiveen kann man auch auf Fähren zu den berühmten Skellig Islands übersetzen, die als spitze Felsen weit draußen im Atlantischen Ozean aufragen. Frühchristliche Mönche zogen sich auf diese lebensfeindlichen Felsen zurück, um in absoluter Abgeschiedenheit ihr Leben zu fristen. Ihre runden, mörtellos aufgeschichteten Hütten, aufgrund ihrer unverwechselbaren Form Bienenkorbhütten genannt, können noch heute besichtigt werden. Plant man allerdings einen Besuch, sollte man doch eine gewisse Seefestigkeit mitbringen, denn die kleinen Nußschalenfähren werden von den hohen Wellen kräftig durchgeschaukelt.
Die schönste Wandermöglichkeit in weitem Umkreis bietet der Knocknadobar, der einige Kilometer nördlich von Cahersiveen direkt vom Meer in eine Höhe von fast siebenhundert Metern aufstrebt. Alleine stehend und vorgeschoben ins Meer, bietet er einen der schönsten Aussichtspunkte weit und breit.

Über den breiten Westhang zieht der Wallfahrtsweg mit den weißen Kreuzen hinauf zum Gipfel des Knocknadobar.

Der Aufstieg auf seinen Gipfel wird durch einen Steig erleichtert, der an vierzehn weißen Kreuzen, ein jedes mit der Abbildung einer Kreuzwegstation versehen, nach oben führt. Errichtet wurde dieser Kreuzweg 1885 vom Pfarrer von Foilmore als Dank dafür, daß während eines heftigen Sturmes das Dach seiner Kirche heil blieb. Seitdem findet jedes Jahr eine Wallfahrt zum großen Kreuz in der Nähe des Gipfels statt.

Ob dieser Kreuzweg auf eine alte Wallfahrtstradition zurückzuführen ist, ist nicht bekannt. Auf jeden Fall befindet sich in der Nähe des Ausgangspunktes eine heilige Quelle, die offensichtlich schon lange in Gebrauch ist. Dem heiligen Fursey gewidmet, soll ihr Wasser Augenleiden heilen.

Der Wegverlauf

Vom *Madonnenschrein* sehen wir schon im Hang rechts einige der *weißen Kreuze*, die uns den Weg hinauf zum Gipfel des Knocknadobar weisen werden. Vom Schrein gehen wir noch etwa 150 Meter auf der *Straße* nach *Norden*, in Richtung Coonanna Harbour. Am *zweiten Tor* auf der rechten Straßenseite beginnt der *Aufstieg*.

Durch das Tor erreichen wir eine *grüne Gasse*, die zwischen einem niedrigen Felsrücken zur Linken und einer Steinmauer rechts durch flaches Gelände auf den *Westhang* des Knocknadobar zuläuft. Bald erreichen wir ein *zweites Gatter*. Rechts oberhalb leuchtet schon das erste der vierzehn *Kreuze*.

Vom ersten zum *zweiten Kreuz* ist es nicht weit, der Weg aber etwas feucht. Ein letztes *Gatter* ist anschließend noch zu durchqueren, wobei der Weg zwischen den einzelnen Kreuzen nicht zu verfehlen ist.

Doch etwas höher verwehrt uns der ausbauchende Hang den Blick nach oben, und die Wegsuche im teilweise sumpfigen Gelände gestaltet sich zunehmend schwieriger. *Stangen* sind hier als Markierungen angebracht, aber eine Vielzahl von Steigspuren läuft verwirrend links aufwärts durch das Heidekrautgestrüpp. Doch bald schon bieten die höher im Hang gelegenen *Kreuze* wieder gute Anhaltspunkte. Wir merken erst dort, wo ein schöner *Weg nach links* oben zu den Kreuzen im Schuttgelände führt, daß wir ein Kreuz, das weit nach rechts zum Grat hin verschoben ist, ausgelassen haben.

In einer weiten *Links-Rechts-Kehre*, vorbei an mehreren *Kreuzwegstationen*, erreichen wir den *Südwestgrat* des Knocknadobar. Hier steht die *zwölfte Station* an einem Punkt, der uns zu einer Pause zwingt.

Gingen die Blicke anfänglich zum grünen, steinmauerzerschnittenen Weideland an unserem Ausgangspunkt und zur stillen Bucht von Coonanna hinunter, so liegt uns nun der ganze Westteil der Iveragh-Halbinsel zu Füßen. Berge und Seen bestimmen das Bild im Landesinneren, während eine vielgestaltige, reichgegliederte Küste einen verlockenden Saum um die Halbinsel legt. Valentia Island schmiegt sich ans Festland, und weit draußen, mitten im Atlantischen Ozean, durchstoßen die atemberaubenden Felsen der Skellig-Inseln die Wasserfläche.

Unser *Weiterweg* führt nun wieder nach *links* in den Schutthang zurück und nach einem weiteren Kreuz in weglosem Gelände nach *rechts* aufwärts zur *letzten Station* kurz unter dem großen *Gipfelkreuz*. Vorbei am großen Kreuz, das etwas unterhalb des höchsten Punktes steht, erreichen wir nach kurzer Zeit den *Gipfel*. Wer kein Fahrzeug am Ausgangspunkt zurückgelassen hat, hat von hier die Möglichkeit, nach Osten abzusteigen. Im anschließenden Sattel trifft man dann auf einen alten Weg, den man links hinunter bis nach Roads verfolgen kann. Von Roads sind es noch einige Kilometer bis nach Kells.

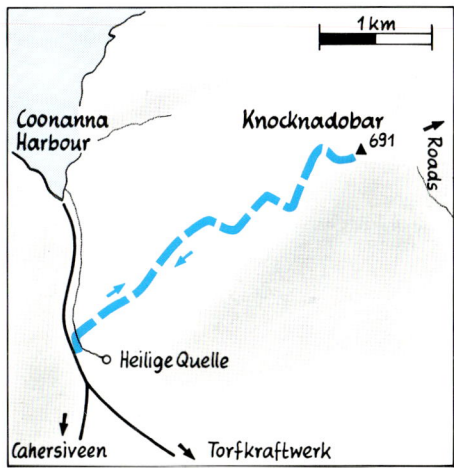

Nützliche Informationen

Ausgangspunkt: Eine schmale Straße unter dem Westhang des Knocknadobar, ca. 1,5 Kilometer südlich von Coonanna Harbour. Enge Parkmöglichkeiten an der Straße in der Nähe eines weißen Marienaltars. Von Cahersiveen überquert man die nordwärts führende Brücke über den Valentia River, fährt anschließend rechts und zweimal links und trifft auf den unübersehbaren Marienaltar auf der rechten Straßenseite (der Weg ist zum Coonanna Harbour ausgeschildert). Reist man von Osten, über den »Ring of Kerry« an, zweigt man schon einige Kilometer vor Cahersiveen direkt vor einem auffälligen Torfkraftwerk nach rechts ab (Beschilderung Coonanna Harbour). Nach dem Kraftwerk an einer Kurve scharf nach links und an den folgenden Straßengabelungen rechts haltend, erreicht man den Marienaltar.
Gehzeiten: Insgesamt 3¼ Stunden. Für den Aufstieg 2 Stunden; für den Abstieg 1¼ Stunden.
Länge der Tour: 7 km.
Höhendifferenz: 650 m.
Verkehrsverbindungen: Wochentags ein- bis zweimal täglich Busverbindung von Killarney nach Cahersiveen.
Unterkunft: Hotels und B&B's in Cahersiveen. Jugendherberge in Cahersiveen (Independent). Campingplatz bei Cahersiveen oder Campingmöglichkeit an der Jugendherberge.
Verpflegung: Lebensmittelgeschäfte und Restaurants in Cahersiveen.
Fahrradverleih: In Cahersiveen.
Sehenswürdigkeiten: Great Skellig, der berühmte Felsen der Mönche im Atlantischen Ozean. Bootstouren zur Insel ab Reenard Point östlich von Cahersiveen, von wo auch Fähren nach Valentia Island übersetzen.
Karte: OS-Karte 1:126720, Blatt 20 (Dingle Bay).

Im feuchten Mittelteil des Anstieges zum Knocknadobar dient dieses Kreuz als Anhaltspunkt für den Aufstieg.

18 Von Westen auf den Caherconree (828 m)

Vorbei an einem sagenumwobenen Promontory-Fort auf einen der schönsten Aussichtsgipfel im Osten der Dingle-Halbinsel

> **Tourencharakter:** Einfache Wanderung, zu Beginn jedoch feuchtes und im Mittelteil steiles Gelände. Nur Steigspuren, bis zum Promontory-Fort. Mit unübersehbaren, rot-weißen Stangen markiert.
> **Beste Jahreszeit:** März bis Oktober.
> **Reine Gehzeit:** 3 Stunden.

Wie bei den anderen Halbinseln im Südwesten Irlands bilden Gebirge auch das Rückgrat der Dingle-Halbinsel. Das östlich anschließende Festland wird von den Ebenen Mittel- und Nordkerrys gebildet. Aus diesen Ebenen strebt am Beginn der Dingle-Halbinsel der wuchtige Kamm der Slieve Mish Mountains empor. Er trennt die Tralee Bay im Norden von der Castlemaine-Harbour-Bucht im Süden, die westlich der dünenbesetzten Halbinsel von Inch in die Dingle Bay übergeht. Die Flüsse, die in diese Buchten münden, haben mit ihrem antransportierten Gesteinsmaterial schon gewaltige Aufschüttungsarbeit geleistet, und so ist das Meer hier oft flach und bietet schöne Sandstrände.

Auch die Slieve Mish Mountains haben dem geschichtsinteressierten Wanderer einige Schmankerl zu bieten. Südlich von Tralee, im östlichsten Teil des Gebirgszuges, liegt das Grab von Queen Scotia. Sie soll der Sage nach vor über 3500 Jahren gelebt haben und die Tochter eines Königs gewesen sein, der während einer Schlacht in den Slieve Mish Mountains den Tod fand. Im weiteren Verlauf des Gebirgszuges nach Westen befinden sich noch einige Zeugen vergangener Kulturen. Doch der unbestrittene Höhepunkt an geschichtlichen Schätzen in den Slieve Mish Mountains befindet sich in der Nähe ihres westlichsten Gipfels, des Caherconree. Ein sogenanntes Promontory-Fort sperrt hier mit einer über einhundert Meter langen und teilweise übermannshohen Mauer einen Vorgipfel ab, der an den Außenseiten in steilen Wänden abbricht. Im Vorfeld sind noch andeutungsweise die Überreste eines Grabens zu erkennen und einige spitze, aufrecht gestellte Steine, die wohl mögliche Angreifer schon vor der Hauptmauer stoppen sollten.

An den Küsten Irlands sind einige dieser Promontory-Forts bekannt, wie zum Beispiel Dunbeg Fort an den Hängen des Mount Eagle im Westen der Dingle-Halbinsel. Was das Fort von Caherconree so außergewöhnlich macht, ist seine Lage im Landesinneren. Während sich die Geschichtsgelehrten fragen, warum ausgerechnet dieses eine Promontory-Fort im Gegensatz zu den übrigen so hoch in den Bergen errichtet worden ist, könnte der naturliebende Wanderer leicht auf den Gedanken kommen, daß die Menschen damals diesen Platz einfach wegen seiner atemberaubenden Aussicht wählten. Wer diese Forts errichtet hat, ist bis heute nicht bekannt. Man weiß jedoch, daß sie etwa 2000 bis 2500 Jahre alt sind.

Irland ist reich an Sagen und Legenden und solch ein auffälliges Bauwerk wie das Fort von Caherconree bleibt natürlich nicht unbeachtet. Der Erbauer dieses Forts soll Curoi Mac Daire gewesen sein, ein legendärer König von Westmunster, mächtig von Statur und zusätzlich mit magischen Kräften ausgestattet, der in vielen irischen und sogar in walisischen Sagen erwähnt wird. Dieser Curoi Mac Daire raubte eines Tages einem gewissen Cu Chulainn dessen schöne Freundin

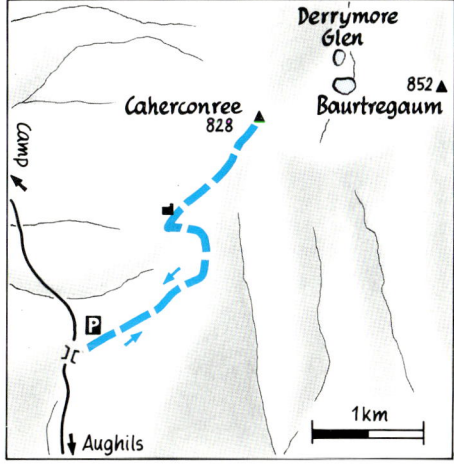

Blathnaid und brachte sie in das Fort von Caherconree. Durch einen Zauber veranlaßte Curoi jeden Abend, bevor er sich schlafen legte, daß sich die Mauern des Forts schlossen und das Eingangstor nicht mehr zu finden war. Die geraubte Blathnaid hing aber noch an ihrem alten Freund Cu Chulainn und verhalf diesem, durch eine List des Nachts in das Fort einzudringen. Sie ließ Milch durch den unsichtbaren Eingang nach draußen fließen und zeigte ihrem wartenden Freund so den richtigen Weg durch die uneinnehmbaren Mauern des Forts. Anschließend erschlug Cu Chulainn den schlafenden Curoi Mac Daire, und so können wir auf unserer Wanderung den Todesort des mächtigen Königs aufsuchen, der in der irischen Folklore einen festen Platz einnimmt.

Der Wegverlauf

Oberhalb der Straße steht ein großes *Schild*, das uns den Weg hinauf zum *Promontory-Fort* weist und das in englischer Sprache noch einige Informationen zum Fort gibt. Direkt hinter der Tafel beginnt die Reihe der *rot-weißen Markierungspfosten*, die unübersehbar den Weg hinauf zum Fort anzeigen. Wir gehen durch anfangs nur leicht ansteigendes Gelände auf den markanten Gipfel direkt vor uns zu. Auf der Felskrone am Gipfel befindet sich das Promontory-Fort.

Im flacheren Teil des Anstieges macht uns der sumpfige Untergrund zu schaffen, und wir suchen uns entlang der *vielen Begehungsspuren* unsere Ideallinie. Nach und nach werden das Gelände steiler und der Untergrund trockener. In steilen und anstrengenden *Serpentinen* führt die Spur nach oben, und so manche kleine Verschnaufpause müssen wir hier einlegen. Die wunderbaren Ausblicke über die gebirgige Dingle-Halbinsel und das Meer zu beiden Seiten sorgen aber während der Pausen für Kurzweil. Immer näher kommen wir der Felsnase mit dem Promontory-Fort. Die Steintrümmer, die die uns zugewandten Hänge bedecken, stammen wahrscheinlich von einem eingestürzten Teil der Fortmauer. Kurz bevor wir einen *Bergrücken* erreichen, wird der Untergrund etwas matschig, doch bald schwenkt die Reihe der *Markierungspfosten* in wieder steilerem und trockenem Gelände *nach links* in Richtung Fort hinauf. Auf einer Ebene direkt vor den wuchtigen *Mauern des Forts* endet die rot-weiße Pfostenreihe.

Über uns ist nun unser endgültiges Ziel zu sehen, der breite und runde Rücken des *Caherconree-Hauptgipfels*. Wir wollen aber natürlich vor dem Schlußanstieg zuerst das Fort besichtigen. Die trocken aufgeschichtete Mauer dürfte noch eine Höhe von über zwei Metern und einen Basisdurchmesser von vier Metern aufweisen. Durch eine Öffnung, die nicht dem ursprünglichen Tor entspricht, treten wir auf die riesige, dreieckige Fläche hinaus, die durch die Mauer vom übrigen Gelände der Ebene abgetrennt wird. An der Innenseite steigt die Trockenmauer, um den Verteidigern ihre Aufgabe zu erleichtern, stufenförmig an. Im flachen Gelände sind einige auffällige, viereckige Vertiefungen zu erkennen, auf denen sich wahrscheinlich in früherer Zeit Gebäude befanden. Vorne an der Spitze der Dreiecksfläche stehen wir an der Abbruchkante der Felswände, die auf der nordwestlichen und südwestlichen Seite den Bau einer Verteidigungsmauer überflüssig machten. Tief unter uns sehen wir von hier unseren Ausgangspunkt, von dem die Pfostenreihe zu uns herauf zieht. Im Süden erstreckt sich die Dingle Bay hinaus zum offenen Meer, und darüber türmen sich die Berge der Iveragh-Halbinsel. Deutlich sind der Lough Leane bei Killarney und westlich davon der gezackte Gipfelkamm der MacGillycuddy's Reek auszumachen. Im Westen ragt hinter sonnengesprenkeltem Hügelland das Beenoskee-Massiv auf, das den Brandon Mountain fast vollkommen verdeckt. Hinter der Tralee Bay im Norden verliert sich nach der Shannon-Mündung die Küste Westirlands in der Unendlichkeit.

Nach einer ausgiebigen Besichtigung gehen wir durch die Mauer auf die freie Ebene und wenden unsere Schritte dem *Hauptgipfel des Caherconree* zu. Wir gehen entlang einer verfallenen Steinmauer auf eine felsübersäte *Kuppe* auf der *linken Seite* der Ebene zu. Rechts um diesen kleinen Hügel herum und dann wieder linkshaltend erreichen wir einige auffällige *Felstürme*, die von weitem ebenfalls wie die Überreste einer Burg aussehen, aber natürlichen Ursprungs sind. Von

Die Reste der Steinmauer des jahrtausendealten Promontory-Forts trennen einen Bergsporn vom Hauptkörper des Caherconree.

hier steigen wir auf die *linke*, schotterüberzogene *Kuppe* des Hauptgipfels zu.

Noch einmal, obwohl es zum Gipfel nur noch wenige Meter sind, legen wir eine kleine Pause ein und schauen hinunter zum Promontory-Fort. Von unserem Rastplatz können wir die phantastische Lage des Forts überblicken. Wie ein Schiffsbug ragt der dreieckige Vorgipfel in die Luft hinaus. Schwarze Raben, die entlang der Abbruchkante im Aufwind kreisen, Nebelfetzen und dunkle Wolken erzeugen für kurze Zeit ein bedrohliches Bild, und wir fühlen uns um Jahrtausende in mystische Zeiten zurückversetzt.

Doch die Sonne vertreibt bald den gespenstischen Anblick, und wir gehen über die *flache Gipfelkuppe* die letzten Meter zum jetzt sichtbaren *Steinmann auf dem Gipfel* vollends hinauf.

Hier erwartet uns die letzte Überraschung für den heutigen Tag. Ganz unvermittelt bricht direkt hinter dem Gipfelsteinmann die flache Hochebene steil ins Derrymore Glen ab. Tief unter uns spiegeln sich die Wolken in zwei kleinen Seen. Gegenüber leuchtet der Sandstein am Baurtregaum, der den Caherconree noch um wenige Meter überragt, in rötlichen Farbtönen auf.

Da wir unser Fahrzeug am Ausgangspunkt stehen haben, müssen wir nach der Gipfelrast *denselben Weg zurückgehen*, den wir gekommen sind. Wer allerdings ungebunden ist, der kann nach Osten, in die Scharte zwischen Caherconree und Baurtregaum, absteigen und von dort durch das Derrymore Glen an mehreren kleinen Seen vorbei auf die, schon vom Gipfel aus im Taleinschnitt sichtbare Tralee Bay zuwandern.

Nützliche Informationen

Ausgangspunkt: Einige hundert Meter nördlich unterhalb des höchsten Punktes der schmalen Paßstraße zwischen Camp an der Tralee Bay im Norden und Aughils am Castlemaine Harbour im Süden befinden sich einige Parkbuchten. Direkt oberhalb der Parkbuchten steht eine große Informationstafel zum Caherconree, und hier beginnen auch die unübersehbaren rot-weißen Markierungspfosten. Von Camp fährt man einige hundert Meter in Richtung Anascaul und Dingle, ehe an einer scharfen Rechtskurve links ein unauffälliges, schmales Sträßchen abzweigt. Dort befinden sich Schilder mit den Hinweisen »Scenic Road Inch« und »Caher-Conree Promontory Fort«. Auf diesem Sträßchen fahren wir ca. 4 km das Tal des Finglas River bis zum Ausgangspunkt hinauf. Kommt man von Süden, zweigt man in der Nähe der kleinen Ansiedlung Aughils nach rechts auf die mit »Camp« und »Scenic Road Camp« beschilderte Straße ab und erreicht ebenfalls nach ca. 4 km kurz hinter der Paßhöhe den Ausgangspunkt.

Gehzeiten: Insgesamt 3 Stunden. Zum Promontory Fort 1¼ Stunden. Promontory Fort – Gipfel ½ Stunde. Gipfel – Ausgangspunkt 1¼ Stunden.

Länge der Tour: 4,5 km.

Höhendifferenz: 690 m.

Verkehrsverbindungen: Von Tralee nach Dingle Town dreimal täglich Busverbindungen hin und zurück (Haltestelle in Camp, von dort 4 km zum Ausgangspunkt der Wanderung). Von Killarney nach Dingle Town im Juli und August täglich eine Busverbindung (Haltemöglichkeit in Aughils, von dort 4 km zum Ausgangspunkt der Wanderung).

Unterkunft: Alle Arten von Unterkünften in Dingle Town und Tralee. Nächster Campingplatz in der Nähe von Castlegregory (ca. 8 km westlich von Camp). Nächste Jugendherberge in Inch (ca. 8 km westlich von Aughils). B&B's in Camp und in der Umgebung von Aughils. Nahe Inch das Natural Living and Healing Centre, ein B&B mit vegetarischer und makrobiotischer Kost.

Unmittelbar hinter dem Gipfelsteinmann des Caherconree bricht eine steile Flanke in das Derrymore Glen mit seinen Seen ab. Im Osten schließt der breite Baurtregaum das Tal ab.

Verpflegung: Verpflegungsmöglichkeiten in Tralee, Camp, Castlegregory, Inch und Dingle Town. In Anascaul Anne's Kitchen mit gutem vegetarischem Essen.
Fahrradverleih: Mehrere Verleiher in Tralee und Dingle Town.
Auskunft: TI-Office in Dingle Town (geöffnet von Juni bis September) und Tralee (ganzjährig geöffnet).
Weitere Tourenvorschläge: Zum Knockmoyle und zum Grab von Queen Scotia südlich von Tralee. Von Derrymore ins Derrymore Glen und auf den Baurtregaum. Rund um den Anascaul Glen.
Karte: OS-Karte 1:126 720, Blatt 20 (Dingle Bay).
Sonstiges: Schöne Strände bei Inch und Castlegregory.

19 Über den Pilgerweg auf den Berg des heiligen Brandon

Von Faha auf den
Brandon Mountain (951 m)

Tourencharakter: Bergtour auf meist gutem und markiertem Weg durch alpines Gelände. Trittsicherheit erforderlich.
Beste Jahreszeit: März bis Oktober.
Reine Gehzeit: 4½ Stunden.

Von Tralee zieht sich die gebirgige Dingle-Halbinsel an die 50 Kilometer weit in den Atlantischen Ozean hinaus. Während zu Beginn die Gebirgszüge in westöstlicher Richtung verlaufen, sperrt weit draußen im Westen zwischen Dingle Town und Brandon Point ein mächtiger Bergrücken die Halbinsel in nordsüdlicher Richtung ab. Der höchste Gipfel dieses Gebirgsstockes ist der Brandon Mountain. Die Iren sind ganz besonders stolz auf ihre Dreitausender, und der Brandon ist mit 3127 Fuß sogar der höchste Berg außerhalb der MacGillycuddy's Reeks in der Nähe von Killarney. Allerdings handelt es sich bei dieser Höhenangabe um Fuß. Die 951 Meter Gipfelhöhe hören sich schon wesentlich freundlicher an, wenn man bedenkt, daß, wie so oft in Irland, der Aufstieg nahezu auf Meeresniveau beginnt.

Von Westen ziehen steile, grüne Weideflächen bis zum Gipfel des Brandon Mountain empor. Er weiß allerdings seine überragende Höhe auch auf dieser Seite beeindruckend breitschultrig zur Geltung zu bringen. Nähert man sich ihm dagegen von Osten, so zeigt er uns einen vollkommen anderen Charakter. Hohe Wände, steile Kare und tief eingefurchte Täler erinnern an die wilde Gebirgslandschaft Norwegens. Eine Unzahl kleiner Seen steigt treppenartig bis in die höchsten Talbereiche hinauf an. Die Eiszeit hat auf dieser Bergseite ihre deutlichen Spuren hinterlassen. Man kann sich problemlos die Gletscher vorstellen, die an den Wänden genagt und mit ihrer Masse die Becken ausgeschürft haben, in denen heute die kleinen Seen liegen. Kein Wunder, daß hier Wissenschaftler zum ersten Mal in Irland die Formungsvorgänge erkannten, die während der Eiszeit diese wilde Landschaft entstehen ließen.

Der Aufstieg auf der sogenannten Saint's Road über die Westflanke des Berges von Ballybrack aus ist zwar mit öffentlichen Verkehrsmitteln besser zu erreichen. Die Tour von Faha durch ein seenerfülltes Tal und unter hohen Felswänden entlang, ist jedoch ungleich beeindruckender und zählt zu den schönsten Bergtouren, die Irland zu bieten hat. Wer von Dingle Town aus über den Connorpaß zur Ostseite des Brandon Mountain fährt, der gewinnt von der Paßhöhe aus einen guten Eindruck von dem, was der Berg auf dieser Seite an landschaftlicher Schönheit zu bieten hat.

Klimatisch gesehen ist der Brandon Mountain ein dem Bergwanderer wenig gewogener Berg. Seine Höhe und in den Atlantik vorgeschobene Lage bringen es mit sich, daß selbst bei schönstem Wetter meist eine Wolke an seinem Gipfel hängt und ein ständiger Wind in seinem Gipfelbereich weht.

Die frühchristlichen Heiligen in Irland suchten ihre meditative Herausforderung darin, sich an möglichst lebensfeindliche Orte zurückzuziehen. Kein Wunder also, daß der heilige Brandon, der von 483 bis 576 lebte, den sturmumbrausten Gipfel des nach ihm benannten Brandon Mountain auserkor, um

Ungemein felsig und steil wirkt der Brandon Mountain von dem Tal aus, durch das der Pilgerweg zum Gipfel führt.

sich hierher einige Zeit zurückzuziehen. Noch heute sind direkt am Gipfel die Grundmauern seines Gebetshauses und seiner kleinen Wohnhütte zu sehen, und man kann sich gut die Härte seines Lebens hier oben vorstellen. Zu Ehren des heiligen Brandon findet jedes Jahr eine Wallfahrt zum Gipfel statt, der wir den Weg über die Ostflanke und die vielen Markierungen verdanken. Während der Wallfahrt am 28. Juni 1868 sollen sich 20000 Menschen auf dem Gipfel gedrängt haben, unter ihnen auch der Bischof von Kerry. In die Geschichte eingegangen ist der heilige Brandon durch seine Seereisen, beschrieben in der »Navigatio«, einer in Latein verfaßten Erzählung. Nach seiner Zeit auf dem Brandon Mountain soll er auf der Suche nach dem Gelobten Land in einem primitiven Boot bis nach Island gesegelt sein. Mit einigen Gefolgsleuten soll er auf einer weiteren Reise sogar bis nach Amerika gelangt sein. Doch wir wollen heute keine neuen Kontinente entdecken und auch nicht zu einem größeren Fasten aufbrechen, sondern einfach nur die traumhafte Landschaft am Brandon Mountain auf uns wirken lassen. Vielleicht lassen wir uns oben am Gipfel in Zeiten zurückversetzen, in denen das Leben so anders war.

Der Wegverlauf

Rechts oberhalb des Bauernhofes sehen wir ein *Hinweisschild* zum *Brandon Mountain*, das uns direkt hinter dem Hof nach *links* leitet. Wir gehen an der Mauer des Gehöfts entlang und erreichen gleich danach ein *weiteres Hinweisschild*. Nachdem wir ein kleines

Holztürchen durchquert und wieder zugebunden haben, befinden wir uns auf einer freien Weidefläche. Direkt vor uns ragt die schöne Felspyramide des *Brandon Peak* auf. Schräg oberhalb von uns befindet sich, von einer Baumgruppe umgeben, ein *Heiligen- und Marienaltar*, an dem die jährlichen Wallfahrten beginnen. Wir gehen hinter dem kleinen Gatter schräg rechts aufwärts über die Weidefläche, dann durch eine Lücke in der Steinmauer auf die nächste Wiese und halten uns hier immer der Mauer entlang bis zum Eingang des umzäunten Geländes rund um den *Altar*.

Hier beginnt der nur am Anfang schwach ausgeprägte *Wallfahrtsweg* hinauf zum Gipfel des *Brandon Mountain*. Auf dem ersten Abschnitt des Weges gilt es, den Hang eines Vorgipfels immer schräg aufwärts in *Richtung Südwesten* zu queren. Orientierungsprobleme gibt es hier keine, denn der Weg ist meist deutlich ausgetreten, und zusätzlich sind für die Wallfahrer unübersehbare, *rot-weiße Richtungspfähle* angebracht worden. Die Brandon Bay liegt schon bald tief unter uns, und bei Ebbe schimmert der Schlick des Watts zu uns herauf. Hinter der Sandhalbinsel von Castlegregory mit ihren vorgelagerten Inselchen zeichnet sich deutlich die Küstenlinie von Nordkerry bis hinauf zu den Kaps an der Shannon-Mündung im Morgendunst ab.

Allmählich biegt der *Weg* in *westlicher Richtung* in das Tal ein, das uns den Weg zum Brandon Mountain vorzeichnet. Die mit Grasbändern durchzogenen Steilwände der Nordostflanke des Brandon Peak rücken immer näher. Unter uns tauchen die ersten Seen auf, die wie eine Treppe das ganze Tal erfüllen. Der Brandon Mountain zeigt sich zum ersten Mal mit seinen abschreckenden Wänden als spitzer Felsgipfel. Unter Felswänden quert der Weg *ohne Steigung* den nordöstlichen Talhang und gibt uns die willkommene Gelegenheit, unsere Kräfte zu regenerieren und das einzigartige Landschaftsbild in uns aufzunehmen.

Der Steig schlängelt sich um Felsbrocken, die von Weiß über Gelb und Grün bis Purpur in allen möglichen Farben aufleuchten. Vor uns türmt sich der hohe Talschluß auf, den wir auf einer steilen *Grasrampe rechts des Brandon Mountain* durchsteigen müssen. Von hier sieht dieser Abschnitt des Weges allerdings grimmiger aus, als er dann in Wirklichkeit ist. Dort wo der Steig im hintersten Abschnitt des Glens auf den *Talgrund* leitet, erwartet uns ein erster *kleiner See*. Ab hier führt unser Weg einige Zeit durch ein Felskuppen- und Felsblockgewirr. *Markierungsstangen, Steinmänner und weiße Markierungspfeile* lassen aber keinen Zweifel an der Wegführung aufkommen. Ein kleiner Bach schießt durch eine vom Eis der Gletscher ausgeschürfte Rinne herab, und an den abgerundeten und unterhöhlten Felsbuckeln läßt sich die Kraft der eiszeitlichen Gletscher erkennen, die hier die Landschaft gestaltet haben.

An einigen weiteren Seen führt uns der Weg noch vorbei, ehe wir den steilen *Schlußanstieg* zur Scharte nördlich des *Brandon Mountain* erreichen. In vielen Kehren leitet der Steig durch die Steilflanke. Nur im obersten Teil verlangen einige kurze, abgerutschte Wegstücke etwas Vorsicht. Kurz unter der Scharte bietet ein windgeschütztes Plätzchen einen ausgiebigen Blick zurück.

Erst von hier ist die Vielzahl der schillernden Seen, die das felsumkränzte Tal unter uns ausfüllen, zu erkennen. Tief unten liegt das Tal des Owenmore River mit weiteren Seen, und dahinter türmen sich über der Connor-Paßstraße Berge auf, von deren steilen Flanken Wasserfälle herunterstürzen.

Im *Sattel unter dem Gipfel des Brandon Mountain* stehen mehrere *Richtungsstangen*, an denen sogar ein deutschsprachiges Schild darauf hinweist, daß hier der Abstieg verläuft. Ein schneidender Westwind fährt uns in die Haare, aber der Blick über die Klippen

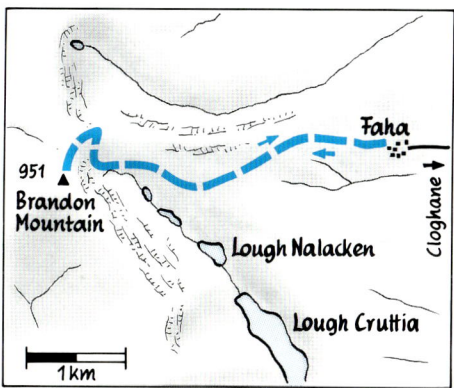

Vom Gipfelkamm des Brandon Mountain ist das seenerfüllte Tal gut zu überblicken, durch dessen schottrigen Nordosthang der Aufstiegsweg verläuft.

und Buchten von West-Dingle bis hin zu den weitentfernten, markanten Skellig-Inseln entschädigt für das grimmige Wetter. Tief unten liegt der kleine Lough Eightragh, und dahinter zieht der Rücken in Richtung Gipfel, über den der Westanstieg auf den Brandon Mountain verläuft. Wir steigen nun nach *links den breiten Weg* an der Oberkante der steilen Talwände hinauf. Schon nach kurzer Zeit erreichen wir den kreuzgeschmückten *Gipfel des Brandon Mountain.*

Direkt auf dem höchsten Punkt stehen die Grundmauern des *Gebetshauses des heiligen Brandon.* An der Stirnseite ist noch die Andeutung einer kleinen Altarplattform zu erkennen, auf der anläßlich der Wallfahrten die Messe gelesen wird. Verschleiert keine Wolke den Gipfel, kann man einen der schönsten und umfassendsten Ausblicke genießen, den die irische Bergwelt zu bieten hat. Bei klarer Luft ist weit im Norden der Verlauf der Küste bis hinauf zu den Cliffs of Moher zu erkennen. Etwas Vorsicht sollte man im Gipfelbereich allerdings walten lassen und nicht zu nahe an die Ostwand herangehen, denn ein Absturz über die steile Flanke würde erst einige hundert Meter tiefer, im Tal unten, gebremst werden.

Nützliche Informationen

Ausgangspunkt: Faha, eine kleine Gehöftansammlung an der Ostflanke des Brandonmassivs. Von Dingle Town aus über den

Connorpaß und am unteren Ende der Nordrampe nach links in Richtung Cloghane, Brandon und Brandon Peak. Einige hundert Meter nach Cloghane zeigt ein Schild nach links den Berg hinauf mit der gälischen Aufschrift Cnoc Bhreandain. Diese Seitenstraße bis zu ihrem Ende an einem Gehöft hinauf. Hier Parkmöglichkeit. Bitte, falls der Bauer gerade zu sehen ist, um Parkerlaubnis fragen. Er wird zwar keine Einwände haben, freut sich aber auf jeden Fall über ein freundliches »Thank you«. Man kann auch die Nordküste der Dingle-Halbinsel von Tralee aus entlangfahren. Durch Camp, an Castlegregory vorbei, erreicht man Ballyduff. Hier rechts weg nach Cloghane und weiter wie oben.

Gehzeiten: Insgesamt 4½ Stunden. Aufstieg 2½ Stunden. Abstieg 2 Stunden.
Länge der Tour: 7 km.
Höhendifferenz: 760 m.
Verkehrsverbindungen: Busverbindungen von Tralee nach Dingle Town (16 km zum Ausgangspunkt der Wanderung) dreimal täglich. Von Tralee nach Castlegregory (16 km zum Ausgangspunkt der Wanderung) nur freitags zweimal. Busverbindung von Killarney nach Dingle Town im Juli und August einmal täglich.
Unterkunft: B&B's in Cloghane. B&B's und Hotels in Dingle Town und Castlegregory. Jugendherbergen in Dingle Town und Stradbally (3 km vor Castlegregory). Campingplatz in Castlegregory.
Verpflegung: Lebensmittelladen in Cloghane. Volle Verpflegungsmöglichkeiten in Dingle Town und Castlegregory.
Fahrradverleih: Mehrere Verleiher in Dingle Town.
Auskunft: TI-Office in Dingle Town (von Juni bis September geöffnet) und in Tralee (ganzjährig geöffnet).
Weitere Tourenvorschläge: Von Stradbally auf den Stradbally Mountain. Von Dingle auf den Connorpaß. Von Westen (von Ballybrack über die Saint's Road) auf den Brandon Mountain. Rundtour an der Spitze der Halbinsel von Castlegregory. Umrundung der Dingle-Halbinsel auf dem Dingle Way.
Karte: OS-Karte 1:126 720, Blatt 20 (Dingle Bay).
Sonstiges: Irische Volksmusik in den Pubs von Dingle Town. Schöne Strände bei Stradbally und Castlegregory.

20 Vom Slea Head auf den Mount Eagle (517 m)

Aussichtspunkt über der westlichsten Spitze der Dingle-Halbinsel

> *Tourencharakter:* Einfache, nur auf kurzen Abschnitten steilere Bergtour. Einige Zäune, kein Weg und keine Markierungen. Wunderschöne Ausblicke auf Meer, Inseln und die benachbarte Iveragh-Halbinsel.
> *Beste Jahreszeit:* Während des ganzen Jahres möglich.
> *Reine Gehzeit:* 2½ Stunden.

Die Dingle-Halbinsel ist die nördlichste der fünf großen Halbinseln, die sich im Südwesten Irlands weit in die Fluten des Atlantischen Ozeans hinausstrecken. Trotz vieler Touristen hat sie einen Großteil ihres ursprünglichen Charakters bewahren können. Vor allem weit draußen im Westen ist in den meisten Dorfpubs noch oft der eigenartige Klang der alten keltischen Sprache zu hören. Hier befindet sich eines der sogenannten Gaeltacht-Gebiete, für deren Einwohner das

Schafe, wie hier am Mount Eagle, sind meist die einzigen Lebewesen, auf die man in der irischen Bergwelt trifft.

Gälische bis heute Muttersprache geblieben ist. Unterhält man sich mit einem der alten Bauern, kann die Verständigung so manches Mal zum Problem werden, da ihr Englisch mit einem starken Akzent eingefärbt ist.

Die Dingle-Halbinsel ist übersät mit einer Vielzahl steinerner Zeugen der verschiedensten Geschichtsepochen. Gerade am Westzipfel haben selbst Wissenschaftler Probleme, die Unmenge der gefundenen Bauwerke überhaupt zeitlich einordnen zu können. Denn so manche aus Trockensteinmauern erbaute Hütte wurde wohl kontinuierlich über Jahrhunderte genutzt und neue Gebäude in dieser altüberlieferten Bauweise bis ins letzte Jahrhundert hinein errichtet. Auf jeden Fall sollte man sich die Zeit nehmen, einige historische Bauwerke zu besichtigen. Direkt an der Straße, die von Dingle Town, dem Hauptort der Halbinsel, an der Südküste entlang zum Slea Head verläuft, befindet sich das sogenannte Dunbeg Fort. Dieses Promontory Fort stammt aus der Eisenzeit, ist also etwa 2000 bis 2500 Jahre alt. Ein mächtiger Steinwall sperrt zum Land hin eine Halbinsel ab, die zum Meer in senkrechten Klippen abfällt. Im Inneren ist noch eine in Trockenbauweise errichtete Hütte zu sehen. Wer diese Wehranlage errichtet hat, ist bis heute im dunkeln geblieben. Auf jeden Fall kann man sich ohne Schwierigkeiten in schon lang vergessene Kämpfe hineindenken, während man den Eindruck der Anlage auf sich wirken läßt.

Die zweite bauliche Attraktion im Westen der Dingle-Halbinsel ist das frühchristliche Gallarus Oratory. Nordöstlich des Mount Eagle, in der Nähe von Kilmalkedar gelegen, vermittelt es in seiner Schlichtheit den tiefen Eindruck eines wahren Gebetshauses. Wie ein umgekippter Bootsrumpf ragt das kleine Gebäude in den Himmel. Obwohl mörtellos aus aufeinandergeschichteten Steinplatten vor über tausend Jahren errichtet, hat die Zeit nahezu keine Spuren hinterlassen.

Je weiter man nach Westen hinausfährt, desto ungezähmter wird die Landschaft. In der Nähe des Slea Head gräbt sich die Straße in die steilen Hänge, die vom Mount Eagle fast senkrecht zum Meer hin abfallen. Dem Kap vorgelagert befinden sich die wilden, oft von Stürmen umtosten Blasket-Inseln. Bis 1953 war die größte von ihnen bewohnt, ehe die letzten Inselbewohner den Kampf gegen die Unbilden der Natur aufgeben mußten und auf das Festland übergesiedelt wurden. Wer bei schönem Wetter die stille Harmonie der Landschaft rund um Slea Head bewundert, der vermag sich kaum vorzustellen, welche ungezähmten Naturgewalten der weite Atlantik gerade während der Winterstürme hier entfesseln kann. So manches Wrack an den steilen Küsten legt davon ein beredtes Zeugnis ab, und selbst einige Schiffe der großen spanischen Armada fanden an den Klippen in der Nähe des Kaps mitsamt ihrer Besatzung ihr Ende.

Den weitaus schönsten Blick auf die Landschaft am westlichen Ende der Dingle-Halbinsel genießt man ohne Zweifel vom Mount Eagle, der das Kap von Slea Head direkt überragt.

Der Wegverlauf

Wir überqueren vom Parkplatz aus rechtshaltend die Straße und erklettern die kurze, steile *Straßenböschung*. Direkt oberhalb befindet sich eine niedrige *Steinmauer*, die wir hier ohne Probleme übersteigen können. Über den steilen Hang halten wir schräg *links* aufwärts auf eine halbverfallene *Steinhütte* unter einem großen Felsen zu. An dieser Steinhütte vorbei steigen wir weiter linkshaltend hinauf und erreichen bald eine *zweite Steinmauer* mit Zaun, die allerdings hier noch zu hoch ist, um sie zu übersteigen. Wir folgen der Mauer *nach links* und überqueren sie am besten dort, wo sie etwa 100 Meter, bevor von links unten ein weiterer Zaun heraufkommt, einen kurzen *Knick* macht.

Die beim Wandern in Irland häufig auftretenden Anfangsschwierigkeiten sind nun gemeistert. Wir stehen in freiem Gelände und können den Blick zurück auf die Iveragh-Halbinsel, um die der Ring of Kerry verläuft, und die markanten Felstürme der ihr vorgelagerten Skelling-Inseln genießen.

In der Nähe vom Slea Head hat ein Sturm dieses Schiff an die Felsküste gedrückt. Im Hintergrund erkennt man die Blasket-Insel.

Westlich unter dem Beenacouma liegt die weitgeschwungene Coumeenoole Bay.

Über uns befindet sich ein *Hügel*, auf dessen Gipfel wir direkt zusteigen. Oben angelangt, erreichen wir einen *Zaun*, der an der Hangkante nach oben verläuft und dem wir auf *Steigspuren* an seiner rechten Seite folgen. Von hier können wir den phantastischen Blick hinunter auf das Mosaik der Steinmauern rund um die Häuser von Coumeenoole genießen. Dahinter glänzen die glattspiegelnden Felsen des Dunmore Head. Das Festland löst sich in die Vielzahl der Inseln rund um Great Blasket auf, ehe sich die Fläche des Atlantischen Ozeans ohne Hindernis über Tausende von Kilometern bis zum nordamerikanischen Kontinent hin ausbreitet.

Über uns liegt eine *felsige Kuppe*, die wir immer rechts des Zaunes schnell erstiegen haben. Von hier führt der Weiterweg entlang der zaunbewehrten *Steinmauer* hoch auf den nächsten *Hügel*. Vom kleinen Steig aus genießen wir die wunderschönen Blicke über die felsige Südküste. Auch hier breiten sich oberhalb der verstreut liegenden Gehöfte steinmauerverzierte Felder aus. Sieht man genau hin, sind in den Wiesen kleine Steinbauten aus längst vergangenen Zeiten zu erkennen, sogenannte Bienenkorbhütten und Cloghans.

Oben auf dem Hügel versperrt eine *Steinmauer* den Weiterweg, die wir überklettern müssen, bevor wir auf den felsigen Gipfel des *Beenacouma*, den Vorgipfel des Mount Eagle, zusteigen können. Entlang einer alten, halbverfallenen Steinmauer passieren wir die Überreste einiger *Cloghans*. Die Mauer löst sich am Gipfelhang des Beenacouma auf, und wir müssen uns für ein kurzes Stück durch ein Heidekraut- und Felstrümmergewirr den Weg nach oben suchen.

Vom Gipfel verlaufen wieder Steigspuren in Richtung des *Mount Eagle*. Die Blasket-Inseln liegen schon tief unter uns, und hinter Great Blasket taucht die beeindruckend scharf geschnittene Spitze der Tearaght-Insel auf. Entlang der Überreste einer *alten Steinmauer* und später eines Grabens gehen wir nun bequem über einen *Vorgipfel* hinauf zum *Hauptgipfel des Mount Eagle*. Nur eine etwas sumpfige Stelle am Vorgipfel nötigt uns noch etwas Vorsicht ab, um trockenen Fußes unser Ziel zu erreichen.

In Gipfelnähe erfährt die Aussicht noch einmal eine ungeahnte Steigerung. Der Blick weitet sich nach Norden auf die faszinierende Klippenlandschaft rund um den Sybil Point, in Irland ein bekanntes Kletterzentrum. Östlich schließen sich die drei unverkennbaren Küstenberge der Three Sisters und die riesige Bucht von Smerwick Harbour an. Im grünen Landesinneren liegen kleine, weiße Dörfer verstreut, und man glaubt sich bei schönem Wetter fast nach Griechenland versetzt. Dahinter thront der wuchtige Gebirgszug des massigen Brandon Mountain.

Gehen wir am *Vermessungszeichen* auf dem Gipfel des *Mount Eagle* vorbei, noch ein kurzes Stück Richtung *Nordosten*, können wir ins Kar mit dem schönen *Mount Eagle Lake* hinunterschauen. Im Hang hinter dem See ist deutlich die Zickzackspur einer alten Straße zu erkennen, auf der der Ostanstieg auf den Mount Eagle von Kildurrigh aus verläuft. Auch von Nordwesten, von Dunquin, führt einer dieser alten Wege, die wohl früher für den Torfabbau genutzt wurden, in Richtung des Mount Eagle. Der Nachteil dieser Anstiege ist allerdings, daß man sich der Ausblicke über das Meer und die vorgelagerten Inseln beraubt. Wer aber ohne eigenes Fahrzeug unterwegs ist, dem bieten diese Wege die Möglichkeit, eine Überschreitung des Mount Eagle auszuführen.

Zurück auf dem Gipfel, können wir unter uns im Südwesten den Gipfel des Beenacouma sehen, über den wir, der Aufstiegsspur folgend, wieder zum *Ausgangspunkt absteigen*. Wie auf einer freistehenden Insel, links die Dingle Bay und vor uns und im Norden der Atlantische Ozean, gehen wir immer in Richtung der markanten Skellig-Inseln abwärts.

Nützliche Informationen

Ausgangspunkt: Parkbucht ca. 200 m vom Slea Head entfernt an der R559 in Richtung Dingle. Fährt man von Richtung Ventry (ca. 8 km) und Dingle (ca. 17 km) zum Slea Head, so sieht man vom kleinen Parkplatz aus zum erstenmal während der Fahrt zu den Blasket-Inseln hinaus. Aus Richtung Dunquin kommend ist es die erste Parkbucht nach dem madonnengeschmückten Slea Head (ca. 4 km).
Gehzeiten: Insgesamt 2½ Stunden. Aufstieg zum Gipfel 1½ Stunden. Rückweg 1 Stunde.
Länge der Tour: Ca. 6 km.
Höhendifferenz: 450 m.
Verkehrsverbindungen: Busverbindungen zum Slea Head fünfmal pro Woche ab Dingle Town, nur von Ende Juni bis Anfang September. Busverbindungen nach Dunquin zwei- bis dreimal täglich ab Dingle Town. Busverbindung nach Dingle Town dreimal täglich ab Tralee am Ostende der Dingle-Halbinsel. Im Juli und August tägliche Busverbindung zwischen Killarney und Dunquin.
Unterkunft: Einige B&B's an den Zufahrtsstraßen zum Slea Head, größeres Angebot in Dunquin, Ventry und Dingle Town. Jugendherbergen in Dunquin, Ventry und Dingle.
Verpflegung: In Dunquin, Ventry und die größte Auswahl in Dingle Town.
Fahrradverleih: Mehrere Vermieter in Dingle Town.
Sehenswürdigkeiten: Dunbeg Promontory Fort an der Verbindungsstraße Dingle Town – Slea Head; Gallarus Oratory nahe Kilmalkedar nordwestlich von Dingle Town. Great Blasket Island (Überfahrt im Sommer bei ruhiger See mehrmals täglich).
Auskunft: TI-Office in Dingle Town (von Juni bis September geöffnet).
Weitere Tourenvorschläge: Wanderung auf Great Blasket Island. Wanderung zum Sybil Point. Wanderung auf den Brandon Mountain von Westen über die Saint's Road. Umrundung der Dingle-Halbinsel auf dem Dingle Way.
Karte: OS-Karte 1:126 720, Blatt 20 (Dingle Bay).
Sonstiges: Ausgezeichnete Strände im Ventry Harbour und im Smerwick Harbour. Gute Surfmöglichkeiten vor allem im Smerwick Harbour. Kletterfelsen rund um Sybil Point. Vor allem in Dingle Town, aber auch in den Pubs der kleineren Orte in der Umgegend abends oft irische Volksmusik.

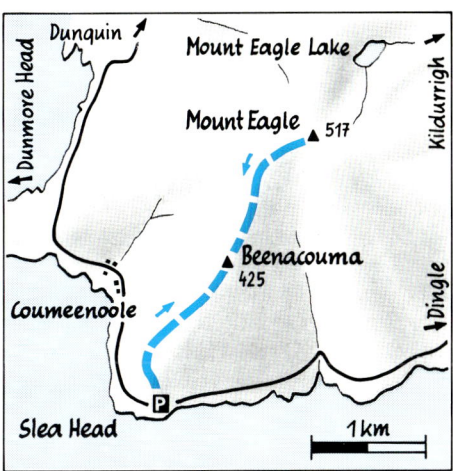

Wanderungen im Westen (Clare, Galway, Mayo)

21 Vom O'Brien's Tower entlang der Cliffs of Moher zum Hag's Head

Der Weg am Abgrund

Tourencharakter: Einfache Wanderung immer in der Nähe der Kliffkante. Keine Markierungen, aber nicht zu verfehlen. Vorsicht an der Abbruchkante, vor allem bei starkem Wind.
Beste Jahreszeit: Das ganze Jahr über möglich.
Reine Gehzeit: 3 Stunden.

Die Cliffs of Moher bieten eines der berühmtesten und von der Natur am besten inszenierten Landschaftsbilder in Irland. Durch grüne Wiesen, auf denen Kühe und Pferde weiden, führt die Straße sanft ansteigend hinauf zum Besucherzentrum. Nie würde man vermuten, daß man sich nur wenige Meter von einem Naturschauspiel entfernt befindet, in dem sich die ganze Dramatik der irischen Landschaft offenbart.
Mit der Masse der übrigen Besucher, 500 000 sollen es jährlich sein, schlendert man, vorbei an Eisverkäufern und berieselt mit lauten Folkloreklängen, zu den nahen Kliffabbrüchen. Schon will sich Enttäuschung breitmachen, aufgrund des Touristenrummels und der noch immer so unerwartet undramatischen Landschaft. Doch urplötzlich steht man an der Abbruchkante der Kliffs, die einen sofort in ihren Bann ziehen.
Das Gros der Besucher schlägt den gepflasterten Weg zum nahen O'Brien's Tower ein. Nur wenige Schritte sind es hinunter zur großen Sandsteinplattform, an deren Rand man nichts als Luft zwischen sich und dem fast zweihundert Meter tiefer gelegenen Meer hat. Vor allem bei stürmischem Wetter sollte man nicht zu nahe an die Kante herangehen, denn kein Zaun ist angebracht, der einen Absturz verhindern könnte.
Wie für die Ewigkeit geschaffen reihen sich bis zum fünf Kilometer entfernten Hag's Head die Kliffvorsprünge auf. Doch nichts in der Natur ist für die Ewigkeit gebaut und so nagen die Wellen beständig an den steilen Felsen und beißen sich Stück für Stück ab.
Vor 400 bis 350 Millionen Jahren wurden die Gesteine, die das Kliff aufbauen, Schicht auf Schicht abgelagert. Später wurden sie gehoben und der Erosion ausgesetzt. Doch nicht immer branden seit jener Zeit die Meereswellen gegen diese Mauer. Immer wieder drang das Meer vor oder zog sich zurück. Während der letzten Eiszeiten, als weltweit viel Wasser in Form von Eis gebunden war, lag der Meeresspiegel fast hundert Meter tiefer als heute. So gehen erst während der letzten 20 000 Jahre die Wellen wieder ihrer zerstörerischen Beschäftigung nach. Und immer wieder brechen Teile der Kliffs ab.
Die vielen Nischen, die zwischen den unterschiedlich harten Gesteinsschichten eingelagert sind, bieten acht verschiedenen Gattungen von Seevögeln ideale Nistplätze. Die weißen Guanostreifen zeigen deutlich die Brutkolonien an, in denen vor allem im Frühjahr und Frühsommer Hochbetrieb herrscht. Die eindeutigen Lieblinge der vielen Besucher sind dabei die witzigen Papageientaucher.
Schon in der Steinzeit hielten sich Menschen in der Umgebung der Kliffs auf. Später, um die Zeitwende, entstand am vorgeschobenen Hag's Head ein Promontory Fort, das für die Namengebung der Kliffs Pate stand. Mothar Ui Ruain wurde diese Stelle später genannt, übersetzt etwa »O'Ruan's zerstörtes Fort«.
Später wurden die plattigen Gesteine am oberen Kliffrand als Werksteine genutzt, wovon noch einige Steinbrüche auf dem Weg zum Hag's Head zeugen. Der Turm direkt am Head wurde erst 1808 als Ausguck gegen eine erwartete Invasion napoleonischer Truppen errichtet.
Cornelius O'Brien war Mitte des 19. Jahrhunderts der erste, der die touristischen Möglichkeiten dieser Landschaft erkannte. Er errichtete den nach ihm benannten Turm am Aussichtspunkt, nahe dem heutigen Parkplatz,

von dem aus die ersten Touristen in luxuriöser Umgebung die Aussicht auf die Kliffs genießen konnten.

Heute sind die Cliffs of Moher einer der Punkte, die auf dem Programm fast eines jeden Irlandurlaubers stehen. Doch ihr Ziel ist meist nur der O'Brien's Tower, und auf dem Weg zum Hag's Head trifft man überraschenderweise nur ganz selten auf andere Menschen.

Der Wegverlauf

Vom Parkplatz am *Besucherzentrum* gehen wir auf dem breiten Weg mit der Masse der übrigen Besucher vor bis an den Rand der Klippen. Eine braune *Sandsteinplattform* liegt unter uns, die überhängend zum gut 150 Meter tieferliegenden Meer abbricht. Eine atemberaubende Aussicht bietet sich von dort, aber Vorsicht ist geboten, denn kein Geländer schützt hier den Wagemutigen vor einem tödlichen Absturz.

Der Weg zum *Aussichtspunkt am O'Brien's Tower*, auf dem sich die Besucherströme kanalisieren, führt nach rechts hoch. Wir aber überklettern eine *Mauer* und ersteigen auf einem *deutlichen Pfad* den Hügel links der großen Sandsteinplatte. Noch vor wenigen Jahren verlief er näher am brüchigen Klippenrand. Heute endet diese alte Spur abrupt an einer frischen Abbruchstelle. Ein prägnantes Zeichen der ständigen Veränderungen am Kliff und eine deutliche Warnung für uns, nicht zu nahe an die Abbruchkante zu gehen.

Mit nur noch wenigen Leuten müssen wir hier die Aussicht teilen. Im Norden erhebt sich das Kliff fast 200 Meter hoch, und obenauf steht der *O'Brien's Tower*, zu dem sich der bunte Bandwurm der Ausflügler hochzieht. Auf dem davorliegenden Felskamm, dem *Goat Island*, tummeln sich die Seevögel, und links durchsticht die *Branaunmore* genannte Felsspitze die Wasserfläche des Atlantiks. Weit im Norden verschwimmen die

Unterhalb des O'Brien's Tower trotzt dieser Felsturm der Brandung.

Folgende Abbildung:

Immer entlang der Abbruchkante der Cliffs of Moher läuft der Weg zum Hag's Head.

Aran Islands zu einer einzigen Insel, über die die Berge von Connemara spitzen.

Auf unserem *Weiterweg nach Süden* ist zuerst eine Steinmauer zu überklettern, ehe wir entlang von Zäunen und der eigenartigen Steinmauern, die nur aus aufgerichteten Steinplatten und einem Erdwall bestehen, den *nächsten Hügel* erreichen. Wir haben meist die Möglichkeit, entweder knapp an der Abbruchkante zu wandern oder einige Meter im Landesinneren, hinter den Sicherheit versprechenden Mauern und Zäunen. Auf jeden Fall aber vermeiden wir es, die mühsam aufgerichteten Abgrenzungen, die das weidende Vieh vor einem Absturz bewahren sollen, beim Überklettern zu beschädigen.

Mit 179 Metern erreichen auf dem nächsten Hügel, dem *Mothar a Thairbh (Bullenkliff)*, die Cliffs of Moher ihre größte Höhe entlang unserer Wanderung zum Hag's Head. Wild umschäumt das Meer einige Felsen, die tief unten vor den Kliffs liegen und deren verborgene Spitzen schon manchem Boot zum Verhängnis wurden. Nur der *Donald's Rock* ragt unübersehbar aus den Wellen.

Immer auf dem deutlichen *Trampelpfad*, durch einen ersten *Steinbruch*, setzen wir unseren Weg nach Süden fort. An einigen Kliffbiegungen bieten sich gute Einblicksmöglichkeiten in die *Brutkolonien* der verschiedenen Vogelarten, die sich bis zur Oberkante der Kliffs hochziehen. Teilweise wirklich zum Greifen nahe sitzen die Vögel in ihren spärlichen Nestern. Nicht umsonst heißt dieser Abschnitt *»Cliffs of the Birds«*, das Vogelkliff.

Bunt blühen im trockenen Gelände entlang der Kliffs verschiedene Blumen, und links schneidet sich hinter den grünen Weiden der Kliffhügel die Bucht von Liscannnor tief ins Land. Südlich erstreckt sich der Küstenverlauf bis zur Mündung des Shannon, und die klare Sicht am heutigen Tag läßt uns den Brandon Mountain auf der Dingle-Halbinsel erahnen. Auf halbem Weg zum Hag's Head erreichen wir den *Branaunbeg* genannten Hügel, vor dem die Wellen um die Bootsfallen der nahe der Wasseroberfläche versteckten Riffs spielen.

Ganz unmerklich verlieren die Kliffs allmählich an Höhe, aber immer noch trennen uns gut hundert Meter von der Wasserfläche des Meeres. Ein weiterer kleiner *Steinbruch*, von dem eine Straße nach links ins Landesinnere führt, liegt auf dem Weg. Das *Hag's Head* vor uns zieht mit seinen filigranen Felstürmen ins Meer hinaus. Noch ein Stückchen näher zu uns durchbricht ein schöner *Naturbogen* den senkrechten Wall der Kliffs und weiße Streifen zeigen uns an, daß sich dort eine größere Vogelkolonie befindet.

Im jetzt folgenden größeren *Steinbruch* am Weg können wir uns die wie die Seiten eines Buches übereinanderliegenden Steinplatten genauer betrachten. Nur zentimeterdick sind sie, und auf ihrer Oberfläche tragen sie eine Zeichnung, die uns wie eine alte Schrift erscheint. Entstanden sind diese »Buchstaben« durch Tiere, die sich vor über 300 Millionen Jahren ihren Weg durch den frisch abgelagerten Schlick bohrten, ehe dieser zu festem Stein umgewandelt wurde.

Nach dem Steinbruch können wir durch den nun schon nahen Naturbogen sehen, und ein frischer Wind treibt die Gischt der Meeresbrandung zu uns herauf.

Immer in leichtem Auf und Ab über die kleinen Hügelchen an der Kliffkante, vorbei an zwei weiteren kleinen *Steinbrüchen*, errei-

Nördlich des Hag's Head durchbricht ein Naturbogen die Kliffwände. Die Felsvorsprünge werden von einer Vogelkolonie bevölkert.

Ein alter Wachturm überragt das Hag's Head, das im Frühjahr von einem bunten Blumenteppich überwuchert wird.

chen wir den kurzen Hang, der uns zum Tower am *Hag's Head* hinaufführt.
Die »Cliffs of Moher«, die sich von hier auf einer Länge von acht Kilometern nach Norden ziehen, bieten vom *Turm* aus einen überwältigenden Anblick. Vom Hag's Head nach Süden, in Richtung Liscannor Bay, nimmt die Höhe der Kliffs schnell ab.
Zum Meer hinunter streicht ein mit Felstürmen besetzter *Kamm*, auf dem wir, ein *schmales Steiglein* benutzend, noch ein wenig absteigen. Durch eine *Schlucht*, die einen großen Felsturm spaltet, gelangen wir zu der eigenwillig geformten *Felsspitze*, dem das Kap seinen Namen verdankt. Wirklich wie eine versteinerte Hexe starrt der Turm hinaus aufs Meer. In zunehmend schwierigem Gelände klettern wir noch bis zu einer Felsplattform am Kap, nur 30 Meter über der Wasserfläche. Unter uns tobt das Meer, und erst am nächsten Tag sehen wir vom Hafen von Doolin aus, daß wir hier auf dem Dach eines Naturbogens standen.
Als wir über die eigenartig verwitterten Felsen und durch die bunten Blumenteppiche wieder nach oben zum Turm steigen, kreuzt ein herrlich roter Fuchs unseren Weg. Noch lange bleiben wir anschließend, an den alten Tower gelehnt, sitzen und lassen uns die steife Brise durch die Haare wehen. Kein Mensch stört hier, nur fünf Kilometer vom Massenauflauf am O'Brien's Tower entfernt, unsere Ruhe.

Nützliche Informationen

Ausgangspunkt: Der große Parkplatz in der Nähe der Kliffkante.
Gehzeiten: Insgesamt 3 Stunden. Vom Ausgangspunkt zum Hag's Head 1½ Stunden; Vom Hag's Head zurück zum Ausgangspunkt 1½ Stunden.
Länge der Tour: 10 km.
Höhendifferenz: Ca. 100 m.
Verkehrsverbindungen: Während der Sommermonate (Juli und August) mehrmals täglich Busse von Limmerick über Lahinch und Liscannor zum Besucherzentrum an den Kliffs und weiter nach Doolin. Während der übrigen Monate fünf Busse wöchentlich. Im Juli und August mehrmals täglich Busse von Galway nach Doolin sowie mehrmals wöchentlich Busse von Dublin nach Doolin und Lahinch. Im Juli und August wochentags ein Bus von Galway nach Lahinch.
Unterkunft: Hotels und B&B's in Lahinch, Liscannor und Doolin. Jugendherbergen in Liscannor (beide Independent) und in Doolin (zwei Independent und ein Budget). Campingplätze in Lahinch, Liscannor und Doolin.
Verpflegung: Lebensmittelgeschäfte und Restaurants in Liscannor und Doolin.
Fahrradverleih: In Doolin (Doolin Hostel) und Lahinch.
Sehenswürdigkeiten: Schöner, langer Strand in Lahinch.
Auskunft: TI-Office im Besucherzentrum an den Cliffs of Moher.
Weitere Tourenvorschläge: Von Doolin über die Cliffs of Moher bis nach Liscannor (20 km entlang der Kliffs).
Karten: OS-Karte 1:126 720, Blatt 14 (Galway Bay).
Sonstiges: Doolin ist eines der Zentren für irische Folkmusik. In den Pubs ist immer etwas los. Von Doolin starten Fähren hinüber zu den Aran-Inseln.

22 Von Fanore durch die Burren

Der einsame Weg durch den irischen Karst

> *Tourencharakter:* Der erste Teil bis zum Caher River zumeist weglos und keine Markierungen. Der zweite Teil auf dem markierten Burren Way und auf kaum befahrener Straße. Die Tour kann im Caher-Tal problemlos unterbrochen werden. Der erste Abschnitt bis zum Ringfort oberhalb des Black Head ist gut mit Kindern zu begehen.
> *Beste Jahreszeit:* Das ganze Jahr über möglich.
> *Reine Gehzeit:* 6 Stunden.

Zwischen den Cliffs of Moher im Süden und der großen Galway Bay im Norden erstreckt sich die wohl eigenartigste und für Irland untypischste Landschaft, die Burren. Der Name leitet sich vom Wort *boireann* ab, das soviel wie felsiger Platz bedeutet. Kürzer kann man die Eigenart dieses Gebietes nicht beschreiben. Zum großen Teil verkarstet, leuchtet der helle Kalkstein von den Hügeln der Burren. Wie zerlaufener Teig, der zu Stein erstarrte, wirken die seltsamen Berge.

Vor über 300 Millionen Jahren begann die Geschichte der Burren. Kalkhaltige Sedimente wurden damals in ein tropisches Meer abgelagert, das sich an der Stelle des heutigen Irland ausdehnte. Später verfestigten sich diese Ablagerungen und wurden gehoben. Ab diesem Zeitpunkt waren die weiten Kalkflächen der Erosion preisgegeben. Täler gruben sich in den Fels, Wind und Wetter trugen die Gipfel ab, und Wasser löste den Kalkstein und spülte Höhlen im Untergrund aus.

Während der Eiszeit drangen die großen Gletscher Connemaras über die Galway Bay bis in die Burren vor. Ihr Schmelzwasser schuf neue Höhlen oder weitete die schon vorhandenen aus. Sie schliffen die Kalkberge ab und hinterließen hier Gesteinsblöcke aus weit entfernten Gebieten. In Mulden und Tälern lagerten sie Gesteinsschutt ab, der heute an manchen Stellen den sonst wasserdurchlässigen Untergrund abdichtet. Der Caher River, der als einziger Fluß der Burren bei Fanore ins Meer mündet, verdankt seine Existenz einer solchen glazialen Talverfüllung.

Nach der Eiszeit bildeten sich auf den Hügeln der Burren Böden, die einem lichten Wald, zumeist aus Kiefern bestehend, die Grundlage für Wachstum boten. Diese anziehenden, lichtdurchfluteten Wälder lockten dann um 3000 v. Chr. die ersten Menschen in die Burren. Steinzeitmenschen siedelten sich hier an und begannen die Wälder abzuholzen. Von dieser Besiedlungsphase zeugt noch heute eine Vielzahl neolithischer Gräber, darunter der Poulnabrone-Dolmen, einer der schönsten seiner Art in Irland.

Durch die zunehmende Besiedlung und die damit einhergehende Waldzerstörung wurde dann die Umweltkatastrophe eingeleitet, die das heutige Bild der Burren nachhaltig prägt. Die empfindliche Bodenkrume wurde ihres schützenden Bewuchses beraubt, abgespült, fortgeweht. Die Überweidung trug das Ihrige zur Verkarstung bei.

Verstärkt wurden diese Vorgänge um die Zeitenwende, als das Gebiet von keltischen Bauern dicht besiedelt und stark genutzt wurde. Noch heute zeugen Hunderte von Ringforts, ein jedes Sitz eines Landwirtschaft treibenden Familienclans, davon. Viele dieser wehrhaften Wohnanlagen liegen jetzt in verkarsteten Steinwüsten, weit entfernt von jeglicher Weidemöglichkeit.

Seit frühchristlicher Zeit entstanden viele kleine und große Kirchen, Hochkreuze und Burgen, die meist einsam gelegen auf ihre Entdeckung warten. Sogar ein Bischofssitz wurde in Kilfenora gegründet, der vom wohl bekanntesten Bischof weltweit geleitet wird, denn offiziell steht der Papst dem kleinen Bistum vor.

Zur Zeit Cromwells, als die Iren schweren Verfolgungen ausgesetzt waren, boten die Burren schon ihr heutiges Erscheinungsbild. Denn nur so ist der martialische Ausspruch eines der Führer der cromwellschen Truppen zu erklären: »Hier gibt es weder Bäume, um einen Mann daran aufzuhängen, noch genug Wasser, um ihn darin zu ertränken, noch genug Erde, um ihn begraben zu können.«

Kein Wunder, daß dieser Landstrich in den Hungerjahren des letzten Jahrhunderts be-

sonders hart getroffen wurde. Viele kleine Dörfer wurden damals verlassen und stehen heute halbverfallen und efeuüberwachsen an den Berghängen.

Wer in den Burren auf Entdeckungsreise gehen möchte, der wird sowohl von der herben Schönheit der Landschaft begeistert sein als auch von der Vegetation. Auf engstem Raum wachsen hier arktische, alpine und mediterrane Pflanzen nebeneinander. Und auch wer sich für Geologie und Höhlen interessiert, kommt in den Burren voll auf seine Kosten. Eine perfekte Einführung in die Geschichte und Eigenart dieser Landschaft bietet das Burren Display Center in Kilfenora.

Der Wegverlauf

Vom *großen Parkplatz* gehen wir wieder zur Straße zurück und auf dieser nach links, in Richtung *Black Head*. Nach etwa 500 Metern überqueren wir den *Caher River* und verlassen nach weiteren 250 Metern die Straße bei erster Gelegenheit nach *rechts*, auf einer *Schotterstraße*. Diese Straße gehen wir bergauf, bis sie bei einem neuen Haus zur Rechten nach rechts abbiegt. In ihrer geraden Verlängerung beginnt die *Green Road*, der alte Weg um das *Black Head*.

Wir überklettern die niedrige *Steinmauer* am Beginn des alten Pfades, der anfänglich noch stark zugewachsen ist. Die ersten Meter gehen wir noch oberhalb der Green Road, deren Verlauf aber schon klar erkennbar ist, denn zu beiden Seiten wird sie von hohen Steinmauern begrenzt. Rechts zieht die typische Burrenlandschaft zu den Gipfeln: glatte Kalkflächen, über die Steinmauern verlaufen und die immer wieder von Steilabbrüchen unterbrochen werden.

Fast *eben* wandern wir über die grünen Matten, die die alte Straße bedecken, *nach Norden*. Einige Steinmäuerchen queren unseren Weg, über dessen Verlauf aber nie Zweifel aufkommen können. Auf halber Strecke zum Black Head ziehen die Karrenflächen, auf denen die Eiszeitgletscher viele Findlings-

Die Ruine des keltischen Ringforts oberhalb des Black Head hebt sich kaum von den grauen, verkarsteten Kalkflächen der Burren ab.

blöcke hinterlassen haben, unter uns bis zur blauen Fläche des Meeres. Auf der Nordseite der Galway erheben sich die Kegel der Twelve Bens und rechts anschließend der imposante Block der Maumturk Mountains, und im Westen liegen weit draußen im Meer die drei Aran-Inseln.

Kurz vor dem *Black Head* wird der Hang, den wir entlangwandern, zusehends steiler. Doch die alte Straße quert ihn immer in *gleichbleibender Höhe*. Rechts des Weges entspringt zwischen Kalkplatten in einer Eichen- und Farnkrautwildnis eine ergiebige *Karstquelle*, und kurz darauf steigt die alte Straße unterhalb eines Felsabbruches auf wenigen Metern steiler an.

Auf dem anschließenden Flachstück wandern wir nur noch kurz weiter und verlassen dann die Straße nach rechts. Unser Ziel ist der *runde Hügel* rechts über der Straße, an dessen rechter Seite ein *Steinmann* zu erkennen ist. Aus den Spalten der verkarsteten Felsplatten sprießt die bunte Pracht der Burrenblumen, und ab und zu hüpft ein aufgeschrecktes Kaninchen auf, um sich einen neuen Unterschlupf zu suchen.

Oben auf dem runden Hügel beginnt eine weite Karrenfläche, in deren Mitte sich das *Cathair Dhuin Irghius (Ringfort des Irghius)* befindet.

Über die Karstfläche, die von einem engmaschigen Netz von Rissen durchzogen ist, erreichen wir schnell das alte *Steinfort*. Rund um das Fort stecken spitze Steinplatten in den Gesteinsspalten, die vielleicht schon von den keltischen Erbauern zur Abwehr von Angreifern plaziert wurden. Am Ringfort sind die Jahrhunderte seit seiner Errichtung nicht spurlos vorübergegangen. Dennoch geben die Mauerreste einen guten Eindruck der ursprünglichen Anlage. Zum Teil ist der Wall noch an die vier Meter hoch und der Rundlauf im Inneren deutlich zu erkennen. Einen herrlichen Ort haben sich die Erbauer für ihr Fort ausgesucht. Die blaue Fläche des Meeres ist weithin zu überblicken, und die eigenartigen, hellen Karstflächen laufen bis fast zum Strand von Fanore hinunter. Alte Steinmauern teilen, mittlerweile sinnlos geworden, das unfruchtbare Land auf.

Unser nächstes Ziel, der mit Steilstufen garnierte *Nordwestgipfel des Gleninagh Moun-*

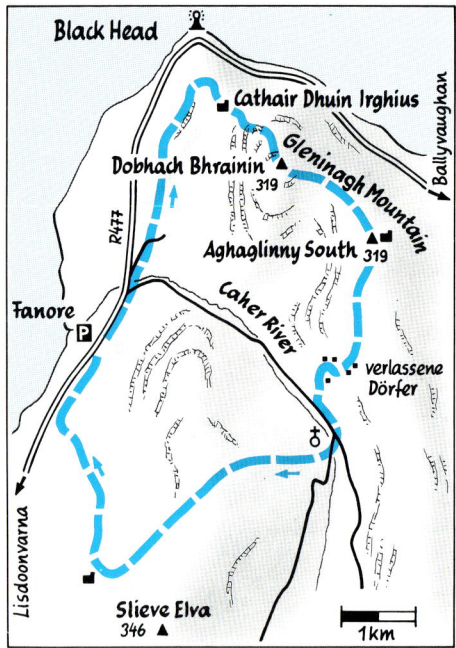

tain, ragt über dem Fort auf. An der schwächsten Stelle der Felsabbrüche über dem Fort durchzieht eine *Steinmauer* den Hang. Über die flachen Karrenfelder *südöstlich des Forts*, eine querende, wacklige Steinmauer überkletternd, erreichen wir den Steilabbruch. Hier folgen wir problemlos der rechts aufwärtsführenden Steinmauer.

Wir erreichen ein kleines Kalkplateau, von dem aus wir, immer in *südöstlicher Richtung*, auf den noch nicht sichtbaren Gipfel zuwandern. Immer wieder wechseln sich kurze *Steilabbrüche*, die sich allesamt leicht überwinden lassen, mit *flachen Karrenfeldern* ab, ehe wir den großen *Steinhügel* auf dem in gälischer Sprache *Dobhach Bhrainin* genannten *Nordwestgipfel des Gleninagh Mountain* erblicken.

Dieser künstlich aufgeschüttete Hügel ist hier im flachen Gipfelbereich eine nicht zu verfehlende Landmarke. Ob er die Stelle eines alten Grabes markiert, können nur Ausgrabungen endgültig klären. Vom Hügel haben wir die vielleicht schönste Aussicht auf unserer heutigen Wanderung. Im Süden und Osten liegen die seltsamen Burrenberge, die wie überdimensionale, verlaufene Teigstücke aussehen. Im Südwesten stürzen die unnahbaren Cliffs of Moher steil ins Meer, und im Nordosten zieht die Galway Bay weit ins Land.

Im *Südosten* liegt unser nächstes Ziel vor uns, der *Ostgipfel des Gleninagh Mountain*, der auch den Namen *Aghaglinny South* trägt. Auf seinem breiten Gipfelplateau ist nicht nur aufgrund seiner exponierten Lage eines der ungewöhnlichsten *Ringforts* in den Burren. Nicht rund wie sonst üblich, sondern oval ist sein Grundriß, und seltsamerweise ist es nicht aus Steinen aufgeschichtet, wie seine Lage in dieser Felswüste vermuten ließe, sondern aus Erde.

Über den *Sattel*, der uns vom nächsten Gipfel trennt, wandern wir auf lockeren Kalkplatten nach *Osten*. Schnell erreichen wir den *steilen Hang*, den wir rechtshaltend zum *Aghaglinny Mountain* erklettern. Vom *Ringfort* wenden wir uns nach *rechts (Süden)* und marschieren über den breiten Rücken auf eine *flache Kuppe* mit einer Steinmauer obenauf zu. Tückische Spalten sind hier vom Gras, in dem eine Vielzahl Orchideen wächst, überwuchert, und wir müssen sorgfältig auf jeden Schritt achten. Durch den Einschnitt des *Caher-Tales* leuchtet die blaue Wasserfläche des Meeres herauf, und eine Herde Ziegen bedient sich am seltenen Grün.

Auf dem nächsten Hügel überklettern wir die Steinmauer und halten uns anschließend *oberhalb der Mauern* auf der rechten Seite des Rückens, der das *Caher-Tal* östlich begrenzt. Das grüne Tal liegt rechts unter uns, und bald können wir die Ruinen eines *verlassenen Dorfes* erkennen, das auf halber Hanghöhe zwischen Laubbäumen liegt.

Wir marschieren noch für kurze Zeit *an der Mauer entlang*, bis wir sie *nach rechts* überqueren und im steilen Hang leicht abwärts bis zu einer weiteren Steinmauer wandern, die uns in *Fallinie* zum *verlassenen Dorf* hinunterführt.

Während der großen Hungersnot und den darauffolgenden Auswanderungswellen wurde diese Ansiedlung verlassen. Eine seltsame Stimmung überkommt uns zwischen den efeuüberrankten *Ruinen*, in denen vor gut hundert Jahren Elend und Hunger ihre Opfer forderten.

Am unteren Ende des großen Platzes zwi-

schen den Ruinen durchqueren wir das rechte der beiden *Metalltore*. Nun wenden wir uns nach *rechts* und gehen an zwei Durchlässen durch die nächsten *beiden Steinmauern*. Anschließend müssen wir, immer den Hang ungefähr *auf gleicher Höhe* querend, noch zweimal niedrige Mauern überklettern, ehe wir auf einen *deutlichen Weg* gelangen.
Nur wenige Meter müssen wir noch nach *links* hinuntergehen, um in ein weiteres *verlassenes Dorf* zu gelangen. Friedvoll liegen die grün überwucherten Ruinen zwischen schattenspendenden Bäumen. Ein Ort, der zum Verweilen und Meditieren einlädt.
Ein *schöner Weg* führt uns in Serpentinen in das Tal des *Caher River* hinunter. Bei einer *Farm* entspringt eine ergiebige *Karstquelle*, in der sich Gänse laut schnatternd ihres Lebens freuen. Auf dem *Zufahrtsweg* der Farm haben wir nur noch wenige hundert Meter vor uns bis zur *Teerstraße im Caher-Tal*.
Von dieser rechts hinunter sind es noch drei Kilometer bis nach Fanore, doch wir wollen auch die Hügelkette südwestlich des Tales auf dem Burren Way überqueren.
Dazu wenden wir unsere Schritte auf der Straße nach *links*, talaufwärts. Nach etwa 300 Metern treffen wir auf einen Markierungspfahl des *Burren Way* und gehen dort *rechts* auf einem Sträßlein zum *Caher River* hinunter. Auf der gegenüberliegenden Seite des Flusses verlassen wir die Straße nach *rechts*, einem Schild mit der Aufschrift *Green Road* folgend. Rechts unseres Weges stehen wieder einige *Ruinen*, darunter eine kleine Kirche, die bis 1870 in Gebrauch war.
Zu Beginn ist der Weg stark mit Büschen und Bäumen überwuchert, und nur gebückt kommen wir hier vorwärts. Doch schon nach wenigen Metern liegt die alte *Green Road* vor uns, die in Kurven wie eine überbreite Straße steil im Hang nach oben verläuft.
Am *höchsten Punkt* des Weges müssen wir eine Steinmauer überklettern, und nun liegt der *Slieve Elva* vor uns, die höchste Erhebung in den Burren. Die *Green Road* quert fast ohne Höhenverlust den *Westhang des Slieve Elva*. Vom breiten Weg können wir die Blicke auf die Küste und die davor liegenden Aran-Inseln voll auskosten. Nach etwa 1,5 Kilometern erreichen wir ein *Metalltor*. Kurz davor sind auf einem kleinen Hügel rechts des Weges und im Gelände darunter die Reste mehrerer Ringforts zu erahnen.

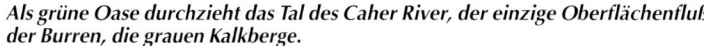

Als grüne Oase durchzieht das Tal des Caher River, der einzige Oberflächenfluß der Burren, die grauen Kalkberge.

Hundert Meter nach dem Metalltor überklettern wir die Mauer zur Rechten des Weges und steigen zu den Resten einer *alten Burg* hinunter, die wir schon lange vorher, von der Green Road aus, gesehen haben.

Von der Burg aus sind es noch wenige Meter hinunter zu der *Straße*, die uns nach *Fanore* zurückbringen wird. Auf der schmalen, kaum befahrenen Teerstraße wenden wir uns nach rechts. Durch grünes Weidegelände, unter uns immer das blaue Meer und die weißen Häuser der Streusiedlung Fanore, wandern wir die nächsten zwei Kilometer bergab.

Kurz vor Erreichen der *Küstenstraße* zweigt nach *rechts* ein *Feldweg* ab, der ebenfalls als *Green Road* ausgeschildert ist. Auf diesem Weg bleiben wir den nächsten Kilometer, bis er auf die *Hauptstraße* einmündet. Von hier nach rechts erreichen wir nach wenigen hundert Metern den *Parkplatz* am großen *Strand von Fanore*.

Nützliche Informationen

Ausgangspunkt: Großer Parkplatz am Strand von Fanore. Fanore ist eine langgezogene Streusiedlung an der R477, der Küstenstraße zwischen Lisdoonvarna und Ballyvaughan.
Gehzeiten: Insgesamt 6 Stunden. Vom Ausgangspunkt zum Ringfort oberhalb des Black Head 1½ Stunden; vom Ringfort zur Straße im Caher-Tal 2¼ Stunden; von der Straße auf dem Burren Way zurück zum Ausgangspunkt 2¼ Stunden.
Länge der Tour: 19 km.
Höhendifferenz: 600 m.
Verkehrsverbindungen: Mehrmals wöchentlich Busse ab Galway.
Unterkunft: B&B's in Fanore. Eine Jugendherberge in Fanore (Independent). Campingmöglichkeit an der Jugendherberge oder auf voll ausgerüstetem Platz am Strand von Fanore.
Verpflegung: Lebensmittelgeschäft und Restaurants in Fanore.
Fahrradverleih: In der Jugendherberge von Fanore.
Sehenswürdigkeiten: Viele historische Bauwerke aus fünf Jahrtausenden; am bekanntesten und eindrucksvollsten der Poulnabrone-Dolmen 7 km südlich von Ballyvaughan (an der Zufahrtsstraße weitere Steinzeitgräber und mehrere keltische Ringforts). – Die Aillwee Cave, eine Schauhöhle, 3,5 km südlich von Ballyvaughan. – Kirche, Hochkreuze und das Burren Display Center (gute Informationen zu den Burren) in Kilfenora.
Weitere Tourenvorschläge: Auf dem ausgeschilderten Burren Way von Lisdoonvarna nach Ballyvaughan.
Karten: OS-Karte 1:126720, Blatt 14 (Galway Bay). The Burren ca. 1:35000 (von T. D. Robinson).
Sonstiges: Schöner Strand in Fanore. Mehrere Klettermöglichkeiten, unter anderem an den Kliffs einige Kilometer südlich von Fanore. Der Besitzer der Jugendherberge in Fanore veranstaltet geführte Höhlentouren.

23 Auf Inishmore, der größten Aran-Insel

Durch das Land der Steinmauern zum Fort Dun Aengus

> *Tourencharakter:* Einfache Wanderung auf Straßen und Wegen. Der Großteil der Route ist durch die stilisierten, gelben Wanderer des Inishmore Way gekennzeichnet.
> *Beste Jahreszeit:* Das ganze Jahr über möglich.
> *Reine Gehzeit:* 4¾ Stunden.

Vor der Galway Bay, als Brücke zwischen den Burren im Süden und Connemara im Norden, liegen die drei Aran-Inseln Inisheer, Inishmaan und Inishmore. Ein Puzzle aus Steinmauern, engmaschig wie sonst nirgendwo in Irland, überzieht den kargen Inselboden. Vor- und frühchristliche Bauwerke, weltbekannte und im verborgenen schlummernde, sind zu entdecken. Und bis heute haben sich die Inselbewohner trotz des zunehmenden Tourismus ihre irische Sprache und Traditionen erhalten. All dies und vieles mehr sind die Gründe, warum man den

An die hundert Meter fallen die Kliffs vom berühmten Promontory-Fort Dun Aengus zum Meer ab.

Aran-Inseln unbedingt einen Besuch abstatten sollte.

Geologisch sind die Aran-Inseln die westliche Fortsetzung der Burren, verkarstete Kalksteinflächen, die von den eiszeitlichen Gletschern Connemaras glattgeschliffen wurden. Während der Steinzeit kamen die ersten Bewohner, an die nur wenige Dolmen erinnern. Um Christi Geburt lebte hier ein Volk, das mit die eindrucksvollsten Bauwerke errichtete, die aus dieser Zeit in Europa erhalten sind. In jedem Irlandbuch wird man auf ein Bild des Promontory-Forts Dun Aengus stoßen, dessen mächtige, halbkreisförmigen Mauerringe an einhundert Meter hohen Kliffs enden. Wer dieses Fort und weitere ähnliche errichtete, liegt nach wie vor im Dunkel der Geschichte. Möglicherweise waren die Erbauer ein Volk, das von den Kelten bis hierher, auf die Inseln im äußersten Westen Irlands, zurückgedrängt wurde, möglicherweise aber auch ein keltischer Stamm.

Im fünften Jahrhundert wurde Inishmore eine der Keimzellen des irischen Katholizismus. St. Edna gründete in der Nähe von Killeany ein Kloster, auf dessen Gelände nicht weniger als 120 Heilige begraben liegen sollen. Kaum etwas ist dort erhalten geblieben, doch das Kloster strahlte zu seiner Zeit weithin aus. Die Gründer der berühmten Klöster von Iona in Schottland, Clonmacnoise in Irland und vieler weiterer Klosteranlagen, zogen von hier aus, um den christlichen Glauben zu verbreiten.

Im Laufe der folgenden Jahrhunderte verlor die Insel ihren religiösen Einfluß, gewann dafür aber mit dem Aufstieg des Handelsplatzes Galway an strategischer Bedeutung. Irisch-normannische Familien machten sich die Herrschaft über die Inseln streitig, ehe Elisabeth I. einen Engländer zum Lehensherrn bestellte. Die Aran-Inseln wurden zum Außenposten der Engländer gegen die Bedrohung durch Spanien und gegen das Aufbegehren der Iren. Zu dieser Zeit hielt auch die endgültige Verarmung der Inselbewohner ihren Einzug. Der Großteil des ohnehin kargen Bodens war nun fremdbestimmt, im Besitz von Großgrundbesitzern, die im fernen England residierten.

Die Inselbewohner führten einen harten Kampf mit der Natur. Auf zwei Beinen stand ihr Einkommen: Auf der Landwirtschaft und dem Fischfang, wobei erstere nur mit äußerster Kraftanstrengung möglich war. Das Netz der Steinmauern mußte errichtet werden, um die kleinen Parzellen vor dem ständig wehenden Wind zu schützen und, unglaublich, aber wahr, der Boden, auf dem die Feldfrüchte gedeihen sollten, mußte zuerst ge-

Curraghs, die leichten, alten Fischerboote der irischen Westküstenbewohner, werden heutzutage auf den Aran-Inseln hauptsächlich für Ruderwettkämpfe benützt.

macht werden. Dazu wurde auf den nackten Fels eine Schicht Sand aufgetragen, auf der dann Seetang oder Kelp, gebrannter Seetang, die Humusschicht bildete. Nahezu jede kleine Parzelle wurde also mit menschlicher Kraft zum Blühen gebracht. Die Fischerei war vergleichsweise weniger aufwendig, dafür aber um so gefährlicher. In kleinen Booten, den Curraghs, mit Tierhäuten bespannte Holzkonstruktionen, mußte den Gefahren des Meeres getrotzt werden. Heute werden diese Boote hauptsächlich für Ruderwettkämpfe benutzt. Doch noch immer sind sie auch für den Fischfang in Gebrauch, und während eines unserer Aufenthalte in Irland bezahlten zwei junge Aran-Bewohner einen Fischturn mit einem Curragh mit ihren Leben.

Der Wegverlauf

Am Ende der *Hafenmole* gehen wir bei erster Gelegenheit nach *rechts*, der Markierung des *Inishmore Way* folgend (stilisierter gelber Wanderer). Vorbei an dem großen Fahrradverleih folgen wir dem kleinen *Teersträßchen*, das entlang eines Strandes nach *Nordosten* führt. Der Blick geht von hier über die Killeany Bay zum Dog's Head, zum Straw's Island mit dem weithin sichtbaren Leuchtturm und zur zweitgrößten Aran-Insel Inishmaan.
Am Ende des Strandes zeigt eine weitere *Markierung nach links*, ins Weideland. Wir folgen dem kleinen *Sträßlein*, das uns nach kurzer Zeit durch kleinparzelliertes Weideland zum *Loch an Charra* bringt. Noch vor wenigen hundert Jahren war dieser Lagunensee mit dem Meer verbunden, und die Fischer brachten ihre kleinen Boote hier vor den Winterstürmen in Sicherheit. Heute bietet der kleine See, in den die Steinmauern weit hineinlaufen, ein surrealistisches Bild.
Unser Weg leitet uns zwischen hohen Steinmauern am *Norduber* des Sees entlang, ehe wir an dessen Ende auf eine *Gabelung der Feldwege* treffen. Wir nehmen den *rechten Pfad* und sehen links in der Wiese zum erstenmal eines der gemauerten Regenauffangbecken, die wie Altäre wirken.
Nach kurzer Zeit erreichen wir wieder die Küste. Wir überqueren den Sandstrand, an dessen Ende ein weiterer Wegweiser des *Inishmore Way* nach links zeigt. Wir bleiben aber weiterhin *an der Küste* und gehen anfänglich auf einem Weg, später auf den zerfressenen Kalkplatten oberhalb des Meeres bis in die nächste *Bucht*. Gleich zu Beginn dieser Bucht, die den gälischen Namen *Port na Mainistreach* trägt, steht im Wiesengelände oberhalb eines der Regenauffangbecken. Rechts davon leitet uns ein von Steinmauern eingeschlossener *Weg* zur Straße, auf der der nächste Abschnitt unserer Wanderung verläuft.
Auf der kleinen *Nebenstraße*, auf der wir von keinem Auto gestört wurden, halten wir uns *rechts* und erreichen nach wenigen hundert Metern einen *Abzweig*, der nach *links* zum *Teampall Chiarain* beschildert ist. Nur einige Meter oberhalb der Straße steht die Ruine der *Kirche*, deren älteste Bauteile aus dem 8. oder 9. Jahrhundert stammen. Gewidmet ist das Kirchlein dem heiligen Cirian, der sieben Jahre hier auf Inishmore als Schüler im Kloster des heiligen Edna lebte und später auszog, das berühmte Kloster von Clonmacnoise zu gründen.
Zurück auf der *Straße*, wandern wir zwischen efeuüberwachsenen Steinmauern weiter nach *Westen*. Nur ab und an tauchen links oben am Horizont einige Häuser auf, während unser Weg durch Weideland führt, das der Fleiß von Generationen irischer Bauern mit einem unglaublich engmaschigen Netz von Steinmauern überzogen hat. Nach einem knappen Kilometer lädt uns eine weitere Hinweistafel, die nach links zum *Teampall Asurnai* weist, zu einem kurzen Ausflug ins Weidegelände ein. Die kleine *Kirche*, zu der unser kurzer Abstecher führt, ist wahrscheinlich eines der ältesten erhaltenen christlichen Bauwerke auf Inishmore.
Zurück auf der Straße, liegt noch ein knapper Kilometer zur *Port Chorruch* genannten Bucht vor uns, wo wir wieder auf das Meer treffen werden. Zuvor aber fasziniert uns der *Lagunensee Loch Port Chorruch*, der nur durch einen schmalen Kieselwall vom Meer abgetrennt ist. Schwäne ziehen auf der stillen Wasserfläche ihre Bahn, und Reiher suchen den See nach Beute ab. Ein bizarrer weißer Saum salzüberkrusteter Algen schließt den Wasserspiegel ein.

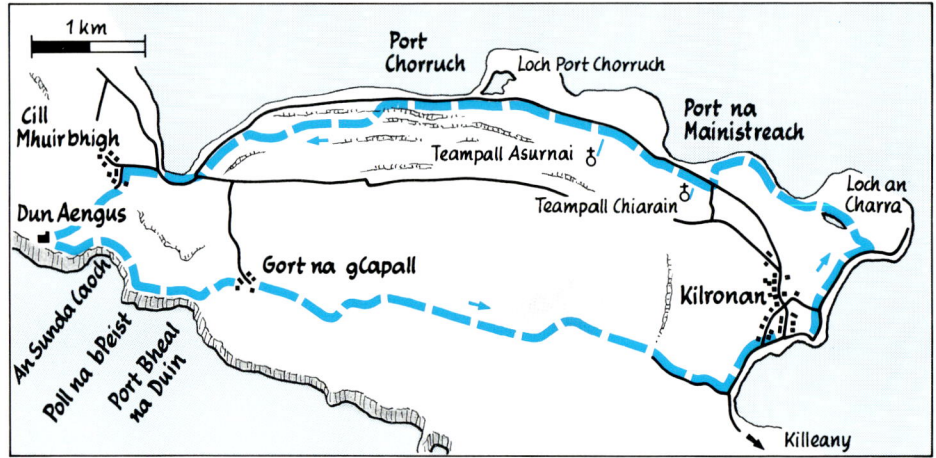

Oberhalb der anschließenden *Bucht* passieren wir die Überreste einer *Fabrik* aus dem vorigen Jahrhundert, in der Seetang zu Kelp, einem guten Dünger, gebrannt wurde. Hier zweigt eine Abkürzung des Inishmore Way nach links hinauf ab, der wir aber nicht folgen. Wir bleiben noch einen knappen Kilometer auf der *Straße*. Vor uns sind schon die Häuser von *Cill Mhuirbhigh* zu sehen, wo der Aufstieg zum alles überragenden *Fort Dun Aengus* beginnt. Nach zwei auffälligen *Wasserauffangbecken* links und rechts der Straße zweigt ein Weg zwischen hohen Steinmauern nach *links* ab, der durch eines der Zeichen des *Inishmore Way* gekennzeichnet ist. Dem *breiten Weg*, der sich durch die Kalkfelsabbrüche nach oben schlängelt, folgen wir nur 100 Meter bergauf. Noch bevor wir eine anschließende Ebene erreichen, führt ein *kleiner Pfad* direkt oberhalb des zweiten Felsabbruches nach rechts (wieder Zeichen des Inishmore Way). Unter uns liegt die Nordküste von Inishmore ausgebreitet, und auf einem Hügel vor uns thront das *Fort von Dun Aengus*. Zwei Esel sind die einzigen, die uns beobachten, wie wir über die verkarsteten Steinplatten balancieren. Der Pfad geht schon bald in einen *Weg* über, und von einem weiteren *Hinweiszeichen* geleitet, wandern wir an einer *Gabelung nach rechts* zur Straße hinunter. Auf der *Straße* müssen wir dann nur noch ein kurzes Stück nach links marschieren, um den schönen *Strand* von *Cill Mhuirbhigh* zu erreichen. Über den feinen Sand gehen wir *rechts* hinüber zur *Straßengabelung am Westende* des Strandes.

Wir halten uns *rechts*, vorbei am *Friedhof* zu den Häusern von *Cill Mhuirbhigh* und schwenken noch vor dem Ort auf einem Weg nach *links*. Hier sind die Kutschen geparkt, die die Ausflügler vom Hafen hergebracht haben. Der *Weiterweg* hinauf zum Fort von *Dun Aengus* ist klar vorgezeichnet. Im Normalfall folgt man einfach der Horde von Touristen, die sich über das verkarstete Gelände hinaufquält.

Oben angekommen, überqueren wir die ersten beiden Wälle und stehen vor dem mächtigen inneren Zirkel, durch den ein *Tor* führt. Im Innersten erwartet uns ein von Mauern umgebenes Wieslein, an dessen Ende *Steilkliffs* hundert Meter tief ins Meer abfallen. Keine Gebäudereste sind zu sehen, und gerade dieses von mächtigen Mauern umgebene Nichts übt auf uns eine seltsame Faszination aus. Zu Verteidigungszwecken war die Anlage trotz der Mauern und der Spanischen Reiter, aufgestellter spitzer Steine, nur bedingt geeignet, denn das Fort im karstigen Gelände besaß keine Wasserversorgung.

Auf jeden Fall ist die Aussicht von hier oben, einem der höchsten Punkte der Insel, phantastisch. Als dunkler Streifen ziehen sich die Cliffs of Moher über den östlichen Horizont, und die wilde Klippenlandschaft der Südküste von Inishmore zieht von hier nach Westen und Osten. Verstreut liegen die weißen Häuser im Steinmauernland und versammeln sich ganz selten zu kleinen Ortschaften. *Gort* na gCapall, eineinhalb Kilometer östlich des Forts, in der Nähe der Küste gelegen, ist eines dieser winzigen Dörfchen und gleichzeitig unser nächstes Ziel.

Vom *Fort* steigen wir *nach Osten*, immer in der Nähe der steilen Klippen, zur tief eingeschnittenen *Bucht An Sunda Caoch (Blind Sound)* ab. Schnell ebbt der Ausflüglerstrom um uns ab, und schon nach wenigen hundert Metern können wir in völliger Einsamkeit die karge Landschaft genießen. *Kein Weg* führt hier entlang der überhängenden Abbrüche, doch auf den flachen Kalksteinplatten läßt es sich herrlich wandern. Am felsigen *Kap* hinter der Bucht läßt ein einsamer Fischer seine Angelleine ins Wasser baumeln, doch wir können ihn nur aus der Ferne grüßen, denn steile Wände trennen uns voneinander. Aus der nächsten, östlich gelegenen Bucht ziehen flache, wasserzerfressene Felsplatten eine Etage tiefer bis zum Kap, und auf diesem Wege wird auch der Fischer seinen abgelegenen Standplatz erreicht haben. Wir müssen im höheren Stockwerk bleiben und oberhalb der Wände *nach Osten* weiterwandern. Nach kurzer Zeit liegt das *Poll na bPeist* in den Platten unter uns, ein natürlicher, rechtwinkliger Swimmingpool, der eine unterirdische Verbindung zum offenen Meer besitzt. Bei hohem Wellengang herrscht im Pool ein wahres Inferno, denn von unten drückt das Wasser empor, während oben gleichzeitig die Brandung rollt.

Ein Fischer auf den vom Meer zerfressenen Kalkplatten an der Südküste der Aran-Inseln.

Der Felsabbruch zu unserer Rechten wird nun immer niedriger, und bald ist die weite Bucht *Port Bheal na Duin* erreicht, die wir durchqueren. An ihrem östlichen Ende biegt der Küstenverlauf nach rechts um und eine Steinmauer sperrt den Weiterweg. Circa 30 Meter vor der Steinmauer wenden wir uns nach *links ins Landesinnere*. Hier beginnt hinter einer niedrigen Steinmauer ein *deutlicher Weg*, der, unterbrochen von einer weiteren Steinmauer, zum Dorf *Gort na gCapall* hinaufleitet. Durch den halb verfallenen Ort, in dem der berühmte Schriftsteller Liam O'Flaherty geboren wurde, gehen wir bis zur geteerten Zufahrtsstraße. Hier wenden wir uns nach *rechts*.

Wir sind nun wieder auf dem *Inishmore Way*, und am Ende der Ortschaft setzt dann auch der Teerbelag aus. Im Osten vor uns liegt ein breiter Rücken, zu dem unser Schotterweg in weiten Kurven emporführt. Steinmauern links und rechts des Weges begrenzen kleine Weiden und Felder, zwischen denen immer wieder der nackte, von Karstrissen gezeichnete Fels durchkommt.

Bald stehen wir am Rande der *Hochfläche*, die vom Rücken *nach Osten* zieht. Schnurgerade verläuft hier der Weg durch das steinmauerverzierte Weideland. Bunte Blumen bringen Abwechslung ins grüngraue Land. Immer wieder queren Karstgassen den Wegverlauf, die dem Weg ein beständiges, leichtes Auf und Ab aufzwingen. Links und rechts zweigen ab und an weitere Wege ab, doch wir marschieren unbeirrt weiter *geradeaus, nach Osten*. Am Ende der Hochfläche wird dann der Blick frei auf unseren Ausgangspunkt, den Hafenort *Kilronan (gälisch Cill Ronain)* an der gleichnamigen Bucht. Anfänglich in Kurven durch steileres Gelände, später geradeaus, wandern wir *zum Meer* hinunter. Der Weg geht jetzt wieder in eine *Teerstraße* über, und durch die ersten Häuser ist die am Meer entlangführende *Hauptstraße* zwischen Kilronan und Killeany bald erreicht.

Dort halten wir uns *links* und sind nach der langen Wanderung und der Einsamkeit der letzten Kilometer froh, nur noch wenige hundert Meter bis zum lebhaften Ort vor uns zu haben.

Nützliche Informationen

Ausgangspunkt: Die Hafenmole von Kilronan (gälisch Cill Ronain), dem Hauptort von Inishmore.
Gehzeiten: Insgesamt 4 ¾ Stunden. Von Kilronan zum Fort Dun Aengus 2 ½ Stunden; vom Fort zurück nach Kilronan 2 ¼ Stunden.
Länge der Tour: 18 km.
Höhendifferenz: 250 m.
Verkehrsverbindungen: Kürzeste und häufigste Fährverbindung von Rossaveal an der Nordküste der Galway Bay nach Kilronan (mehrmals täglich). Zubringerbusse zur Fähre von Galway aus. Mehrmals täglich Fähren von Galway zu den drei Aran-Inseln.
In den Sommermonaten mehrmals täglich Fähren von Doolin nach Inisheer, der kleinsten Aran-Insel. Von dort aus Weiterreisemöglichkeit auf die anderen Aran-Inseln (interessant für Personen ohne eigenes Fahrzeug, die anschließend nach Connemara weiterreisen wollen). Auf allen Fähren werden keine Kraftfahrzeuge befördert. Flugzeugverbindung von Galway mehrmals täglich zu den Aran-Inseln. Auf den Inseln verkehren nur private Minibusse und Kutschen.
Unterkunft: B&B's vor allem in und um Kilronan. Zwei Jugendherbergen in Kilronan (Independent und Budget).
Zeltmöglichkeiten in der Nähe von Kilronan.
Verpflegung: Lebensmittelgeschäfte und Restaurants in Kilronan.
Fahrradverleih: Zwei Verleiher in Kilronan.
Sehenswürdigkeiten: Vor allem Dun Aengus und einige weitere, weniger bekannte Forts.

Auskunft: In Galway (ganzjährig geöffnet) und in Kilronan (nur von Juni bis August geöffnet).
Weitere Tourenvorschläge: Der Aran Way, der ausgeschildert über die drei Inseln Inishmore, Inishmaan und Inisheer verläuft.
Karten: OS-Karte 1:126 720, Blatt 14 (Galway Bay).
The Aran Islands ca. 1:29 500 (von T. D. Robinson).

24 Der Binn idir an Dá Log (703 m)

Auf den höchsten Berg der Maumturk Mountains

> *Tourencharakter:* Auf der ersten Hälfte der Tour teilweise steile, aber einfache Wanderung. Der Gipfelanstieg führt durch steiles, schwieriges Gelände. Kein Weg und keine Markierungen.
> *Beste Jahreszeit:* April bis Oktober.
> *Reine Gehzeit:* 3 ½ Stunden.

Im Westen des County Galway liegt Connemara, das Land der Eintönigkeit und der Vielfalt, das Land der Gegensätze. Eine Beschreibung fällt schwer, denn zu unterschiedlich sind die Eindrücke, die Connemara hinterläßt.
Welche Route man auch einschlägt, bei der Erkundung von Connemara wird man immer wieder fasziniert sein von diesem fremdartigen Land.
Verwirrend verzahnt begegnen sich hier Land und Meer. Weit sind die Wege um die tiefeingeschnittenen Buchten, in denen immer wieder die weißen Sandsicheln einsamer Strände liegen. Im Süden bestimmen rundbucklige Schären, die bei Sonnenuntergang rot in der blauen Fläche des Meeres aufleuchten, das Bild. Weit nördlich schneiden sich schmale Fjorde tief ins Land. Zerfetzt,

Blick vom Aufstieg zum Paß Mám Ochóige über die Moorfläche Süd-Connemaras, die nur von wenigen Bergen durchbrochen wird.

angefressen von der Brandung und immer einen Besuch wert, ist die Küste doch nur die eine Seite von Connemara.

Da ist außerdem das südliche Granithügelland, niedergewalzt von den Gletschern der Eiszeit. Eine Unmenge kleiner Seen sind die blauen Augen des dunklen Moorlandes. Je nach Stimmungslage wird man von der Eintönigkeit und der Strenge der Landschaft angezogen oder abgestoßen sein, nie aber unberührt.

An einer deutlichen Trennungslinie setzt nördlich das wilde Bergland Connemaras an, beherrscht von den Twelve Bens und den Maumturk Mountains. Während die hellen Kegel der Twelve Bens der filigrane Spielplatz der Natur sind, beindrucken die Maumturk Moutains durch ihre Geschlossenheit und Wucht.

Zwischen den einzelnen Quarzitbergstöcken haben die Eiszeitgletscher tiefe Täler ausgeräumt, in denen langgezogene Seen liegen. Ganz nahe liegen hier Süden und Norden beisammen. Hat man eben noch die Strenge der kahlen, von Mooren überzogenen Bergkegel vor Augen gehabt, wird man kurze Zeit später von einem dichten Rhododendrondschungel gefangengenommen, der in den geschützt liegenden Tälern wuchert.

So unterschiedlich auch die Landschaften in Connemara sein mögen, eines haben sie gemeinsam: Das Gebiet ist dünn besiedelt und einsam. Die Unfruchtbarkeit Connemaras war so abschreckend, daß nicht einmal die Engländer großes Interesse an dem Land im Westen zeigten. So konnte sich hier die größte gälische Sprachinsel in Irland erhalten. Zum Problem werden dadurch allerdings die unterschiedlichen Schreibweisen der Namen, die den Gebrauch von Karten und das Lesen der Straßenschilder so manches Mal recht beschwerlich machen.

Der Wegverlauf

Von der *kleinen Brücke* aus wandern wir *rechts des Baches* im breiten Tal aufwärts. Vor uns liegt die tief eingeschnittene *Scharte Mám Ochóige*, die den *Binn idir an Dá Log* vom rechts der Scharte gelegenen *Cnoc na hUilleann* trennt. Gut sind von hier schon die grasigen Bänder einzusehen, die von der

Scharte aus durch das steile Gipfelgelände nach rechts zu unserem Ziel hochziehen.

Anfänglich bleibt der Bach noch 100 bis 200 Meter links von uns, und wir übersteigen einige *Moränenrücken*. Vor einem felsigen Buckel schwenken wir dann nach *links zum Bach* und steigen anschließend an dessen rechtem Ufer bis zum ebenen Boden am *Talschluß* hinauf.

Vor uns baut sich der *steile Grashang* auf, der zu unserem ersten Ziel, der Scharte, hinaufzieht. Vorbei an einem hübschen, kleinen Wasserfall, suchen wir uns in Serpentinen den angenehmsten Aufstiegsweg. Immer

Hinter dem Lough Mhám Ochóige ragen die grünen Berge des Joyce Country auf.

wieder huschen Kaninchen über die Wiesen, um sich unter Felsbrocken vor uns in Sicherheit zu bringen. Ab und zu gönnen wir uns im anstrengenden Gelände kleine Verschnaufpausen und blicken über unseren Aufstiegsweg hinunter auf das seengesprenkelte Hügelland von Connemara und den Atlantischen Ozean, der seine Wasserfläche immer wieder tief ins Land vorschiebt.

Kurz vor der Scharte legt sich der Hang zurück, und wir erholen uns im flacheren Gelände, das zu einem *Weidezaun* hinaufführt. Ein scharfer Wind bläst uns ins Gesicht, der vom grünen Tal des *Joyce River* heraufweht.

Hinter dem Tal reihen sich die grünen Berge des Joyce Country auf.

Wir folgen nun von der Scharte dem Zaun *rechts hoch*, der uns zum *Lough Mhám Ochóige* hinaufbringt. Eingebettet in eine graue, felsige Mulde liegt er tiefblau unter uns; als Kontrast dazu die nördlich anschließenden grünen Hügel.

Wir gehen nun auf Steigspuren *rechts am See vorbei* bis zu einer erdigen Mulde. Vor uns liegt ein felsiger, steiler Hang, der von einer Felswand gekrönt wird. Unterhalb dieser Felswand verläuft *unser Weg nach rechts* hinüber bis zum Gipfel des *Binn idir an Dá Log*. Zuerst steigen wir an der rechten Seite des Hanges in einer *Rinne* etwa 200 Meter bergauf, bis das Gelände felsiger wird. Von hier können wir zu unserem Gipfelziel rechts über uns schauen. Wir gehen auf den Gipfel zu, durchqueren ein *felsiges Tälchen* und steuern im anschließenden Hang immer weiter auf den Gipfel zu. Durch steiles, blockiges, aber ungefährliches Gelände steigen wir aufwärts, links über uns eine Felswand, die zunehmend an Höhe verliert. Immer näher kommen wir an die Felswand heran und steigen unter ihr nach rechts.

Bald erreichen wir den Rand einer *weiten steilen Mulde*, die unterhalb unseres Gipfels ansetzt und als schwach ausgeprägte Rinne in das Tal hinunter verläuft, in dem wir zu Beginn aufgestiegen sind. Der Gipfel ist nun schon zum Greifen nahe. Sobald die Felswand über uns aussetzt, können wir *nach links* durch steiles Gelände auf einen breiten *Felsrücken* hinaufklettern. Über den Rücken wandern wir nach *rechts* zum nahen Gipfel.

Dort angekommen, sind wir froh, daß wir uns einen klaren Tag für diese Tour ausgesucht haben, denn der *Binn idir an Dá Log* bietet wohl die schönste und abwechslungsreichste Aussicht aller Berge in Connemara. Mit Bedauern nehmen wir die Verwünschungen, die wir dem Berg während des anstrengenden Aufstieges entgegengeschleudert haben, zurück.

Ganz Connemara liegt uns zu Füßen. Der große Lough Corrib streckt uns durch gebirgiges Land einen blauen Finger entgegen. Auf den kargen, grauen Felsflächen der Maumturk Mountains veranstalten Wolken und Sonne ihre Lichtspiele, und die Seenplatte des Moorlandes von Südconnemara glitzert im Gegenlicht. Von den beeindruckenden Kegeln der Twelve Bens trennt uns das Inagh Valley mit seinem schönen See und den grünen Wäldern. Im Norden lugt sogar der Croagh Patrick neben den Bergen, die den Killary Harbour umgeben, hervor, und um das ganze Bild legen das Meer und der Himmel einen blauen Kranz.

Lange hält uns diese Aussicht am Gipfelstein-mann gefangen, ehe wir uns zum *Abstieg* entschließen können. Dabei achten wir darauf, daß wir möglichst schnell von dem felsigen Rücken nach links hinunter steigen, um nicht über die Felswände zu geraten, unter denen wir aufgestiegen sind.

Nützliche Informationen

Ausgangspunkt: Eine kleine Straße unterhalb der Südwestflanke der Maumturk Mountains. Hierher auf der N59, die Galway mit Clifden verbindet. Ein Stück westlich der Streusiedlung Recess zweigt die R344 nach Norden ab (Beschilderung »Letterfrack« und »Lough Inagh Scenic Route«). Auf dieser Straße fahren wir ca. 5 km, bis wir Waldgelände am Ufer des Lough Inagh erreichen. Einige Meter vor dem Wald liegt rechts der Straße ein kleiner Parkplatz, neben dem eine kleine Holperstraße beginnt. Auf dem Sträßchen bis zu einem Gehöft fahren und anschließend bergab zu einem kleinen Brücklein, das den Bach überquert, der von einer tief eingeschnittenen Scharte in den Maumturk Mountains herunterkommt. Rechts unten liegen die beiden Seen Lough Leitheanach und Lough Rua. In der Nähe des Brückleins parken wir an der Straße (von der R344 bis hierher ca. 2,5 km).
Gehzeiten: Insgesamt 3½ Stunden. Vom Ausgangspunkt zum Lough Mhám Ochóige 1¼ Stunden; vom Lough Mhám Ochóige zum Gipfel 1 Stunde; zurück zum Ausgangspunkt 1¼ Stunden.

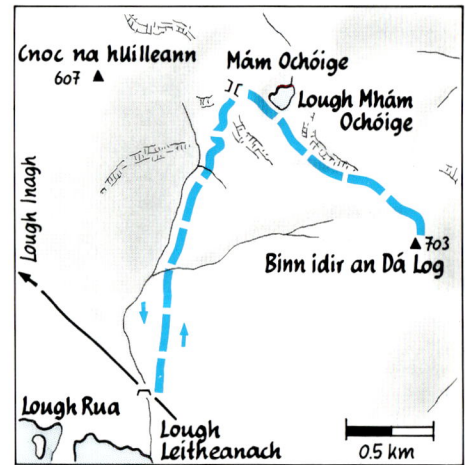

Länge der Tour: 7 km.
Höhendifferenz: 640 m.
Verkehrsverbindungen: Mehrmals täglich Busse von Galway nach Clifden (Haltestelle in Recess).
Unterkunft: B&B's und Hotels entlang der N59. Eine Jugendherberge an der N59 einige Kilometer westlich von Recess (An Oige) und mehrere Jugendherbergen an den Endpunkten der Busverbindung, Galway und Clifden.
Verpflegung: Lebensmittelläden und Restaurants entlang der N59 (am nächsten in Recess).
Fahrradverleih: In Clifden.
Auskunft: In Clifden (geöffnet im Juni, Juli und August) und in Galway.
Weitere Tourenvorschläge: Die Längsüberquerung der Maumturk Mountains von der Straße nördlich Maam Cross bis Leenane, eine 25 km lange Gewalttour mit 2500 Meter Anstieg.
Karten: OS-Karte 1:126720, Blatt 10 (Connemara).
The Mountains of Connemara 1:50000 (von Folding Landscapes).

25 Auf den Derryclare (677 m) in den Twelve Bens

Im Land der Quarzitkegel

Tourencharakter: Bergtour mit einem kurzen Steilstück. Meist auf schmalem Steig, nur einige Steinmänner als Markierungen.
Beste Jahreszeit: Von April bis Oktober.
Reine Gehzeit: 3¼ Stunden.

Fragt man irische Bergsteiger nach ihrem Lieblingsgebiet auf der Insel, fällt immer wieder ein Name: Connemara.
So bricht man also mit großen Erwartungen in dieses Land der Berge auf. Nähert man sich jedoch von Süden, von Galway aus, so macht sich zu Beginn Enttäuschung breit. Der Grund ist nicht, daß das von der Eiszeit niedergeschliffene Südconnemara mit seinen Seen und dunklen Mooren keine landschaft-

*Über den felsdurchsetzten Südgrat führt ein Steig zum Derryclare.
Im Tal liegt der inselübersäte Derryclare Lough.*

Über dem Derryclare Lough erheben sich die Kegel der Twelve Bens, rechts der breite Rücken des Derryclare.

lichen Reize zu bieten hätte. Doch als ideales Wanderland kann man diesen feuchten Teil Irlands wahrlich nicht bezeichnen.
Bald aber tauchen am Horizont die Berge Nordconnemaras auf, und sofort wird die Faszination klar, die dieser Landstrich auf jeden Bergsteiger ausübt.
Zwei Bergstöcke ziehen den Betrachter ganz besonders in ihren Bann: die Maumturk Mountains, die sich als geschlossene Mauer vom Killary Harbour 20 Kilometer nach Süden ziehen, und die Twelve Bens, voneinander getrennt durch das Inagh Valley, eine der schönsten Tallandschaften Irlands.
Die Bens besitzen im Vergleich zu den Maumturk Mountains einen vollkommen anderen Charakter. Beweist in letzteren die Natur ihre Wucht, so lebte sie in den Twelve Bens ihren Spieltrieb aus. Einen schönen Quarzitkegel nach dem anderen hat sie hier nebeneinandergesetzt. Ein Bild der Leichtigkeit und der perfekten Harmonie strahlt vor allem der Südteil der Berggruppe aus, wo sieben Bergkegel das Tal von Glencoaghan umschließen.
Um dieses Tal, von Gipfel zu Gipfel, führt eine der berühmtesten und anspruchsvollsten Bergwanderungen Irlands. Auf einer Länge von 15 Kilometern gilt es in ständigem Auf und Ab einen Höhenunterschied von 1600 Metern zu überwinden. Wegloses, steiles Gelände und hohe Wandabbrüche machen dieses Unternehmen zu einer Herausforderung.
Hier ist nur der relativ einfache Beginn dieser Tour beschrieben, sozusagen der Einstieg in die Umrundung des Tales. Wer glaubt, genug Erfahrung und Kondition zu besitzen, der kann vom Derryclare aus aufbrechen.
Wer es weniger extrem haben will, dem bietet der Anstieg zum Derryclare eine einfache Alternative. Die Aussicht ist sicherlich nicht weniger berauschend als die von den anderen Gipfeln der Twelve Bens.

Der Wegverlauf

Von der *schmalen Straße* gehen wir nach *rechts* ins bucklige Gelände und halten auf den niedrigen, grünen *Rücken* zu, der nach links hinauf zum sogenannten *Lop Rock* hin aufsteilt. Über die Reste einer eiszeitlichen Seitenmoräne, durch eine grüne Mulde und über einen felsdurchsetzten, kurzen Hang gelangen wir auf diesen Rücken. Wunderschön hat sich nun der Blick schon geweitet auf das seenüberzogene Land des südlichen Connemara, dahinter der Ozean mit der zerfressenen, inselgesäumten Küste. Unter uns liegt der große Derryclare Lough, hinter dem sich der Südteil der mächtigen Maumturk Mountains aufbaut, und zur anderen Seite blicken wir ins weite Rund des Glencoaghan, um das sich die Kegel der Twelve Bens reihen.

Links über uns strebt die steile, felsige Flanke des *Lop Rock* in den Himmel, die es nun zu überwinden gilt. Dazu halten wir auf die *linke Seite des Steilhangs* zu, wo eine grasige Rinne das Felsgelände durchreißt. Schon am Rücken unterhalb, stets an dessen linkem Rand, treffen wir auf erste *Steigspuren*. Am Beginn des steilen Hanges setzt dann ein tief ausgetretener, *erdiger Steig* an, der uns durch die Grasrinne anstrengend, aber sicher nach oben leitet.

Nach hundert Metern legt sich der Hang etwas zurück, und auf einem deutlichen Steiglein gelangen wir nach *links* hinauf zum *Steinmann* auf dem *Lop Rock*. Hier können wir erst einmal erleichtert durchatmen, denn der schwierigste Teil des Anstieges liegt jetzt hinter uns. Kurz prägen wir uns den Punkt ein, an dem am *Rückweg* unser Abstieg durch die Steilflanke beginnen wird, um späteres Suchen zu vermeiden.

Klar zeichnet sich unser *Weiterweg* vor uns ab. Über mehrere Kuppen zieht ein breiter *Felsrücken* von hier hinauf zum *Derryclare*, dessen felsiges Haupt am Ende des Grates emporragt. Über einen *Steig* gehen wir hinauf zur ersten Kuppe, die schnell erstiegen ist. Danach steilt der Rücken etwas auf, doch die Steigspuren leiten uns, vorbei an einigen *Steinmännern*, immer sicher nach oben. Ein Stück höher werden die Spuren ab und zu etwas undeutlich, doch über den breiten, felsigen Rücken gewinnen wir im sehr alpin anmutenden Gelände überraschenderweise ohne Probleme an Höhe.

Bald ist der *Vorgipfel* erreicht, auf dem ein großer *Steinmann* die Richtung für den späteren Abstieg anzeigt. Nur noch ein Katzensprung trennt uns jetzt vom Steinmann auf dem *Hauptgipfel*.

Der Blick geht weit über Connemara und das Meer, doch uns begeistern hier vor allem die Nahblicke in die Gruppe der Twelve Bens. Tief unter uns liegt das einsame, vermoorte *Glencoaghan*. Rundherum stehen die Kegel der *Twelve Bens*, durch tiefe Scharten voneinander getrennt. Im Norden, von den übrigen Gipfeln etwas abgesetzt, lugt der höchste Berg der Twelve Bens, der Benbaun, über eine tiefeingeschnittene Kerbe. Wer den langen Weg um das Glencoaghan einschlagen will, kann sich von hier schon den Wegverlauf einprägen. Deutlich ist der Steig von unserem Gipfel zum felsigen Bencorr, von dem wir durch eine tiefe Scharte getrennt sind, zu erkennen. Aber erst auf dem Weiterweg trifft man auf die Hauptschwierigkeiten der Tour. Wir jedenfalls begnügen uns mit dem Derryclare und steigen entlang der Aufstiegsroute wieder hinunter zu unserem Ausgangspunkt.

Nützliche Informationen

Ausgangspunkt: Eine schmale Straße, die von Süden durch das Glencoaghan in die Twelve Bens leitet. Hierher auf der N59, die

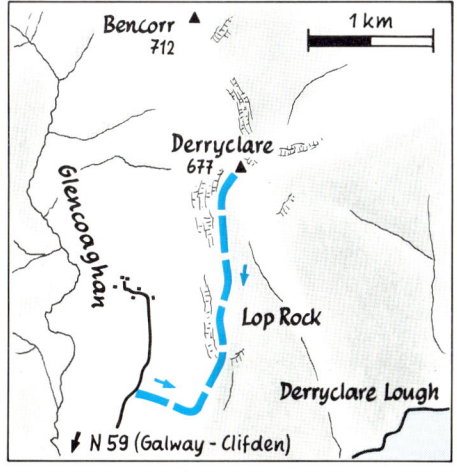

Galway mit Clifden verbindet. Von der N59 zweigt einige Kilometer westlich von Recess nach Süden die R341 in Richtung Roundstone ab. Von dieser Kreuzung fährt man noch weiter auf der N59 in Richtung Clifden. Man überquert den Glencoaghan River, fährt noch einige hundert Meter bergauf, um dann vor einem Haus nördlich der Straße nach rechts (Norden) in die schmale Straße einzubiegen. Auf dem Sträßlein passiert man eine kleine, von Bäumen umgebene Häuseransammlung. Vom obersten Gehöft fährt man noch ca. 500 m bergauf und erreicht eine kleine Verebenung. Vorne strebt der Lop Rock in die Höhe. Am Ende der Ebene, ehe die Straße zu den letzten Häusern im Tal ansteigt, kann man am Straßenrand parken.
Gehzeiten: Insgesamt 3¼ Stunden.
Vom Ausgangspunkt zum Gipfel 2 Stunden; vom Gipfel zurück zum Ausgangspunkt 1¼ Stunden.
Länge der Tour: 6 km.
Höhendifferenz: 600 m.
Verkehrsverbindungen: Mehrmals täglich Busse von Galway nach Clifden (Haltestelle in Recess oder an der Jugendherberge).
Unterkunft: B&B's und Hotels entlang der N59. Eine Jugendherberge an der N59 einige Kilometer westlich von Recess (An Oige) und mehrere Jugendherbergen an den Endpunkten der Busverbindung, Galway und Clifden.
Verpflegung: Lebensmittelläden und Restaurants entlang der N59 (am nächsten in Recess).
Fahrradverleih: In Clifden.
Auskunft: In Clifden (geöffnet im Juni, Juli und August) und in Galway.
Weitere Tourenvorschläge: Die Umrundung des Glencoaghan. Von der Jugenherberge auf der Benlettery. Vom nördlichen Inagh-Tal auf den Benbaun, den höchsten der Twelve Bens.
Karten: OS-Karte 1:126 720, Blatt 10 (Connemara).
The Mountains of Connemara 1:50 000 (von Folding Landscapes).
Sonstiges: Am Nordrand der Twelve Bens befindet sich der Connemara-Nationalpark. Interessante Ausstellungen, Veranstaltungen und Führungen bieten einen Einblick in die Natur- und Kulturgeschichte des Landes und seiner Menschen.

26 Durch den Westteil von Inishbofin

Die sanfte Insel vor dem wilden Connemara

> **Tourencharakter:** Einfache Wanderung, zumeist auf breiten Wegen; die Tour läßt sich bei Zeitnot verkürzen; gute Bademöglichkeit; die Wanderung ist auch für Kinder geeignet.
> **Beste Jahreszeit:** Das ganze Jahr über möglich.
> **Reine Gehzeit:** 3½ Stunden.

Nur 10 Kilometer sind es vom Festland hinüber nach Inishbofin, und doch liegt über der Insel eine vollkommen andere Stimmung als über dem nahen Connemara. Flach und fruchtbar ist das kleine Eiland, und eine seltsame Stille umhüllt den Besucher.
Der Sage nach wurde Inishbofin von zwei verirrten Fischern entdeckt. Zur damaligen Zeit lag ein beständiger, undurchdringlicher Nebel über der Insel. Als die Seeleute aber ein Feuer entfachten, löste sich der Nebel auf, und die grüne, fruchtbare Insel lag vor ihnen.
Plötzlich tauchte an den Ufern eines nahen Sees eine alte Frau auf, die eine weiße Kuh vor sich hertrieb. Die beiden Männer versuchten, die Kuh einzufangen. Doch die Kuh und die Männer erstarrten zu weißen Quarzfelsen, die noch heute an den Ufern des Lough Bofin zu bestaunen sind, und die alte Frau verschwand anschließend in den Fluten des Sees. So kam die Insel zu ihrem Namen, denn die gälischen Wörter Inis Bó Finne bedeuten nichts anderes als die Insel der weißen Kuh.
Viele Spuren deuten darauf hin, daß die Insel schon in vorgeschichtlicher Zeit bewohnt war. Später, im 7. Jahrhundert, gründete der heilige Colman auf Inishbofin ein Kloster, von dem kaum etwas erhalten blieb.
Die bedrückende Burgruine an der Hafeneinfahrt erinnert an das dunkelste Kapitel der Inselgeschichte. Während der Zeit Cromwells war Inishbofin Verbannungsinsel für katholische Geistliche. Überliefert ist die Geschich-

Ein alter Weg läuft oberhalb der Südküste von Inishbofin nach Westen, auf die einsame Insel Inishark zu.

te, daß die Soldaten Cromwells einen Geistlichen an einen Felsen im Hafen banden. Anschließend beobachteten sie von ihrem Fort aus genüßlich, wie der Mann bei Flut langsam und qualvoll vom Meer verschlungen wurde.

Heute leben auf Inishbofin 200 Menschen, die sich noch die Ruhe bewahrt haben, die wohl schon immer die Inselbewohner auszeichnete. Bisher kaum vom Tourismus entdeckt, kann man hier noch die Stille finden, die man von einer kleinen Insel weit draußen im Meer erwartet.

Der Wegverlauf

Von der *Anlegestelle* wenden wir uns nach *links* und wandern auf der *Straße*, die immer am Wasser entlang nach *Westen* führt. Wir passieren einige kleine Häuser und zwei weiße Türme ohne Türen und Fenster, die wohl als Landmarken für in den Hafen einlaufende Schiffe dienten, ehe wir nach etwa einem Kilometer eine kleine *Häuseransammlung* erreichen.

Einen *ersten Abzweig*, der zwischen den Häusern zum *Northern Beach* führt, lassen wir rechts liegen. Am *Ende des kleinen Ortes* gabelt sich die Straße ein zweites Mal, und wieder halten wir uns *links*. Kurz darauf stehen wir am Beginn eines *grasüberwachsenen Weges*, der ein Stück oberhalb des schillernden Meeres durch den Hang nach *Westen* leitet. Der Blick zurück geht zum dunklen Kastell an der Einfahrt zum schönen Naturhafen der Insel. Auf halben Weg zum vor uns aufragenden Klippenberg *Dún Mór* passieren wir ein *Holzgatter*, und kurz darauf liegt der Traumstrand *Trá Gheal* links unter uns. Wer hier ein Bad nehmen möchte, sollte allerdinges sehr vorsichtig sein, denn in der Meerenge zwischen Inishbofin und dem westlich vor uns aus dem Meer wachsenden Inishark herrschen vor allem bei Ebbe unberechenbare Strömungen.

Kurz vor dem grünen Kliffberg *Dún Mór*, auf dem sich einst ein Promontory-Fort befand, biegt der Weg scharf nach rechts und wird zunehmend steinig. Hier verlassen wir den Weg und gehen *geradeaus* auf die tief eingekerbte *Bucht nördlich* des *Dún Mór* zu. Dunkelgrün schimmert das Wasser des Meeres.

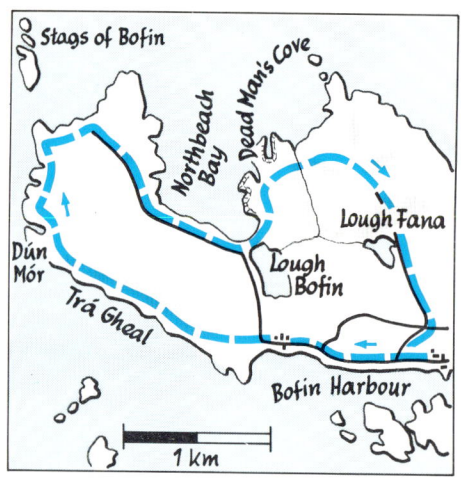

Von hier gehen wir *nach rechts*, an der Küste entlang, auf die wilden Felstürme der *Stags of Bofin* zu, die bald vor uns auftauchen. Die Klifflandschaft zu unserer Linken wird zunehmend aufgelöster und zerfressener, und wir müssen tiefeingeschnittenen, kleinen Buchten im Landesinneren ausweichen. Weit über dem ruhigen Wasserspiegel des Meeres wandern wir über Schutt, den das tobende Meer während der Herbst- und Winterstürme bis hier heraufgeschleudert hat. *Rechts* ist der *Schotterweg* gut zu sehen, auf dem unser *Rückweg* beginnen wird.

Am *Nordwestkap* laufen wild zerschrammte Felsplatten nach Norden hinaus zu den düsteren Stags, und mit etwas Glück kann man hier Robben beobachten, die sich auf den Felsen sonnen oder im Wasser spielen.

Am Kap wenden wir uns nach *rechts* und gehen entlang der Küste, über einen kleinen Hügel, in die *nächste kleine Bucht*, in deren Nähe die *Schotterstraße* durchs Moorland beginnt.

Über eine niedrige Kuppe wandern wir auf dieser Straße nach *Osten*, zur großen *Northbeach Bay*. Der Blick zurück geht noch einmal vorbei an den wilden Stags, hinaus auf die endlosen Weiten des Atlantik, ehe wir entlang der großen Bucht den kiesigen *North Beach* erreichen. Im Wasser der Bucht dümpeln einige bunte, kleine Boote, und der modrige Geruch angeschwemmten Seetangs dringt in unsere Nasen.

Wir zweigen über den *Strand nach links* von der Straße ab und gehen über den Kies, der den Lagunensee *Lough Bofin* vom Meer trennt, zum *östlichen Ende* der Bucht. Durch ein *Metalltor* verlassen wir nun das Strandgelände. Wer die Wanderung abkürzen möchte, der kann dem hier beginnenden Schotterweg bis zum Hafen folgen.

Wir jedoch wollen das einsame Inselinnere noch etwas genauer erforschen. Dazu schwenken wir direkt nach dem Tor *scharf links* und ersteigen den grünen *Hang östlich* des Strandes. Wir erreichen kurz darauf eine *kleine Ebene*, die zwischen runden Felskuppen eingebettet liegt. Hier gehen wir nach *links* zwischen zwei dieser Felskuppen hindurch und steigen anschließend auf Schafspuren *zur Küste* ab. An einer tiefeingeschnittenen engen Bucht, der *Dead Man's Cove*, treffen wir auf die Küstenklippen. Wir wenden uns nun *nach rechts* und erreichen nach kurzer Zeit ein *Tal*, in das ein Bach eine tiefe Rinne eingeschnitten hat.

Wir durchqueren das Bachbett und ersteigen den anschließenden *grünen Hang*, der uns zu einer *kleinen Ebene* hinaufbringt. Von dort windet sich zwischen den felsigen Kuppen ein *Tälchen nach Osten* hoch, das links des höchsten Punktes über uns endet. Über eine Unmenge kleiner rosa Blümchen steigen wir in diesem Tal bergauf. Dort, wo es endet, erklettern wir ohne Probleme eine *Felskuppe rechts über uns*. Von hier haben wir eine phantastische Aussicht über die ganze Nordküste von Inishbofin und hinüber zur weit entfernten Insel Inishturk. In der Gegenrichtung, im Norden, liegt nahe vor uns eine *Mulde* zwischen den felsigen Kuppen, in der Torf abgebaut wird. Am gegenüberliegenden Ende dieser Mulde ist unser nächstes Ziel, eine *Schotterstraße*, gut zu erkennen.

Schnell ist die Mulde durchquert und auf der Straße ein *kleiner Sattel* erreicht. Von dort sehen wir nach Süden hinunter, auf die *Häuser am Hafen* und auf den einsamen *Lough Fana*.

Einige *Kurven* bringen uns hinunter zum *Lough Fana*, auf dem sich die Möwen von ihren Ausflügen übers Meer erholen. Anschließend erreichen wir in ebenem Gelände

Algen in den Ebbetümpeln am Nordwestkap von Inishbofin.

ein *Tor in einer Steinmauer*, das von einer Herde störrischer Esel bewacht wird. Da die Esel nicht gewillt sind, den Weg freizugeben, bleibt uns nichts anderes übrig, als über eine hohe Steinmauer die Fortsetzung der Straße zu erreichen. Schnell gelangen wir zu den ersten Häusern oberhalb des *Hafens*. Wir überqueren eine *Teerstraße* und wandern auf einem *Schotterweg* hinunter zum schönen *Naturhafen*, der sich unter uns tief ins Land schneidet.

Nützliche Informationen

Ausgangspunkt: Der Hafenkai von Inishbofin.
Gehzeiten: Insgesamt 3½ Stunden. Vom Hafen zum Kliffberg Dún Mór 1 Stunde; von dort zum North Beach 1 Stunde; vom North Beach zurück zum Hafen rund 1½ Stunden.
Länge der Tour: 11 km.
Höhendifferenz: 200 m.
Verkehrsverbindungen: Tägliche Fährverbindung zwischen Cleggan, 10 Kilometer nördlich von Clifden gelegen, und Inishbofin. Die Boote starten vormittags zur Insel und fahren am frühen Abend zurück (ca. 5 Stunden Aufenthalt). Im Juli und August mehrmals wöchentlich Busse von Clifden nach Cleggan, in den übrigen Monaten einmal pro Woche. (Anfahrt morgens, Rückfahrt abends.)
Unterkunft: Zwei Hotels und B&B's auf Inishbofin. Eine Jugendherberge jeweils auf Inishbofin und in Cleggan (beide Independent). Camping an der Jugendherberge in Cleggan.
Verpflegung: Ein kleiner Lebensmittelladen und ein Restaurant auf Inishbofin. Restaurants und Geschäfte in Cleggan.
Fahrradverleih: In Clifden.
Auskunft: In Clifden (nur im Juni, Juli und August geöffnet).
Weitere Tourenvorschläge: Bei Ebbe von Cladedaghduff südlich von Cleggan durch das Watt zum Omey Island.
Karten: OS-Karte 1:126 720, Blatt 10 (Connemara).
Inishbofin, ca. 1:21 000 (vom Connemara Field Studies Centre), zu kaufen im Lebensmittelladen von Cleggan.
Sonstiges: Lange Folkmusiknächte in den zwei Hotelbars von Inishbofin (keine Polizei auf der Insel, daher keine Sperrstunde). – In der zweiten Augusthälfte die Pony Show in Clifden, mit Markt und Verkauf der widerstandsfähigen Connemara-Ponies.

Der Zahn der Zeit nagt an diesem alten Cottage auf Inishbofin.

27 Am Killary Harbour

Am einzigen Fjord Irlands entlang

> **Tourencharakter:** Einfache Wanderung zumeist auf breitem Weg; kaum Markierungen, aber keine Orientierungsprobleme; gut für Kinder geeignet.
> **Beste Jahreszeit:** Das ganze Jahr über möglich.
> **Reine Gehzeit:** 3¾ Stunden.

Zwischen den Counties Galway im Süden und Mayo im Norden dringt der Atlantische Ozean in einem schmalen Tal 15 Kilometer ins Landesinnere vor. Killary Harbour wird diese Bucht genannt, die nur maximal einen Kilometer breit ist, aber von bis zu 800 Meter hohen, kahlen Gebirgsstöcken umringt ist.

Steht man an den Ufern dieser Bucht, wird man unweigerlich an die norwegische Fjordküste erinnert. Und der Schein trügt nicht, denn der Killary Harbour ist ein echter Fjord und damit der einzige in Irland.

Während der Eiszeit sammelten sich hier die Gletscher der umliegenden Berge und zwängten sich nach Westen hinaus, zum Atlantischen Ozean. Im engen Tal schliffen die Eismassen an den Seitenwänden und hobelten den Boden aus. Das Meer hatte sich damals weit nach Westen zurückgezogen, denn weltweit waren ungeheuere Mengen an Wasser als Eis gebunden, und der Meeresspiegel war dadurch im Vergleich zu heute um 100 Meter abgesenkt. Als dann die Gletscher schmolzen, kehrte das Meer zurück und nahm die tief ausgehobelte Wanne in Besitz.

Im Ersten Weltkrieg ging im Killary Harbour die englische Flotte vor Anker, ohne Platzprobleme zu bekommen. Einen geschützteren Ort konnten die Admiräle nicht finden.

Um das östliche Ende des Fjordes führt eine Ringstraße, an der Leenane, der einzige kleine Ort am Killary Harbour, liegt. Der westliche Teil jedoch blieb bisher von Straßen verschont. Draußen, am Eingang zum Killary Harbour, liegt abseits vom Touristenstrom eine kleine Häuseransammlung, Rosroe genannt. Dorthin führt, an einigen Ruinen vorbei, ein alter Weg, meist mit Gras und Farn überwuchert, auf dem man problemlos die einzigartige Landschaft rund um den Killary Harbour erkunden kann.

Am Killary Harbour.

Der Blick über den Killary Harbour genannten Fjord zu den Maumturk Mountains.

In einem Haus in Rosroe arbeitete übrigens, abgeschieden von der Welt und ohne materielle Ansprüche, in den 40er Jahren der Philosoph Wittgenstein. Heute ist in diesem Gebäude die meiner Ansicht nach schönstgelegene Jugendherberge in Irland untergebracht.

Der Wegverlauf

Wir gehen durch schütteren Wald und Wiesengelände das *Sträßlein* in Richtung *Killary Harbour* hinunter. Rechts rauscht ein Bach durch ein bewaldetes Tal. In unserem Rücken ragen die Maumturk Mountains empor, und auf der gegenüberliegenden Seite des Fjordes streben die Spitzen der Ben-Gorm-Gruppe in den blauen Nachmittagshimmel. Durch schöne Wiesen und vorbei an einigen wenigen Häusern führt uns das Sträßlein hinab zum Meer. Vor uns erhebt sich nun der kahle *Mweelrea Mountain*, der mächtige Wächter am Eingang zum Fjord, und bald sehen wir zum erstenmal hinunter auf die Wasserfläche des *Killary Harbour*. Nach den letzten Gebäuden entläßt uns ein *Metallgittertor* auf den Weg, der uns bis *Rosroe* hinausbringen wird.

Hier stehen wir genau am Knick des Fjordes und können ihn in beiden Richtungen überblicken. Im Westen stürzen die kahlen, von den Gletschern abgehobelten Hänge zum Wasser hin ab. Im Ostteil klammern sich einige grüne Bauminseln an die Bergflanken. Ganz am Ende des *Killary Harbour* überragt die schöngeformte *Devilsmother* das schmale Wasserband und verspricht herrliche Ausblicke. Davor suchen die wenigen weißen Häuser von *Leenane* im Schatten der Berge Schutz.

Immer ein Stückchen über dem Wasserspiegel führt uns nun unser Weg nach *Westen*, zum schmalen Eingang des Fjordes hinaus. Bald erreichen wir eine *kleine Bucht*, in der Fichtenwald bis zum Wasser hinunterzieht. Im Meer schwimmen weiße *Pontons*, die der Muschelaufzucht dienen. Ab einem hübschen Haus inmitten des kleinen Wäldchens ist jetzt unser Weg mit Gras bewachsen, und wie auf einem weichen Polster wandern wir weiter gen Westen.

Am nächsten *Landvorsprung* liegt unterhalb des Weges die *Ruine* eines verlassenen Farmgebäudes, von der aus wir zum erstenmal den Blick über den engen Ausgang des Fjordes zum offenen Meer hin haben. Kleine Inselchen, manche mit Leuchttürmen bestückt, verstellen die Einfahrt, und von Norden fällt die 800 Meter hohe Flanke des *Mweelrea Mountain* absatzlos bis zur Wasserfläche ab. Der Blick in den hinteren Teil des Fjordes ist allerdings schon von kahlen Berghängen verstellt.

Der Hang, durch den unser *Weg* läuft, wird steiler, und vorbei an einem schönen, kleinen *Wasserfall* erreichen wir ein *Metalltor*, nach dem sich das Gelände wieder zu grünem *Farmgelände* weitet. Einige *verlassene Gebäude* warten oberhalb des Weges auf ihren endgültigen Zusammenbruch. Nahe vor uns erhebt sich nun die *felsige Kuppe*, die auf der Südseite den Ausgang des Fjordes bewacht. Rechts herum ist der Weg gut zu erkennen, auf dem wir nach *Rosroe* wandern, und links des Gipfels zeichnet sich der Pfad deutlich ab, auf dem wir von einer Scharte aus den *Rückweg* bestreiten werden.

Durch Farnkraut und über so manche feuchte Stelle erreichen wir die felsige Flanke rechts des Gipfels. Der *Weg* wird hier teilweise zu einem *schmalen Pfad* und windet sich zu einer kleinen Felskuppe hinauf, von der wir noch einmal einen traumhaft schönen Blick über den *Fjord* haben.

Rote Markierungspfeile erleichtern uns zusätzlich die nicht allzu schwierige Wegsuche. Der Hang links wird zunehmend niedriger, und schon taucht vor uns das weiße Gebäude der *Jugendherberge* auf. Glattgeschliffen sind hier die Felsbuckel, und bald stehen wir über den wenigen Häusern von *Rosroe* am *Little Killary Harbour*, zu denen ein kurzer Weg hinunterleitet.

Wer zur *Jugendherberge* will, muß auf der schmalen Teerstraße nach *rechts* gehen. Wir aber wenden uns nach *links* und wandern auf der Straße, an der Seite des *Little Killary Harbour*, nach *Südosten*. Nach einem Kilometer biegt die Straße entlang der Wasserfläche nach *rechts*, in Richtung *Süden*. Genau im Knick beginnt ein *Tal*, das, auf seiner linken Seite von einer *Felswand* flankiert, nach oben führt. Hier verlassen wir die Straße, durchschreiten ein kleines *Holztor* und steigen durch das Tal aufwärts. Am besten halten wir uns immer *links*, in der Nähe der Felswand, wo auch die Reste eines stark *erodierten Weges* ab und an nach oben helfen.

Bald ist die *Scharte* erreicht, zu der wir schon auf unserem Hinweg aufgeblickt haben. Von hier oben haben wir den schönsten Überblick über den *Killary Harbour* und auf der anderen Seite hinunter zum *Little Killary Har-*

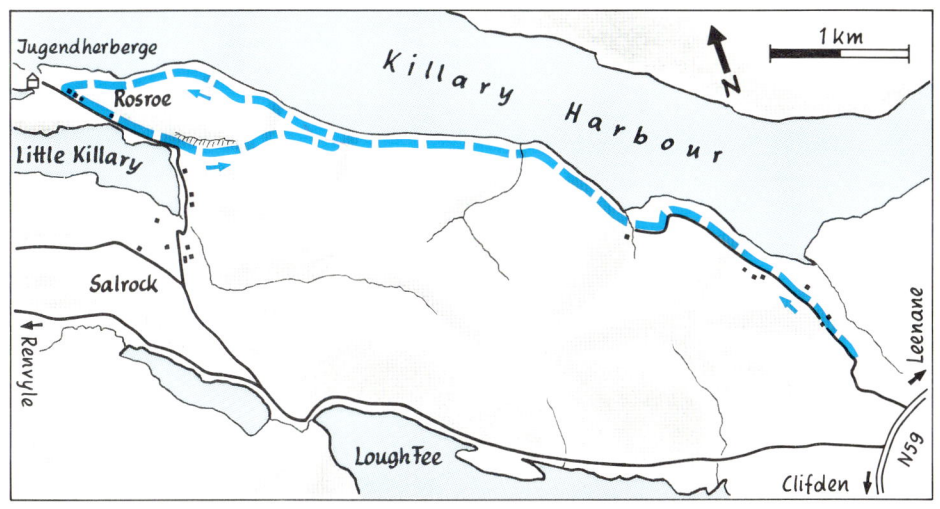

bour, der im Licht der tiefstehenden Sonne zu uns heraufglitzert.
Von der Scharte steigen wir auf der linken Seite einer zaungekrönten *Steinmauer* in Richtung Killary Harbour ab. Nach kurzer Zeit erreichen wir eine große Weidefläche, die von einer breiten Steinmauer begrenzt wird. Noch vor der Mauer überklettern wir den *Zaun* zu unserer *Rechten* und gehen sofort anschließend durch ein *verrostetes Metalltor* nach *links* auf die Weidefläche hinunter. Zwei *rote Pfeile* auf den Steinmauern zeigen uns den Weg.
Auf der Weide beginnt nun der *grasbewachsene Weg*, der uns nach rechts zu den *Ruinen* hinunterbringt, die nur wenige Meter oberhalb unseres Hinweges stehen. Von den Gebäuden steigen wir zum breiten Weg hinunter und wandern nach *rechts* zu unserem Ausgangspunkt zurück.

Nützliche Informationen

Ausgangspunkt: Eine kleine Seitenstraße südlich des Killary Harbour. Hierher auf der N59, die Clifden mit Leenane (auf einigen Karten Leenaun geschrieben) verbindet. Ca. 2 Kilometer südlich des Killary Harbour zweigt auf einer Ebene eine Nebenstraße nach Westen in Richtung Renvyle und Salrock ab. Ca. 200 Meter weiter führt in derselben Richtung ein weiteres Sträßlein in Richtung Killary Harbour (kein Hinweisschild), auf dem man ca. 500 Meter bergab fährt, ehe man vor den ersten Bäumen am Straßenrand parkt. Kommt man aus Richtung Leenane, ist dies das erste Sträßlein, das nach dem Killary Harbour rechts abzweigt (ca. 2 Kilometer ab dem Killary Harbour).
Gehzeiten: Insgesamt 3¾ Stunden. Vom Ausgangspunkt bis nach Rosroe 1¾ Stunden; von Rosroe zurück zum Ausgangspunkt 2 Stunden.
Länge der Tour: 14 km.
Höhendifferenz: 150 m.
Verkehrsverbindungen: Während der Sommermonate täglich ein Bus, der Galway via Leenane über die N59 mit Clifden verbindet. In der übrigen Zeit nur dreimal wöchentlich eine Busverbindung.
Unterkunft: B&B's in Leenane und in Letterfrack. Eine Jugendherberge in Rosroe (An Oige). Zwei Campingplätze an der Küstenstraße nördlich von Letterfrack bzw. westlich von Rosroe.
Verpflegung: Lebensmittelgeschäfte und Restaurants in Leenane und Letterfrack.
Auskunft: TI-Office in Clifden (nur im Juni, Juli und August geöffnet) und in Galway (ganzjährig geöffnet).
Weitere Tourenvorschläge: Vom Lough Fee südlich Rosroe auf den Garraun.
Karten: OS-Karte 1:126 720, Blatt 10 (Connemara).
The Mountains of Connemara 1:50 000 (von Folding Landscapes).

28 Auf die Devilsmother (650 m), die Herrscherin über dem Killary-Fjord

Tourencharakter: Einfache, aber im Schlußanstieg steile Bergtour. Kein Weg und keine Markierungen, dennoch keine Orientierungsprobleme.
Beste Jahreszeit: Von April bis Oktober.
Reine Gehzeit: 3 Stunden.

Der fünfzehn Kilometer lange Killary Harbour, der einzige Fjord Irlands, liegt tief eingebettet zwischen den Bergstöcken ringsum. Im Norden erheben sich die mächtigen Berge

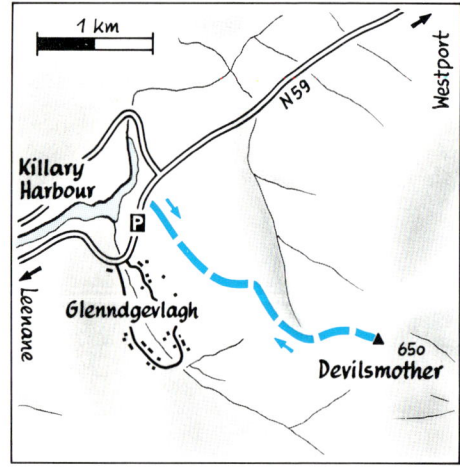

Süd-Mayos, und von Süden her zwängen die Berge Connemaras den Fjord in sein enges Tal.

Doch ein Gipfel zieht vor allen anderen rund um den Killary Harbour die Blicke auf sich: die schön geformte Devilsmother. Als isolierter Kegel ragt sie über dem östlichen Ende des Fjordes auf und verspricht eine märchenhafte Aussicht über den langen Einschnitt des Killary Harbour und zu den Bergen im weiten Umkreis.

Der Wegverlauf

Vom *Parkplatz* gehen wir auf der Straße noch etwa 200 Meter Richtung *Norden*, bis uns ein *Holzgatter* zu unserer Rechten ins offene Gelände entläßt. Hoch über uns spitzt der Gipfel der *Devilsmother* über den langgezogenen Kamm, der unser erstes Ziel ist.

Den *breiten Hang*, der von diesem Kamm zu uns herunterläuft, queren wir, immer leicht *rechts* haltend, bergauf. Über das zumeist trockene Gelände steuern wir auf einen *kleinen Sattel* im Kammverlauf zu, über den der Gipfel der *Devilsmother* schaut.

Die ersten Meter führt unser Aufstieg entlang einer Rhododendronhecke, deren Blüten als rosa Schmetterlinge im sattgrünen Laub baumeln. Neugierig beobachten uns die Schafe, die hier weiden, denn allzuoft werden sie wohl nicht von Wanderern gestört. Angenehm gewinnen wir auf den weichen, grünen Matten an Höhe, und bald liegt der schmale Nordostzipfel des *Killary Harbour* tief unter uns. Die Ebbe zeichnet einen dunklen Rand um die blaue Wasserfläche. Der weite Blick über den Fjord ist uns hier noch durch einen Bergrücken versperrt, doch unsere Blicke beschäftigen sich ohnehin gerade

Rhododendron am Ufer des Killary Harbour, im Hintergrund die Ben-Gorm-Gruppe.

Über dem östlichen Ende des Killary Harbour erhebt sich der breite Block der Partry Mountains mit der Kuppe der Devilsmother.

mit der mächtigen Gestalt des Ben Gorm, der sich im Nordwesten aufbaut.

Oben auf dem *langgezogenen Rücken* beginnt dann endlich unser irisches Nordlanderlebnis. Der Blick geht hinunter auf den langgezogenen Fjord, in den die dunklen, von den Eiszeitgletschern geriffelten Wände der umliegenden Berge steil eintauchen. Nur der Knick, den der *Killary Harbour* in seiner Mitte vollzieht, schränkt den Überblick noch ein wenig ein. Doch mit zunehmender Höhe auf unserem Weg zum Gipfel wird sich bald die ganze Wasserfläche des Fjordes unter uns ausbreiten.

Am Rücken wenden wir uns nach *rechts* und gehen über den *breiten Kamm* auf den steilen *Gipfelaufbau* zu. Zum Greifen nahe ist jetzt die *Devilsmother*, deren Hänge von tiefen Runsen entstellt sind. Doch noch trennt uns der kurze, *steile Gipfelanstieg* von unserem Ziel.

Vom *Sattel* vor dem *Gipfelhang* halten wir uns leicht nach *links* hinauf. Unser Ziel sind einige *Felsen links am Gipfel*, zu denen uns ein schweißtreibender Anstieg bringt. Immer wieder müssen wir im steilen, grasigen Hang die Fallinie verlassen und uns in Serpentinen nach oben schwindeln. Wir genehmigen uns ab und zu kurze Pausen, in denen wir den wunderschönen Blick auf den Fjord und die Berge, Täler und Seen ringsum genießen können.

Oberhalb der *Felsen*, die wir uns zum Ziel gewählt haben, legt sich der Hang deutlich zurück. Über die *Gipfelfläche* erreichen wir nach kurzer Zeit den höchsten Punkt der *Devilsmother*, der durch einen aufgestellten Stein gekennzeichnet ist.

Hier oben ist wirklich der richtige Ort, um jedes Zeitgefühl zu vergessen. Die Aussicht über die Berge und Seen im Süden und Osten sowie zum Croagh Patrick im Norden nimmt uns gefangen. Doch der Höhepunkt bleibt der Blick über den *Killary Harbour* hinaus zum Atlantik, auf dessen Wasserfläche die Nachmittagssonne schillert.

Nützliche Informationen

Ausgangspunkt: Großer Parkplatz am letzten Haus, der Rock Bar, von Glenndgevlagh in Richtung Westport. Glenndgevlagh ist eine Häuseransammlung an der N59, 4 Kilometer nördlich Leenane in Richtung Westport.

Gehzeiten: Insgesamt 3 Stunden. Vom Ausgangspunkt auf den Gipfel 1¾ Stunden; vom Gipfel zurück zum Ausgangspunkt 1¼ Stunden.
Länge der Tour: 6 km.
Höhendifferenz: 650 m.
Verkehrsverbindungen: Während der Sommermonate täglich ein Bus von Galway über Leenane nach Clifden, während der übrigen Monate nur dreimal wöchentlich. Von Leenane die letzten 4 km zu Fuß.
Unterkunft: B&B's in Leenane. Mehrere Jugendherbergen an den Endpunkten der Buslinie in Galway und Clifden.
Verpflegung: Lebensmittelgeschäfte und Restaurants in Leenane.
Sehenswürdigkeiten: Die Aasleagh-Wasserfälle 1 km nördlich des Ausgangspunktes.
Auskunft: In Clifden (nur im Juni, Juli und August geöffnet) und in Galway (ganzjährig geöffnet).
Weitere Tourenvorschläge: Von den Aasleagh-Wasserfällen auf den **Ben Gorm**. Von Delphi über den Ben Lugmore auf den **Mweelrea**.
Karte: OS-Karte 1:126 720, Blatt 10 (Connemara).

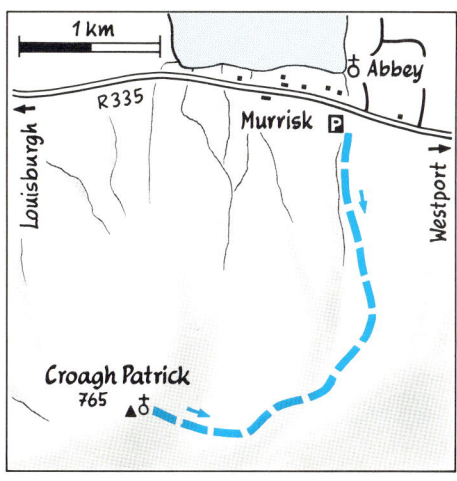

29 Von Murrisk auf den Croagh Patrick (765 m)

Der Pilgerweg auf den heiligen Berg Irlands

> **Tourencharakter:** Bergtour auf teilweise sehr steinigem Weg. Keine Orientierungsprobleme.
> **Beste Jahreszeit:** Von April bis Oktober.
> **Reine Gehzeit:** 3½ Stunden.

Am Südufer der inselübersäten Clew Bay im County Mayo strebt der heilige Berg der Iren, der Croagh Patrick, in den Himmel. Seine edle Kegelform und seine isolierte Lage zogen wohl schon immer die Menschen an, die eine Brücke zwischen der Erde und dem Himmel suchten.

So war der Gipfel des Croagh Patrick bereits ein heiliger Ort, bevor sich der heilige Patrick im Jahre 441 dorthin zurückzog, um vierzig Tage zu beten und zu fasten. Und noch heute stehen am westlichen Rand der Gipfelhochfläche sogenannte Cairns, große Steinmänner, die wahrscheinlich von keltischen Druiden errichtet wurden.

Über den Grund, warum sich der heilige Patrick diesen Gipfel zum Ort seiner Meditation erwählte, kann man nur spekulieren. Vielleicht kannte er den Berg aus der Zeit, in der er als Kind, nachdem er auf einem irischen Beutezug in England geraubt worden war, hier in der Nähe als Sklave Rinder hüten mußte. Vielleicht aber auch wollte er der Bevölkerung beweisen, daß ihm die Götter der Druiden nichts anhaben konnten.

Erst in späteren Jahrhunderten rankten sich jedenfalls die Mythen um den Aufenthalt des heiligen Patrick auf seinem Berg, die ihn als unerbitterlichen Streiter für das Wohl seiner Iren erscheinen lassen. So soll ihm täglich ein Engel erschienen sein, der Gott die Bedingungen überbrachte, nach deren Erfüllung der Heilige erst bereit war, den Berg wieder zu verlassen. So trotzte er dem Allmächtigen die Zusage ab, daß er beim Jüngsten Gericht als alleiniger Richter über die Menschen Irlands fungieren würde. Außerdem schleuderte er sämtlichem Ungetier, das sich zu jener Zeit auf der irischen Insel aufhielt, seine Glocke entgegen und verbannte es auf diese Weise von der Insel. Aus diesem Grund muß

Die Statue des heiligen Patrick am Beginn des Pilgerweges. Im Hintergrund der Quarzitkegel des Croagh Patrick.

man sich heute in Irland nicht mehr vor Schlangen fürchten.
Wahrscheinlich noch zu Lebzeiten des heiligen Patrick wurden schon die ersten Wallfahrten auf den Croagh Patrick abgehalten. Die Wallfahrt fand ursprünglich am 17. März statt, doch nach und nach wurde dieser Termin in den Sommer verschoben, und im 15. Jahrhundert wurde vom Papst der letzte Julisonntag als offizieller Termin anerkannt.
Von den alten Kapellen, die den Endpunkt der Wallfahrt markierten, ist nichts erhalten geblieben. Das Gebetshaus, das heute den Gipfel ziert, wurde 1905 eingeweiht und damit die Wallfahrt neu belebt, die in den Jahren der Unterdrückung durch die Engländer und in den Hungerjahren im 19. Jahrhundert etwas in Vergessenheit geraten war.
Heute ist der Croagh Patrick eindeutig der meistbestiegene Berg in Irland. Über 50 000 Besteigungen sollen es jährlich sein, und am Morgen der Wallfahrt kann man immer noch, trotz eines Verbotes durch die Kirche, einige Barfüßige auf dem steinigen Weg zum Gipfel beobachten.

Der Wegverlauf

Vom *großen Parkplatz* zeichnet sich das weiße Band des breit ausgetretenen *Weges* deutlich im dunklen Heidekrauthang über uns ab. Eine schmale *Teerstraße*, flankiert von rot blühenden Fuchsienhecken, bringt uns zur strahlend weißen *Statue des heiligen Patrick* hinauf, an der der *Weg* beginnt. Im Hintergrund jagen Wolkenfetzen um den eleganten Kegel des *Croagh Patrick*.
Zwar steinig, noch aber in angenehmer Steigung, läuft der *Steig* entlang eines plätschernden Gebirgsbaches in die Höhe. Das Heidekraut an den Ufern des Baches steht gerade in voller Blüte, und im Dunst über der *Clew Bay* taucht das bergige Clare Island als verwunschene Insel auf.
Nach einer kleinen *Verflachung* steilt der Hang erneut auf und der geröllübersäte *Steig* quert nun anstrengend *rechts* aufwärts, zum Hauptkörper des *Croagh Patrick* hinüber. Die *Murrisk Abbey* am Ufer der inselübersäten Clew Bay liegt schon weit unter uns. Wie die Rücken übergroßer Wale schwimmen die Inselchen im blauen Wasser der Bucht. 365 sollen es sein, für jeden Tag des Jahres eine, und dahinter, im Norden, trennt der lange Kamm der Nephin Beg Range das Meer vom Himmel.
Bald erreichen wir den *breiten Kamm*, der zum *Gipfelhang* des *Croagh Patrick* hinüberleitet. In leichtem Auf und Ab können wir hier neue Kräfte für den anstrengenden Schlußanstieg sammeln. Im Süden liegt jetzt eine weite Ebene unter uns, hinter der sich die Berge rund um den Killary Harbour aufbauen. Links dehnt sich der lange Rücken der Partry Mountains mit der markanten Devilsmother als westlichem Abschluß. Etwas näher erheben sich die Sheffry Hills mit einem stillen Bergsee, der sich in ihre Nordflanke eingenistet hat.
Bald stehen wir unter dem *steilen Gipfelauf-*

Der breite Weg zum Croagh Patrick über der inselübersäten Clew Bay.

bau, auf dem die Füße der vielen Begeher den Weg zu einer breiten *Schuttreiße* haben ausufern lassen. Bevor dieser nun rasch steiler wird, steht links noch eine kleine *Wallfahrtsstation*, die von den Pilgern betend umschritten werden soll.

Wir steigen über das grobe Geröll, das den *Weg* bedeckt, bis kurz vor den abschreckenden *Schuttstrom* und verlassen den Pfad dann nach *rechts*. Im steilen grasigen Gelände helfen uns *Steigspuren* in Serpentinen nach oben.

Kurz unterhalb des *Gipfels* queren wir nach *links* hinüber und erreichen auf dem breiten steinigen *Weg*, der am oberen Ende der Schuttreiße beginnt, nach wenigen hundert Metern das überraschend weite *Gipfelplateau*.

Ein strenger Wind pfeift vom Atlantik her über den isolierten Gipfel, und wir sind froh um die schmucklose *Kapelle*, die uns etwas Schutz gewährt. Doch bevor wir uns zum Abstieg rüsten, umrunden wir trotz des zerrenden Sturms die Gipfelebene, um uns die phantastische Rundumsicht nicht entgehen zu lassen.

Nützliche Informationen

Ausgangspunkt: Der große Wallfahrerparkplatz in Murrisk, an der R335, die Westport mit Louisburgh verbindet.
Gehzeiten: Insgesamt 3½ Stunden. Vom Ausgangspunkt zum Gipfel 2¼ Stunden; vom Gipfel zurück zum Ausgangspunkt 1¼ Stunden.
Länge der Tour: 6 km.
Höhendifferenz: 750 m.
Verkehrsverbindungen: Mehrmals täglich Busse von Westport nach Louisburgh (Haltestelle in Murrisk).
Unterkunft: Hotels in Westport und Louisburgh. B&B's in Westport, Louisburgh und entlang der R335. Vier Jugendherbergen in und um Westport (Zwei Independent, Budget und An Oige). Campingplätze in der Nähe von Westport und Louisburgh.
Verpflegung: Lebensmittelgeschäft in Westport, Louisburgh und entlang der R335. Restaurants in Westport und Louisburgh.
Fahrradverleih: In Westport.
Sehenswürdigkeiten: Die Murrisk Abbey, eine Augustinerabtei aus dem 15. Jahrhundert, einige hundert Meter unterhalb des Wallfahrerparkplatzes. – Westport House, ein georgianisches Herrenhaus aus dem 18. Jahrhundert mit schönem Park und angegliedertem Kinderzoo in der Nähe von Westport.
Auskunft: TI-Office in Westport (ganzjährig geöffnet).
Karte: OS-Karte 1:126720, Blatt 10 (Connemara).
Sonstiges: Schöne Strände in der Umgebung von Louisburgh. – Großes Street Festival in Westport, Ende Juli, mit tagelanger Musik und Unterhaltung auf den Straßen.

30 Zum Knockmore (463 m) auf Clare Island

Auf der Insel der Piratenkönigin Grace O'Malley

> ***Tourencharakter:*** Großenteils einfache Wanderung auf Straßen und breiten Wegen. Nur der Schlußanstieg zum Knockmore in steilem Weidegelände.
> ***Beste Jahreszeit:*** Von April bis Oktober.
> ***Reine Gehzeit:*** 3¾ Stunden.

Als wuchtiger Klotz bewacht Clare Island den Eingang zur Clew Bay. Obwohl die Insel nur vier mal acht Kilometer groß ist, erreicht der Knockmore trotzdem eine Höhe von fast 500 Metern.

Clare Island war im 15. Jahrhundert der Hauptstützpunkt einer der eigenwilligsten Frauen der Geschichte, der Piratenkönigin Grace O'Malley. Von ihren Gegnern wurde sie gefürchtet, doch bei ihren irischen Landsleuten hat sie sich bis heute ein hohes Ansehen bewahrt.

Als ihr Vater starb, drängte sie ihren jüngeren Bruder zur Seite und übernahm kraft ihrer Ausstrahlung die Leitung ihrer Familie und damit die Herrschaft über die irische Westküste von Achill Island bis hinunter zu den Aran-Inseln.

Mit ihren wenigen Schiffen machte sie als Piratin die Küsten unsicher, wobei die bevor-

Die Abtei auf Clare Island, in der die Piratenkönigin Grace O'Malley beerdigt sein soll. Im Hintergrund der Knockmore.

zugte Beute natürlich englische Handelsschiffe waren. Eine hohe Belohnung wurde auf ihren Kopf ausgesetzt, bis sie sich mit den Engländern arrangierte und fortan spanische Schiffe überfiel. Darin war sie dann so erfolgreich, daß sie von Elisabeth I. nach London geladen wurde. Die Königin bot ihr einen Adelstitel an, den die stolze Grace aber ablehnte. Ihrer Ansicht nach stand sie mit der englischen Herrscherin auf gleicher Stufe und benötigte deshalb diesen Titel nicht.

Als Elisabeth beim Essen über die Last klagte, die auf ihren Schultern ruhe, antwortete Grace, daß jeder irische Bauer bedeutend mehr arbeiten müsse als die englische Königin. Ein Wunder, daß Grace nach dieser Unterredung lebend in ihre Heimat zurückkehrte. Aber die Kraft, die diese Frau ausstrahlte, beindruckte offensichtlich auch die englische Königin.

Am Hafenkai von Clare Island steht noch der Turm der Burg, in der Grace lebte. Angeblich ließ sie jede Nacht ihre Schiffe im nahen Hafen zusammenbinden und sich das Seil durch ein Loch in der Burgmauer reichen. So hatte sie auch nachts ihre kleine Flotte fest in der Hand.

Auf unserer Wanderung kommen wir an den Ruinen der alten Kirche vorbei, in der Grace beerdigt sein soll. Im 19. Jahrhundert raubten angeblich schottische Knochenverwerter ihre Gebeine, um sie zu Dünger zu verarbeiten. Als der Dünger dann auf schottischen Feldern verstreut wurde, fiel ein kleiner Knochen in einen Kohlkopf. An diesem Knochen erstickte daraufhin ein Schotte, der den Engländern bei der Unterdrückung der Iren geholfen hatte. Selbst vierhundert Jahre nach ihrem Tod vernichtete auf diese Weise Grace die Feinde Irlands.

Der Wegverlauf

Von der *Hafenmole* gehen wir an den wenigen Häuser vorbei und anschließend auf der *schmalen Teerstraße* leicht bergauf. Den

Lärm des kleinen *Inselkraftwerkes* lassen wir schnell hinter uns und wandern zwischen Steinmauern, über die rot blühende Fuchsien wuchern, nach *Westen*.

Nach kurzer Zeit wird die Straße eben und verläuft ein Stückchen über dem Meer durch wunderschöne, blümchenübersäte Weiden. Weit geht nun der Blick über den Atlantik, dessen blaue Wasserfläche das gebirgige Inishturk durchbricht. Dahinter ist die flache Scheibe der Insel Inishbofin im Dunst zu erahnen. Bald tauchen auch im Süden und Osten die Berge rund um den Killary Harbour und der perfekte Kegel des Croagh Patrick auf.

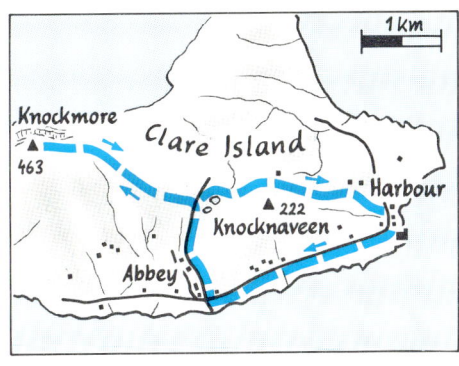

Kurz danach lugt der *Knockmore*, unser Ziel, über den Hügel rechts der Straße. Jetzt ist es nicht mehr weit zur kleinen *Ansiedlung* an der *Südküste von Clare Island*, die von der Ruine einer Zisterzienserabtei aus dem 13. Jahrhundert überragt wird. Im kleinen Ort gehen wir gleich die *erste Straße rechts* hinauf und erreichen die alte Abtei mit den schönen Fresken, in der *Grace O'Malley* beerdigt sein soll.

Rechts vorbei geht das Teersträßlein in einen *Schotterweg* über und durchzieht den steilen Hang vor uns. Links unter uns breitet sich eine Talmulde aus, in der wenige bunte Häuser verstreut in den Steinmauerweiden liegen. Dahinter fallen die steilen Hänge des *Knockmore* ab, zu dessen Gipfel von rechts ein *deutlich sichtbarer Weg* führt.

Der steilste Abschnitt des Schottersträßleins endet an einem *Metalltor*. Etwa *200 Meter nach dem Tor* zweigt *links* der Weg ab, der uns zum *Gipfelaufbau des Knockmore* hinüberführt. Wie so viele der irischen Feldwege wurde auch dieser angelegt, um durch Torfabbau das winterliche Herdfeuer zu sichern. Anfänglich windet sich der *Weg* immer auf der *Südseite des buckligen Kammes* höher und die Berge von Süd-Mayo und Connemara ziehen unsere Blicke auf sich. Doch nach und nach öffnet sich auch der Blick gen Norden, auf die Nephin Beg Range, die Corraun-Halbinsel und den östlichen Teil von Achill Island.

Am Hafenstrand von Clare Island. Auf der gegenüberliegenden Seite der Clew Bay liegt der markante Kegel des Croagh Patrick.

Vom *Ende des Weges* steigen wir über einige runde Buckel bis zum *steilen Gipfelhang des Knockmore*. Auf der *rechten Seite* des Hangs, immer in der Nähe des *Zauns*, der die Schafe vor dem Absturz über die senkrechten Klippen bewahren soll, quälen wir uns nun durch das steile Gelände zum Gipfel hinauf.

Dort angekommen, haben wir eine Aussicht, die ihresgleichen sucht. Im Westen dehnt sich die Fläche des Atlantik in die Unendlichkeit, und im Osten umgeben schillernde Strände die inselübersäte Clew Bay, an deren Südrand der ebenmäßige Kegel des Croagh Patrick aufragt. Im Norden überblicken wir das ganze Achill Island, hinter dem sogar die weit entfernte Mullet-Halbinsel hervorlugt, und fünfhundert Meter unter uns schaukelt ein rotes Spielzeugboot vor den wilden Klippen der Nordküste von Clare Island. Im Süden gehen Meer und Inseln in den mächtigen Gebirgsriegel rund um Killary Harbour über.

Vom *Gipfel* gehen wir jetzt den *Weg* zurück, den wir heraufgekommen sind. Auf der *Schotterstraße*, die wir von der alten Kirche hochgestiegen sind, wenden wir uns nach *links*. *Rechts* der Straße liegen *zwei kleine Seen*, deren Wasserfläche von Seerosen überwuchert ist. Kurz nach den Seen zweigt *rechts* eine *grasbewachsene Straße* ab, die uns unter dem *Nordhang des Knocknaveen* zurück zum Hafen bringen wird. Bergauf und bergab windet sich der Weg um den Hügel, und der frische Duft von Farn steigt uns in die Nase.

Ein *letzter Anstieg* bringt uns hinauf zu einer *Steinmauer*. Wir gehen durch ein *rostiges Tor*, und unter uns liegen schon die ersten Häuser am *Hafen*. Am *ersten Abzweig*, vor dem alten Schulgebäude, gehen wir *rechts*

hinunter auf den Sandstrand am *Hafen* zu. Links und rechts des Weges überragen gelbe Schwertlilien die Steinmauer, und vorbei an einigen Häusern erreichen wir den *Fußballplatz*, auf dem gerade ein Gaelic-Football-Match ausgetragen wird.
Wir verfolgen ein wenig das harte Spiel, ehe wir die wenigen Meter zur Hafenmole hinüberlaufen, um die Fähre nicht zu verpassen. Dort müssen wir noch lange auf die Abfahrt warten: Der Kapitän hatte anscheinend vergessen, daß sein Bootsjunge an diesem Abend im Team von Clare Island spielt.

Nützliche Informationen

Ausgangspunkt: Die Hafenmole von Clare Island.
Gehzeiten: Insgesamt 3¾ Stunden. Vom Hafen auf den Knockmore 2½ Stunden; zurück zum Hafen 1¼ Stunden.
Länge der Tour: 10 km.
Höhendifferenz: 500 m.
Verkehrsverbindungen: Zwei Fähren täglich ab Roonagh Point (vormittags nach Clare Island, abends zurück; ca. 5 Stunden Aufenthalt). Roonagh Point liegt 7 km westlich von Louisburgh; mehrmals täglich Busse von Westport nach Louisburgh. Von Mitte Mai bis Ende September eine Fähre täglich von Cloghmore, 8 km südlich von Achill Sound. Mehrere Busse täglich von Westport und Sligo (umsteigen in Ballina) nach Achill Sound.
Unterkunft: Ein Hotel und einige B&B's auf Clare Island. Hotels und B&B's in Achill Sound. Eine Jugendherberge in Achill Sound. Ein Campingplatz in der Nähe von Louisburgh.
Verpflegung: Lebensmittelläden und Restaurants in Louisburgh und Achill Sound. Ein kleiner Lebensmittelladen auf Clare Island.
Fahrradverleih: In Achill Sound oder Westport.
Auskunft: TI-Office in Achill Sound (nur im Sommer geöffnet). TI-Office in Westport (ganzjährig geöffnet).
Karte: OS-Karte 1:126 720, Blatt 10 (Connemara).
Sonstiges: Schöne, einsame Strände an der Ostküste von Clare Island, die problemlos erreichbar sind.

31 Vom verlassenen Dorf zum Saddle Head

Entlang der Nordküste von Achill Island

Tourencharakter: Lange Wanderung mit je einem steilen Auf- und Abstieg. Keine Markierungen und auf weiten Strecken kein Weg.
Beste Jahreszeit: Das ganze Jahr über möglich.
Reine Gehzeit: 6 Stunden.

Achill Island, nur durch einen schmalen Meereskanal vom Festland getrennt, ist die größte Insel rund um Irland. Auf der Insel konzentriert sich alles, was den Besucher am irischen Westen reizt: hohe Gebirgsrücken, auf deren braunen Moorflanken blaue Seeaugen leuchten, durchziehen das Eiland. Das Meer umpeitscht wilde Klippen, die immer wieder von langen Traumstränden unterbrochen werden.
Auch in der Siedlungsgeschichte von Achill Island spiegelt sich das übrige Irland wider. Am Südhang des Slievemore sind die Reste von jungsteinzeitlichen Gräbern erhalten, und so manche Ortsbezeichnung deutet noch heute auf keltische Forts hin. Ruinen von alten Kirchen und Wehranlagen setzen die Zeitmarken späterer Jahrhunderte.
Was aber am meisten zu Herzen geht und worauf man in Irland und vor allem auf Achill Island immer wieder stößt, sind die verlassenen Häuser und Dörfer. Nicht das Alter oder die Eleganz der Gebäude sind es, die den Betrachter in ihren Bann ziehen, sondern die Vorstellung, die sie vom Leben in den letzten Jahrhunderten vermitteln. Man fühlt sich in die Zeit zurückversetzt, in der die Bewohner ihren stillen, unerbittlichen Kampf gegen Armut und Hunger führten. Daß sie letztendlich diesen Kampf verloren, beweisen die verlassenen Hütten, die nach und nach von Stürmen und Moos verschlungen werden.
Heinrich Böll lebte einige Sommer lang auf Achill Island und verfaßte hier sein *Irisches Tagebuch*. Ein Kapitel dieses Buches widme-

te er, angetan von der Ausstrahlung des verlassenen Dorfes, diesem »Skelett einer menschlichen Siedlung«.

Der Wegverlauf

Vom *Parkplatz am Friedhof* unter den Südhängen des *Slievemore* gehen wir auf einer Sandstraße durch das *verlassene Dorf nach Westen*. Über einige hundert Meter ziehen sich die Ruinen hin, neben denen sich noch die graswachsenen Ackerfurchen abzeichnen. Eine seltsame Schwermut liegt über der Landschaft. Doch der Traumstrand von Keel mit den vielen bunten Surfsegeln setzt eine aufheiternde Farbigkeit gegen das Grün, Grau und Braun hier oben.

Im *Westen* vor uns liegt ein *kleiner Hügel* mit der Ruine eines *Wachturms* aus dem 17. Jahrhundert obenauf, der unser erstes Zwischenziel sein soll.

Am Fuße dieses Hügels verlassen wir die Sandstraße und erklimmen zuerst auf dem *Zubringerweg* zu einem kleinen *Quarzbruch*, dann querfeldein den niedrigen Hügel. Vom Turmstumpf bietet sich uns zum erstenmal die Traumaussicht nach Norden auf die Mullet-Halbinsel mit den vielen kleinen Inselchen ringsum. Im Osten fallen die Hänge des Slievemore steil zum Meer hin ab, das tiefe Höhlen in den Fels gegraben hat, in denen Robben Schutz suchen. Von Norden zieht braunes Torfabbaugelände von den weißen Häusern von Dooagh zu uns herauf, und dahinter teilt Clare Island die blauen Meeresfluten.

Der Friedhof am Südhang des Slievemore, an dem der Startpunkt der Tour zum Saddle Head liegt.

Vom *Turm* aus überqueren wir einen *breiten Sattel*, der uns vom nächsten, etwas *höheren Hügel westlich* von uns trennt, und steigen über einen Wiesenhang auf dessen *Gipfelkuppe*. Von hier können wir sogar bis zum Croagh Patrick, nach Connemara und Inishbofin blicken. Mächtig erhebt sich im Westen der felsige *Croaghaun*, und rechts davon zieht das sanfte Wiesengelände, auf dem *einige Seeaugen* schillern, entlang der Küste zum *Saddle Head*. Tief unten liegt die grüne Wasserfläche des *Lough Nakeeroga East*, den nur ein schmaler Landstreifen vom einsamen Annagh-Strand trennt.

Vom *Gipfel* umgehen wir *links* die niedrigen Felsabbrüche auf seiner Westflanke und wenden uns danach in einer *breiten Talmulde* nach *rechts* hinunter, in Richtung des Annagh-Strandes. Bis in halbe Höhe zum Meer ist der Abstieg problemlos, doch dann wird das Gelände steiler und unübersichtlich. *Ganz links,* nahe an der felsdurchsetzten Steilflanke, hilft uns ein *erdiger Steig* durch den steilen, mit hohem Heidekraut bewachsenen Hang zum Strand hinunter.

Oberhalb des einsamen Robinsonstrandes halten wir nun, an einer *verfallenen Hütte* vorbei, auf den sanften *Riegel* zu, der den *Lough Nakeeroga East* vom Meer trennt. Auf Schafspuren, nahe der Abbruchkante zum Meer hin, wandern wir über den Rücken bis zum *Auslauf* des stillen Sees hinüber.

Gerade aufwärts über den *anschließenden Hang* gelangen wir auf eine *kleine Ebene*, an deren linkem Rand die Überreste einer *Hummerfischersiedlung* aus dem letzten Jahrhundert von Farn verschlungen werden. *Links* fällt der Rücken, über den der *Rückweg* verläuft, mit felsigen Flanken zu uns ab. Vor uns, im *Westen*, schiebt dieser Rücken einen *grasigen Erker* vor, zu dessen Fuß wir emporsteigen. Im *flachen Gelände* wandern wir *nach Westen* um den Vorbau, über den wir beim *Rückmarsch* hochklettern müssen, herum. Bald liegt vor uns das weite Gelände, durch das wir, vorbei am dunklen *Lough Nakeeroga West*, zum *Saddle Head* wandern. Davor erreichen wir noch den *Lough Bunnafreva East*, der sich *links* unter der steilen Flanke versteckt hält. *Rechts vorbei* an dem See schlendern wir hinunter zum *Lough Nakeeroga West*, dessen Wasserfläche von Möwen weiß gefärbt wird.

Auf Steinen überspringen wir jetzt den *Ausfluß* des Sees und queren leicht bergauf den anschließenden langen, sanften Hang nach *Westen* hinaus zum *Saddle Head*. Nur anfänglich ist der Hang etwas feucht, und bald schon wandern wir über angenehmes, trockenes Gelände bis zu den Klippen am *Saddle Head*.

Vom *Kap* tut sich der atemberaubende Blick zu den *höchsten Kliffs Europas* auf, die über 600 Meter vom Gipfel des *Croaghaun* herunterziehen. Ein schneidender Wind bläst uns ins Gesicht, der das Meer am Fuße der Kliffs

Eines der Häuser des verlassenen Dorfes, das Heinrich Böll in seinem »Irischen Tagebuch« unvergeßlich beschrieben hat.

Die einsame Nordküste von Achill Island, im Hintergrund der Kegel des Slievemore.

zu weißem Schaum aufwühlt. Gischt spritzt zu uns hoch, aber trotz der Kälte beobachten wir lange das Wüten des Meeres, dem sich der Croaghaun entgegenstellt.

Etwas steif und feucht staksen wir zurück, am *Lough Nakeeroga West* vorbei, zum *Lough Bunnafreva East* hinauf.

Die steile grüne Flanke *östlich* oberhalb des Sees queren wir *links aufwärts* und ersteigen anschließend *rechtshaltend* den steilen *Grashang*, der uns zwischen felsigem Gelände rechts und links über einen Vorbau nach oben bringt. Nach Osten schweift unser Blick hinunter zum nahen Lough Nakeeroga East und zum Annagh-Strand, hinter dem sich der Slievemore aufbaut.

Im *oberen Hangabschnitt* legt sich das Gelände nach und nach etwas zurück, und wir sind froh, als wir endlich auf dem *Rücken* stehen, über den wir nach *Osten* zu unserem *Ausgangspunkt* zurückwandern können. Nur noch ein *breiter Sattel* trennt uns von jenem Hügel, von dem aus wir den Abstieg zum Meer hinunter begonnen haben. Von dort können wir auf dem uns schon *bekannten Weg* zum *verlassenen Dorf* zurückkehren.

Nützliche Informationen

Ausgangspunkt: Der Parkplatz am Friedhof in der Nähe des verlassenen Dorfes *(Deserted Village)*, am Südfuß des Slievemore. Hierher von Keel, indem man nach dem Postamt in der Nähe des Strandes noch ein Stück weiter in den Ort fährt. Bei erster Gelegenheit biegt man scharf rechts (nach Norden) ab und fährt geradeaus auf den Slievemore zu. Vor dessen Südhang biegt die Straße scharf nach rechts und führt weiter nach Dugort. Am Knick fährt man aber noch einige hundert Meter geradeaus weiter zum gut zu sehenden Friedhof hinauf, neben dem das ver-

lassene Dorf liegt (Hinweisschild Deserted Village).
Gehzeiten: Insgesamt 6 Stunden. Vom Ausgangspunk zum Annagh-Strand 1¾ Stunden; vom Annagh-Strand zum Saddle Head 1½ Stunden; vom Saddle Head zurück zum Ausgangspunkt 2¾ Stunden.
Länge der Tour: 15 km.
Höhendifferenz: 700 m.
Verkehrsverbindungen: Von Westport dreimal täglich Busse nach Keel. Von Sligo tägliche Busverbindung nach Keel (umsteigen in Ballina).
Unterkunft: Eine Vielzahl von Hotels und B&B's auf Achill Island. Eine Jugendherberge in Keel und eine in Valley (beide Independent). Ein Campingplatz in Keel und zwei Campingplätze in der Nähe von Dugort.
Verpflegung: Lebensmittelgeschäfte und Restaurants in Keel.
Fahrradverleih: Nächster Fahrradverleih in Keel.
Sehenswürdigkeiten: Die Robbenhöhlen am Fuß des Slievemore (Bootscharter in Dugort).
Auskunft: TI-Office in Achill Sound (nur während der Sommermonate geöffnet).
Weitere Tourenvorschläge: Vom verlassenen Dorf auf den Slievemore.
Karte: OS-Karte 1:126720, Blatt 6 (North Mayo).
Map and Guide Achill Island ca. 1:33000 (von Bob Kingston).
Sonstiges: Herrliche Strände an der Süd- und Nordküste von Achill Island. – Hervorragende Surfmöglichkeiten am Keel-Strand und am nahen Lough Keel (für weniger Geübte).

32 Zum Achill Head und auf den Croaghaun (668 m)

Auf den höchsten Kliffs in Europa

Tourencharakter: Bis zum Achill Head relativ einfache Wanderung, dann steile Bergtour. Kein Weg und keine Markierungen.
Beste Jahreszeit: Von April bis Oktober.
Reine Gehzeit: 3¾ Stunden.

Am westlichen Ende der Insel bündelt Achill Island seine letzten Kräfte und schwingt sich zum mächtigen Croaghaun auf, ehe das Land am Achill Head in den Fluten des Atlantik versinkt. Wie abgehackt erscheint dem Betrachter die Nordwestflanke des Berges, die von den Wellen des Meeres angenagt ist. In einem Stück fällt sie vom fast 700 Meter hohen Gipfel bis zur Wasserfläche des Meeres ab und formt so die höchsten Kliffs in ganz Europa.
Die Südflanke des Berges ist bedeutend zahmer. Tief hat sich hier die Keem Bay mit ihrem weißen Traumstrand in die grünen Hänge eingegraben.
Im Tal oberhalb der Bucht führen uns zwei Bauwerke in die irische Geschichte zurück. Ein sogenannter Penal-Altar steht einsam in einer Wiese. Auf diesen Altären wurden im 18. Jahrhundert, als die Engländer den katholischen Glauben unterdrückten, heimlich Messen zelebriert.
Einige Meter höher sind wir 150 Jahre weiter

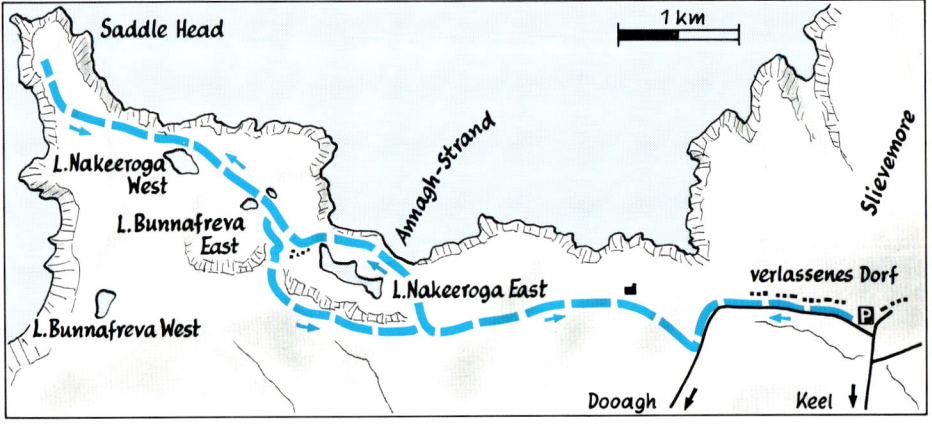

auf dem Weg zur Gegenwart. Der berühmt-berüchtigte Captain Boycott lebte hier Ende des 19. Jahrhundert in einem Haus, dessen Mauern die letzten hundert Jahre überdauert haben. Als Verwalter eines Großgrundbesitzers beutete er die irischen Landarbeiter aus, die aber bald begannen, sich zur Wehr zu setzen.

Als er niemanden mehr fand, der für ihn arbeiten wollte, mußte er gezwungenermaßen seine Stellung aufgeben. Die armen Landarbeiter errangen einen Sieg, und ein neues Wort war geboren, der Boykott.

Der Wegverlauf

Vom *Parkplatz* gehen wir auf das *große weiße Gebäude* zu, das etwas oberhalb des *Keem-Strandes* im grünen Tal liegt. Auf halbem Weg zum Haus überqueren wir einen *Bach* und verlassen anschließend den Weg nach *rechts*. In leichtem Anstieg gelangen wir zu einem *Steintisch*, der in den Zeiten des Penal Law als *Altar* diente. Oberhalb ist schon unser nächstes Ziel zu erkennen, die *Ruine des Hauses*, in dem der unselige *Captain Boycott* lebte. Nebenan zeichnen sich im Gelände noch die Furchen der schon längst aufgegebenen Äcker ab, die einst zum Anwesen gehörten.

Am Haus wenden wir uns nach *links* und überspringen den *Bach*, der im Tal herunterfließt. Anschließend erklettern wir den *steilen Grashang*, der zu dem *Kamm* hinaufführt, der das Tal im Südwesten zum Atlantik hin abschließt. Kurz vor der scharfen *Kammschneid* erreichen wir eine *Wegspur*, die, meist gut kenntlich, *rechts zum Achill Head* hinausläuft. Im Osten schimmert unter uns das türkise Wasser der traumhaften *Keem Bay* und dahinter strecken sich die Minaun-Kliffs in die Länge.

Im grasigen *Nordosthang* des Kammes wandern wir jetzt hinaus zum *Achill Head*. An einer Scharte im Kammverlauf steigen wir die wenigen Meter zur Schneid hinauf. Von dort fallen senkrechte Klippen zum Meer hin ab;

Blick vom Croaghaun nach Norden, zum Saddle Head und zur Belmullet-Halbinsel.

vor uns liegt der Felsgrat, der zur äußersten *Westspitze von Achill Island* abfällt.
Bald liegt rechts unter uns der *weite Sattel*, der uns vom *Croaghaun* trennt und den wir auf dem *Rückweg vom Achill Head* überqueren werden. Nun legt sich der Hang, den wir entlangqueren, allmählich zurück, und bald erreichen wir die *grünen Hügel*, an denen die schwierigen Felsgrate zur äußersten Spitze von Achill Head ansetzen. Hier legen wir eine kurze Rast ein, bevor wir mit dem Weg zum *Croaghaun* beginnen. Im Atlantik liegt die einsame *Black-Rock-Insel* mit einem weißen Leuchtturm obenauf, und im Norden die Mullet-Halbinsel mit ihren felsigen Nachbarn. Der Grund aber, warum wir den *Croaghaun* nicht auf direktem Wege erklettert haben, ist der Blick von hier in seine Steilflanke,

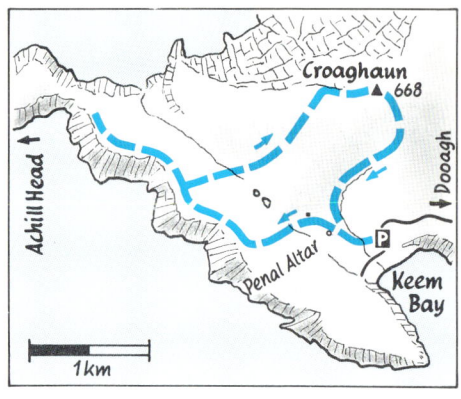

Oberhalb der Keem Bay beginnt die Tour zum Croaghaun.

die vom Gipfel über 600 Meter zum Meer hin abbricht, als hätte ein Riese den Berg mit einem Schwert zweigeteilt und als wäre der nördliche Teil im Meer versunken.
Nachdem wir den Anblick der Kliffs voll ausgekostet haben, wandern wir ein Stück den *Weg zurück*, den wir gekommen sind. Nach kurzer Zeit steigen wir knapp *vor dem Sattel links* hinunter, um das extrem sumpfige Gelände im Sattel zu vermeiden. Sobald wir einen *Bachlauf*, der sich tief eingeschnitten hat, überquert haben, liegt der *steile Südwesthang des Croaghaun* vor uns. Um die Felsen an seinem oberen Ende zu umgehen, steigen wir kraftraubend durch den Hang, immer *leicht rechts* haltend, aufwärts. In Höhe der *Felsen* halten wir uns wieder ein wenig nach *links*, um dann anschließend durch grasiges Gelände *gerade aufwärts* den felsgekrönten *Südwestgipfel* zu erklimmen.
Von hier folgen wir dem *Steig*, der uns über den anfänglich schmalen *Grat* zum *Hauptgipfel* hinüberbringt. Atemberaubende Blicke haben wir jetzt zum scharfgeschnittenen Südwestgipfel, von dem die steile Wand zum 650 Meter tiefer gelegenen Meer abbricht. Vom Hauptgipfel liegt uns ganz Achill Island zu Füßen.
Dem Gipfel ist rechts unten, *im Südosten*, ein *breiter Rücken* vorgelagert, der die blaue Wasserfläche des *Lough Acorrymore* begrenzt. Über teilweise blockiges Gelände steigen wir in *Richtung dieses Rückens* ab und schwenken, kurz bevor wir ihn erreichen, nach rechts. Unter uns liegt nun die *Keem Bay*, an der unsere Wanderung begann. Eine *steile Hangmulde*, durch die eini-

Sonnenuntergang an den Kliffs des Benwee Head.

ge Bächlein bergab rauschen, trennt uns noch von der Bucht. Am besten an der *rechten Seite* dieser Mulde steigt man zum *großen Gebäude* hinunter, an dem unsere Wanderung begann.

Nützliche Informationen

Ausgangspunkt: Der oberste Parkplatz an der Keem Bay. Hierher auf der R319, die durch Keel und Dooagh nach Westen führt und an der Keem Bay endet.
Gehzeiten: Insgesamt 3¾ Stunden. Vom Ausgangspunkt zum Achill Head 1¼ Stunden; vom Achill Head auf den Croaghaun 1¾ Stunden; vom Croaghaun zurück zum Ausgangspunkt 45 Minuten.
Länge der Tour: 8 km.
Höhendifferenz: 700 m.
Alle weiteren Informationen siehe Tour 31.

33 Von Portacloy zum Benwee Head

Auf den einsamen Klippen von Nord-Mayo

Tourencharakter: Einfache Wanderung. Kein Weg und keine Markierungen, trotzdem keine Orientierungsprobleme.
Beste Jahreszeit: Das ganze Jahr über möglich.
Reine Gehzeit: 2½ Stunden.

Fährt man durch Mayo nach Norden, wird die Landschaft immer dunkler und bedrückender. Weite Moorgebiete dehnen sich bis zum Horizont, in denen großflächiger Torfabbau dunkle Narben hinterlassen hat. Touristisches Niemandsland ist hier, und selbst die Iren belächeln diesen Landstrich und seine Bewohner. Es wird erzählt, daß die Leute aus Nord-Mayo, als hier während der Hungerjahre im 19. Jahrhundert große Not herrschte, auf der Suche nach Eßbarem ins Landesinnere aufbrachen. Als sie aber seltsame, riesige Gebilde erblickten, kehrten sie, von panischer Angst getrieben, um. Sie waren vor Bäumen geflohen, die sie aus ihrer kargen, von Mooren bedeckten und von Atlantikwinden zerzausten Heimat nicht kannten.

Und doch übt diese Landschaft einen seltsamen, spröden Reiz aus. Außerdem ist hier ein wenig beachtetes landschaftliches Kleinod zu finden: die wilde, einsame Klippenküste Nord-Mayos, die sich vom Downpatrick Head im Osten bis zum Benwee Head im Westen über viele Kilometer hinzieht.

Die Stags of Broad Haven, sieben sturmumbrauste, hundert Meter hohe Felstürme einige Kilometer vor der Küste am Benwee Head, standen übrigens 1991 zum Verkauf an. Hier konnte sich jemand seinen Traum von der eigenen Insel für 50 000 Mark verwirklichen. Der Haken an der Sache ist lediglich, daß es unmöglich ist, an den Felsen an Land zu gehen.

Der Wegverlauf

Von der kleinen *Hafenmole* können wir schon eine *Wegspur* erkennen, die durch Weidegelände *westlich der Bucht von Portacloy* in Richtung zum offenen Meer zieht. Über eine kurze *Schotterstraße*, durch ein *Holztor* im anschließenden Zaun und über einen *kleinen Bach* erreichen wir den *Weg*. Angenehm wandern wir über die grünen Matten zu einem *Hügelchen mit einem Markierungzeichen* obenauf, das den *Eingang zur Bucht* kennzeichnet, hinaus. Bald sehen wir hinüber in die senkrechten, moosbehangenen Kliffwände, die östlich der Bucht über hundert Meter hoch aufragen.

Kurz bevor wir das Hügelchen mit dem Zeichen erreichen, schwenken wir entlang der hier ansetzenden *Kliffkante* nach links hinauf. Unter uns liegt eine tiefe, kleine *Bucht*, die auf ihrer Westseite von einem mächtigen *Felsriegel* begrenzt wird. Von hier sind auch zum erstenmal die Türme der *Stags of Broad Haven* zu sehen, die einige Kilometer vor der Küste die Wellenberge durchstechen.

Angenehm steigen wir *entlang der Kliffs* auf weichen Graspolstern nach oben und erreichen bald eine *zweite, größere Bucht*. Glatte Felsplatten streben hier aus dem Meer in die Höhe und lösen sich nach oben hin in bizarre Felsgebilde auf. Vor uns können wir jetzt auch zum erstenmal das *Benwee Head* sehen, den höchsten Punkt unserer Tour. In unserem Rücken gewähren uns die Kliffberge östlich der Bucht von Portacloy den vollen Einblick in ihre wunderschönen grünen und senkrechten Flanken.

Immer entlang der *Kliffkante* wandern wir über einer vom Meer zerfressenen Wunderwelt weiter. Steile, abgelöste Klippen und mächtige Wände sowie die unnahbare Eleganz der Stags of Broad Haven weit draußen im Atlantik sind hier zu bestaunen.

Bevor wir mit dem endgültigen *Anstieg* zum *Benwee Head* beginnen, müssen wir noch einmal in einen breiten grünen *Sattel* absteigen. Ein spitzer Kliffberg, auf dem Hunderte von Seevögel nisten, löst sich hier aus den Felswänden.

Ein Stück vor dem Head ist unter uns ein wunderschönes Naturtor zu sehen, durch das die von der Abendsonne beschienenen Wellen leuchten. Vom *Benwee Head* selbst stürzen steile, grün überwucherte Platten nahezu dreihundert Meter tief zum Meer ab.

Am *Kap* müssen wir einen *Zaun* übersteigen, um nach *rechts* zum Abbruch hinausgehen zu können. Vom *Benwee Head* eröffnet sich ein wahrer Traumblick. Die Stags of Broad Haven und die Kliffs rund um die Bucht von Portacloy liegen uns zu Füßen. Am nördlichen Horizont zeichnet sich die Slieve

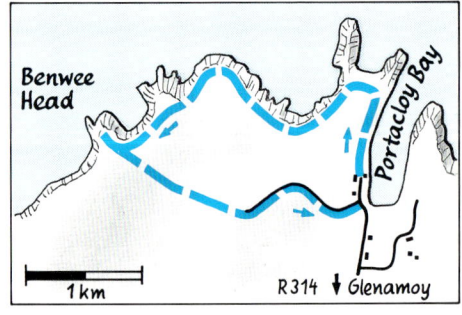

An der tief eingeschnittenen Bucht von Portacloy.

League in Donegal ab, und im Süden durchziehen die kahlen Berge der Nephin Beg Range das unfruchtbare Nord-Mayo. Am eindrucksvollsten jedoch ist der Blick nach Westen. Hohe, steile Kliffs, die den Vergleich mit den Cliffs of Moher nicht zu scheuen brauchen, fallen vom Benwee Head zum Meer ab. Dahinter bewachen das felsige Kid Island mit seinen wilden Trabanten und das unnahbare Erris Head an der Nordspitze der Mullet-Halbinsel den Eingang zur weiten Bucht von Broad Haven.

Lange bleiben wir hier oben sitzen, bis eine mächtige, dunkle Wolke schnell über den Atlantik gefegt kommt. Vom *Benwee Head* laufen wir in einen *Sattel östlich des Kaps* hinunter, von dem wir eine *niedrige Kuppe* ersteigen. Oben auf diesem Hügelchen beginnt eine *Sandstraße*, die uns auf schnellstem Wege zur *Bucht von Portacloy* zurückbringt. Leider aber ist die Wolke schneller als wir, und bald durchnäßt uns ein heftiger Schauer bis auf die Knochen.

Nützliche Informationen

Ausgangspunkt: Eine kleine Hafenmole an der Westseite der Bucht von Portacloy. Hierher auf der R314, die Nord-Mayo durchzieht. Westlich der Ortschaft Glenamoy zweigt von der R314 eine Straße nach Norden ab, die nach Portacloy ausgeschildert ist. In der Bucht von Portacloy fährt man bis kurz vor den Strand und dann links bis zum Straßenende an der kleinen Hafenmole.

Gehzeiten: Insgesamt 2½ Stunden. Vom Ausgangspunkt zum Benwee Head 1¾ Stunden; zurück zum Ausgangspunkt 45 Minuten.

Länge der Tour: 7 km.

Höhendifferenz: 300 m.

Verkehrverbindungen: Ein- bis zweimal täglich ein Bus von Ballina nach Glenamoy (hält auch in Belderrig, siehe weitere Tourenvorschläge). Von Glenamoy nach Portacloy 14 km.

Unterkunft: Nur wenige B&B's in und um Portacloy. Zwei Jugendherbergen in Pollatomish, südwestlich von Portacloy (Independent und An Oige).

Verpflegung: Ein kleines Lebensmittelgeschäft in Corrowteige, einige Kilometer südwestlich von Portacloy.

Weitere Tourenvorschläge: Von Belderrig immer entlang der Küste bis zum Benwee Head. Einsame, sehr lange Küstenwanderung in großartiger Umgebung.

Karte: OS-Karte 1:126720, Blatt 6 (North Mayo).

Wanderungen im Nordwesten (Sligo und Donegal)

34 Auf den Kings Mountain (465 m) und den Benbulben (526 m)

Über den Tafelberg nördlich von Sligo

Tourencharakter: Weglose Bergtour in teilweise steilem Gelände. Keine Markierungen und bei Nebel schwierige Orientierung auf der Hochfläche.
Beste Jahreszeit: Von April bis Oktober.
Reine Gehzeit: 3¾ Stunden.

Nördlich von Sligo erhebt sich der eigentümlichste Berg Irlands, der Benbulben. Ein richtiger Gipfel ist schwer zu finden, vielmehr tragen nur einige unbedeutende Randerhebungen des sumpfigen Gipfelplateaus einen Namen. Und doch zählt das Massiv zu den meistbestiegenen Bergen Irlands.
Blickt man von Drumcliff hinauf zum exotisch wirkenden Tafelberg, wird dies verständlich. Grüne Hänge, an die sich windschiefe Bäumchen klammern, ziehen hinauf zu den senkrechten Felsen, die die Hochfläche umschließen. Steile Tälchen durchreißen die Wände und trennen wilde Felstürme ab, die bei den häufigen Nebeln zu erschreckenden Ungeheuern werden. Keiner, der dieses Bild betrachtet, kann sich dem Bann dieses Berges entziehen.
Anfang dieses Jahrhunderts besang der irische Literatur-Nobelpreisträger William Butler Yeats den Benbulben und mehrte so den Bekanntheitsgrad des Berges. Der letzte Wunsch Yeats' war es, im Schatten seines geliebten Berges beerdigt zu werden, und so liegt am kleinen Friedhof von Drumcliff das schlichte Grab des Dichters.
Direkt nebenan stehen ein altes Hochkreuz und der Rest eines Rundturmes, die die Stelle

Der Tafelberg Benbulben von Drumcliff aus gesehen.

eines frühchristlichen Klosters markieren, das vom heiligen Columba gegründet wurde. Und hier, an den Hängen des Benbulben, fand eine der eigentümlichsten Schlachten der Geschichte statt, die als »Battle of the Books« bekannt wurde. Es ging dabei um eine Abschrift, die der heilige Columba heimlich von einem Buch des heiligen Finian angefertigt hatte. Als Finian die Kopie zurückverlangte, brach zwischen den beiden streitbaren Heiligen ein Krieg aus. Dreitausend Tote bedeckten nach der entscheidenden Schlacht die Ebenen unter dem Benbulben. Der heilige Columba behielt zwar die Oberhand, doch wegen der vielen Menschen, die er wegen eines Psalms in den Tod geschickt hatte, war sein Gewissen schwer belastet. So verließ er Irland als reuiger Sünder und arbeitete fortan als Missionar im wilden Schottland.

Der Wegverlauf

Von der kleinen *Brücke* gehen wir auf der *schottrigen Straße* am Bach entlang nach oben, bis wir eine *Ebene*, die von steilen Hängen umschlossen ist, erreichen. Im *Süden* plätschert ein schöner *Wasserfall* von der Hochfläche des Benbulben herab. Auf einer *Betonbrücke* überqueren wir den Bach nach *rechts* und wandern anschließend *links* auf einer *Sandstraße*, die geradeaus durch das Torfgelände läuft, auf den Wasserfall im *Talschluß* zu.
Vom *Ende der Straße* sind es nur noch wenige Meter bis zum *Bach*, der vom Wasserfall gespeist wird. Wir überspringen den Bach und steigen im anschließenden *steilen Grashang rechts aufwärts*, auf den *Wasserfall* zu. Über uns und rechts des Baches bilden waagrecht geschichtete Felsbänder die Hangkrone. Einige hundert Meter weiter rechts setzen diese Felsen für ein kurzes Stück aus, und der steile Grashang wird uns auf dem *Rückweg* einen *direkten Abstieg* zur Moorebene unter uns erlauben.
Wir bleiben immer *links des Baches*, bis wir

eine *Spur* erreichen, die nach *rechts* hinüber zum oberen Ende des *Wasserfalles* leitet. Dort übersteigen wir den *Bach* und steigen im Hang *oberhalb* endgültig zum *Rand der Hochfläche* auf.

Rechts von uns zieht ein Kamm nach Nordwesten, zum *Benbulben*. Wir überqueren jedoch die vor uns liegende, erodierte *Hochebene* genau in *südlicher Richtung*. Über das aufgelöste Moorland gelangen wir auf eine steinübersäte *Kuppe*, die von der west-östlich verlaufenden Hangkante etwas nach vorn springt. Links dieser Kuppe hat sich ein Bach tief eingeschnitten, der weiter unten als Wasserfall zu Tale rauscht.

Wir steigen nun etwas nach *Süden* ab, und ein kurzer Anstieg bringt uns anschließend auf die Kuppe des *Kings Mountain*. Von hier haben wir eine phantastische Aussicht nach Süden, hinunter auf Sligo, den Lough Gill, die zerfetzte Küstenlinie der Sligo Bay und auf den markanten Gipfel des Knocknarea. Auf diesem Berg liegt, unübersehbar, ein vorgeschichtliches Grab, in dem der Sage nach die böse Königin Maeve beerdigt sein soll und auf das jeder Besteiger ein weiteres Steinchen legt, um die Königin fest unter Verschluß zu halten.

Vom *Kings Mountain* gehen wir nach *Norden*, zurück zum Rand der Hochfläche, und wandern nach *links* hinüber in Richtung *Benbulben*. Links von uns fällt der Hang sanft zu grünem Farmgelände am Fuße des Benbulben ab. Gut *zwei Kilometer* müssen wir nun in einem weiten *Bogen* zur Kliffkante am *Benbulben Head*, dem westlichsten Punkt der Hochfläche, hinüberqueren. Einige eingeschnittene Bachläufe erschweren anfäng-

Altes Hochkreuz auf dem Friedhof von Drumcliff. Hier befindet sich das Grab des Literaturnobelpreisträgers W. B. Yeats, der im Schatten des Benbulben beerdigt sein wollte.

lich das Gehen, aber immer wieder treffen wir auf *Begehungsspuren*, die uns leiten. Wir halten uns *weit oben am Hang* und vermeiden es so, später zur Oberkante der Felswände unter dem *Benbulben Head* nochmals aufsteigen zu müssen.

Eine gute halbe Stunde sind wir unterwegs, ehe wir endlich oben auf den atemberaubenden Klippen des *Benbulben* stehen. Unter uns liegt das grüne Land rund um Drumcliff, nach dem Dichter *Yeats Country* genannt. Davor trennt das weiße Band der Brandung das Meer vom Festland.

Ein kurzes Stück marschieren wir *oberhalb der steilen Wände* nach *Westen*. Scharf biegen dann die *Klippen* nach *rechts* und zwingen auch uns zu dieser Richtungsänderung. In stetem Auf und Ab und Hin und Her müssen wir im feuchten Gelände den *Steiltälern* ausweichen, die sich in die Wände unter uns gefräst haben. Nebelschwaden jagen durch die Einschnitte zu uns herauf und lassen abgetrennte Felsspitzen zu Gespenstern erstarren.

Einen Kilometer folgen wir nun, immer mit etwas Sicherheitsabstand, dem *Rand* der atemberaubenden *Felswände*, ehe sie ein weiteres Mal nach *rechts* umbiegen. Von hier können wir wieder ins weite Tal hinunterblicken, in dem unser Aufstieg begann. Wir wandern noch ein Stück weiter entlang der *Hangkante nach Südosten*, bis die Felsen unter uns aussetzen.

Nach etwa 500 Metern können wir über den *steilen Grashang* nach *links* zur breiten *Moorebene* absteigen, auf der wir schnell eine *Sandstraße* erreichen. Auf dem Strählein wenden wir uns nach *links* und wandern ein Stück *talauswärts*. Bald leitet die *Straße* scharf nach *rechts* und bringt uns zu unserer *Aufstiegsroute* zurück. Über die *Betonbrücke* und dann *links* hinunter, entlang des Baches, erreichen wir unseren *Ausgangspunkt*.

Nützliche Informationen

Ausgangspunkt: Ein kleine Straße unter den Nordwänden des Benbulben. Hierher zuerst auf der N15, die von Sligo aus nach Norden führt. Ca. 5 km nördlich von Drumcliff (2,5 km südlich von Grange) zweigt rechts eine Nebenstraße ab, die unter den Nordabbrüchen des Benbulben nach Osten führt (an der Kreuzung Hinweisschild nach Ballaghnatrillick). Nach weiteren 2 km erreicht man eine Kreuzung, an der man rechts hinauf, in Richtung Benbulben, fährt. Durch teilweise aufgeforstetes Gelände, zum Schluß ganz nahe unter den Nordwänden des Benbulben, gelangt man nach 2 km zu einem Bach, über den eine Brücke führt. Kurz vor der Brücke sind die besten Parkmöglichkeiten.

Gehzeiten: Insgesamt 3¾ Stunden. Vom Ausgangspunkt zum Kings Mountain 1¼ Stunden; vom Kings Mountain zum Benbulben Head 1 Stunde; vom Benbulben Head zurück zum Ausgangspunkt 1 Stunde.

Länge der Tour: 11 km.

Höhendifferenz: 450 m.

Verkehrsverbindungen: Mehrmals täglich Busse von Sligo nach Drumcliff und Grange.

Unterkunft: Hotels und B&B's entlang der N15 und in Sligo. Drei Jugendherbergen in Sligo (Independent, Budget und An Oige) und jeweils eine Jugendherberge in Drumcliff und bei Grange (beide Independent). Nächster Campingplatz in Rosses Point nordwestlich von Sligo.

Verpflegung: Lebensmittelläden und Restaurants entlang der N15 und in Sligo.

Fahrradverleih: In Sligo.

Sehenswürdigkeiten: Der Lough Gill östlich von Sligo. – Die Steinzeitgrabanlagen von

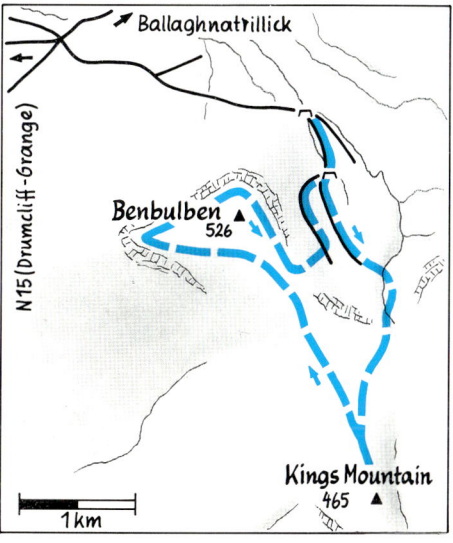

Carrowmore, südlich von Sligo. – Rundturm, Hochkreuz und das Grab von W. B. Yeats in Drumcliff.
Auskunft: TI-Office in Sligo (ganzjährig geöffnet).
Weitere Tourenvorschläge: Von der Strandhill-Straße zum Grab der Königin Meave auf dem Knocknarea.
Karte: OS-Karte 1:126720, Blatt 7 (Sligo/Leitrim).

35 Von Bunglass auf die Slieve League (601 m)

Auf dem One Man's Path, 600 Meter über dem Atlantik

> *Tourencharakter:* Teilweise ausgesetzte Bergtour in steilem Gelände. Bis zum Gipfel ein schmaler Steig, aber keine Markierungen.
> *Beste Jahreszeit:* Von April bis Oktober.
> *Reine Gehzeit:* 3¼ Stunden.

Fährt man von Donegal Town am Nordufer der Donegal Bay nach Westen, wird die Landschaft immer ungezähmter und wilder. Lange Halbinseln strecken sich ins Meer und an einer tiefeingeschnittenen Bucht erreicht man Killybegs, den größten Fischereihafen Irlands. Der Geruch von Fisch ist hier allgegenwärtig, und Schwärme von Möwen umkreisen die heimkehrenden Trawler, um ihren Teil der Beute zu ergattern. Lange kann man dasitzen, um dem bunten und lauten Treiben im Hafen zuzusehen.

Ein Stückchen weiter westlich, in Kilcar, kann man die Arbeiter beim Weben des berühmten Donegal-Tweed beobachten und vielleicht ein Schnäppchen machen. Doch die Hauptsehenswürdigkeit dieser Küste liegt noch weiter im Westen.

In Carrick nämlich zweigt ein schmales Sträßlein ab, das zu den berühmten Kliffs der Slieve League führt. Die letzten Kilometer auf einer halsbrecherischen Straße zum Aussichtspunkt am Bunglass stimmen schon ein wenig darauf ein, was einen dort oben erwartet: eine der aufregendsten Klippenlandschaften in Europa.

Bunglass heißt das Ende des Graswuchses, und eine bessere Beschreibung hätte man für diesen Ort nicht finden können. Ganz unvermittelt tritt man ans Ende der Wiesen und steht vor 200 Meter hohen Klippen, die senkrecht zum Meer abfallen. Davor zieht die kilometerlange und bis zu 600 Meter hohe Mauer der Slieve League nach Westen. Die Klippen der Slieve League streiten sich mit denen des Croaghaun auf Achill Island um die Ehre, die höchsten Europas zu sein. Mögen die auf Achill Island auch einige Meter höher sein, so sind die der Slieve League bestimmt die schöneren. In verschiedenen Farben leuchten die Felswände, die immer wieder von grünen Grasinseln unterbrochen werden.

Zudem zieht von Bunglass ein eleganter schmaler Grat zum Gipfel der Slieve League empor, über den der sogenannte One Man's Path führt. An zwei Stellen ist der Weg so schmal, daß immer nur ein Mensch über den Grat, von dem zu beiden Seiten himmelhohe Wände abfallen, hinüberturnen kann. Es ist aber weniger schlimm, als es sich anhört, denn zumindest die erste Schmalstelle läßt sich einfach umgehen.

Von Teelin führt ein zweiter Weg hinauf zum breiten Ostgipfel der Slieve League, der Old Man's Path. Nicht weniger anstrengend, aber weniger luftig ist dieser Pfad, auf dem bis 1909 eine jährliche Wallfahrt stattfand. Etwas nördlich des Ostgipfels stehen noch die Reste einer Kirche mit zugehöriger Zelle und

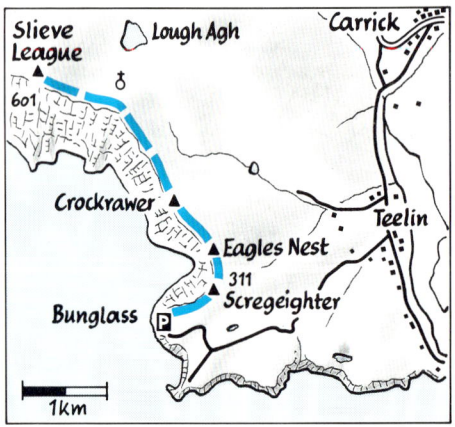

Die kilometerlangen und bis zu 600 Meter hohen Kliffabbrüche der Slieve League vom Aussichtspunkt Bunglass.

ein Stein mit eingehauenem Kreuz. Hier soll im 6. Jahrhundert zeitweilig der Bischof Aed Mac Bric gelebt haben. Dieser Mann wurde wegen seiner Heilkünste verehrt, und viele der Wallfahrer suchten hier, vor allem an drei nahen heiligen Quellen, die Linderung ihrer Gebrechen. Obwohl der Bischof um 595 n. Chr. starb, entstand noch im Jahre 750 im Kloster auf der Insel Reichenau im Bodensee ein Gedicht, das die Heilkräfte dieses Mannes besang.

Der Wegverlauf

Schon von *Bunglass* ist der Weg hinauf zum Gipfel der *Slieve League* in seiner ganzen Länge zu sehen. Wir wenden uns nach *rechts* und besteigen, anfänglich entlang der Klippen, auf dem breit ausgetretenen *Weg* den ersten kleinen Gipfel, den *Scregeighter*. Vom Gipfel biegt der Weg nach *Nordwesten*, in Richtung des langen Grates der *Slieve League*, um.
Über ein kurzes Stück müssen wir absteigen und stehen anschließend schnell auf dem nächsten Hügel, dem *Eagle's Nest*. Links von uns liegt hier der steilste Teil der Kliffs. Vierhundert Meter fallen die bunten Felsen in die Bucht unter uns ab, in der die beiden markanten Felsen *Gigant's Desk und Chair* aus dem Wasser ragen.
In einem weiten *Rechtsbogen* leitet uns der *erdige Steig* zum nächsten Gipfel im Kammverlauf, dem *Crockrawer*, hinauf, über dessen grüne Kuppe die schmalen Spitzen des anschließenden Felsgrates schauen. Am Weg zum *Crockrawer* sind die Klippen zu unserer Linken weniger steil und beeindruckend, und so können wir nun die Blicke nach Osten auskosten. Unter uns zieht durch ein Tal, in dem ein schöner, kleiner See liegt, der *Old Man's Path* nach oben. Dahinter schneidet die Hafenbucht von Teelin, deren Eingang von bizarren Felsen bewacht wird, tief ins Land. Weiter östlich reihen sich Bergketten auf, und eine Halbinsel zieht weit ins Meer zum St. John's Point hinaus.
Nach dem Crockrawer leitet uns ein grasiger Hang zum *felsigen* Abschnitt des *Grates* hinauf, über den der *One Man's Path* verläuft. Anfänglich läuft der *Steig* noch auf der *Gratschneide*, aber vor einer ausgesetzten Kletter-

stelle weicht er gottlob in den *rechten Hang* aus. Nach dem schwierigen Abschnitt gewinnen wir *links hinauf* über den steilen Hang bald wieder den *Grat*, der zusehends breiter wird.

Bald ist die breite Fläche des *Ostgipfels* erreicht, auf der ein großer *Steinmann* steht. Nach *Nordwesten*, vorbei an dem Steinmann, kann man von hier in wenigen Minuten über einen breiten Rücken zu den *Ruinen der Kirche* absteigen.

Wir aber halten uns leicht nach *links* und erreichen, immer in der Nähe der *Klippenkante*, die Stelle, an der der zweite *One Man's Path* ansetzt. Problemlos wandeln wir auf oder in der Nähe eines *schmalen Grates* wie auf einer Himmelsleiter hinüber zum nahen *Westgipfel*. Links fallen die Klippen 600 Meter zum Meer ab, und rechts hat sich ein Kar in den Berg gefressen, in dem der kleine *Lough Agh* schimmert.

Vom Mount Errigal im Norden bis zur Küste und den Bergen von Mayo im Süden reicht die Sicht von hier oben. Weit im Osten erhebt sich der unverkennbare Benbulben, und rund um unseren Aussichtspunkt wechseln sich das blaues Meer und seengesprenkelte dunkle Moore ab.

Nützliche Informationen

Ausgangspunkt: Der Parkplatz am Bunglass. Hierher, indem man in Carrick von der R263 nach links abzweigt. An einer Hausecke Hinweisschild nach Teileann (Teelin). Am Ortsanfang von Teelin ignoriert man ein Schild mit der Aufschrift »Sliabh League«, das zum Beginn des Old Man's Path weist, und fährt bis in die Ortsmitte. Dort zweigt ein zum Bunglass ausgeschildertes, schmales Sträßlein nach rechts. Auf diesem Sträßlein bis zu seinem Ende am Parkplatz (von Carrick bis hierher ca. 7 km).

Gehzeiten: Insgesamt 3 1/4 Stunden.
Vom Ausgangspunkt zum Gipfel 2 Stunden; vom Gipfel zurück zum Ausgangspunkt 1 1/4 Stunden.

Länge der Tour: 9 km.

Höhendifferenz: 380 m.

Verkehrsverbindungen: Mehrmals täglich Busse von Donegal Town nach Killybegs, einige mit Anschluß nach Carrick.
Täglich Busse der privaten McGeehan-Gesellschaft von Dublin über Donegal Town bis Glencolumbkille (Haltestelle in Carrick).

Unterkunft: Hotels in Killybegs. B&B's in Carrick und entlang der R263. Zwei Jugendherbergen außerhalb von Kilcar (nur das Independent Hostel ist empfehlenswert). Campingmöglichkeit an der Jugendherberge.

Verpflegung: Lebensmittelgeschäft in Carrick. Restaurants in Kilcar und Killybegs.

Fahrradverleih: Nächster Fahrradverleih in Glencolumbkille.

Auskunft: TI-Office in Glencolumbkille (nur während der Sommermonate geöffnet).

Karte: OS-Karte 1:126 720, Blatt 3 (South Donegal).

Sonstiges: Gute Einkaufsmöglichkeiten für Donegal-Tweed in Kilcar.

Immer wieder ergeben sich Nahblicke von der Kliffkante der Slieve League zum Meer hinunter.

Der mächtige Kliffvorsprung mit dem Namen Sturrall vom Glen Head aus.

36 Von Glencolumbkille nach Port

Über das Glen Head zum verlassenen Hafen

Tourencharakter: Einfache Küstenwanderung. Kein Weg und keine Markierungen, trotzdem keine Orientierungsprobleme.
Beste Jahreszeit: Das ganze Jahr über möglich.
Reine Gehzeit: 4¼ Stunden.

Durch dunkles, desolates Moorland, in das nur einige weiße Häuser und blaue Seeaugen Abwechslung bringen, erreicht man das fruchtbare Tal von Glencolumbkille an der äußersten Westspitze von Donegal. Der Name geht auf den heiligen Columba zurück, zu dessen bevorzugten Aufenthaltsorten das Tal zählte. Bis heute findet am Tag des Heiligen, dem 9. Juni, mitternachts eine Wallfahrt statt. Ihre Stationen sind die Reste des frühchristlichen Oratoriums des Heiligen: das geschmückte Steinbett, auf dem er geschlafen haben soll, ein Brunnen und verzierte Steine. Die meisten Wallfahrer begeben sich übrigens barfuß auf ihren Marsch. Der Legende nach wurde Glencolumbkille erst bewohnbar, nachdem der Heilige die bösen Geister verjagt hatte, die das Tal in ewigen Nebel gehüllt hatten.

Doch viele steinerne Zeugen weisen darauf hin, daß dieser Küstenabschnitt schon seit der Steinzeit bewohnt war. Eine große Anzahl von Steinzeitgräbern rund um Glencolumbkille weist sogar auf eine relativ dichte Besiedlung zur damaligen Zeit hin.

Während der keltischen Zeit um Christi Geburt entstanden, wie nahezu überall in Irland, auch hier Ringforts. Bald hielt der christliche Glaube mit dem heiligen Columba Einzug und bestimmte das Leben.

Nach und nach verschlechterte sich das Klima, und Moorland überwucherte immer mehr das fruchtbare Tal. Der Ort am Ende der Welt geriet in Vergessenheit. Einige Bauern und etwas Fischfang erhielten die Gegend am Leben.

Seit der letzten großen Hungersnot im 19. Jahrhundert nahm die Bevölkerung stetig ab, und die Landflucht in diesem Jahrhundert drohte den Landstrich endgültig zu entvölkern. Doch vor nunmehr vierzig Jahren zeigte der Priester von Glencolumbkille, Father McDyer, wie die Menschen ihr Schicksal selbst in die Hand nehmen können. Er gründete eine landwirtschaftliche Genossenschaft, kleine Fabriken wurden errichtet und der Fremdenverkehr angekurbelt. So wurde Father McDyer ein bekannter Mann in ganz Irland und als Retter des irischen Westens gefeiert. Heute floriert Glencolumbkille dank des tatkräftigen Geistlichen.

Port dagegen, der Umkehrpunkt unserer Wanderung in der nächsten Bucht nördlich von Glencolumbkille, ist heute ein Geisterdorf. Nur noch ein Cottage ist bewohnt, die übrigen Häuser der kleinen Ansiedlung am Hafen sind in sich zusammengefallen. Ein melancholisches Bild geben die verlassenen Hütten an der schönen Bucht ab.

Die Einsamkeit, die hier schon immer herrschte, nutzte der glücklose Bonnie Prince Charly nach seinem Aufstand gegen die englische Krone, als er unbemerkt von Port aus seine Flucht ins französische Exil antrat.

Der Wegverlauf

Wir gehen die *Schotterstraße links* hinauf, und von hier haben wir schon die wunderschöne Sicht hinunter auf *Glencolumbkille*

und seine weite Bucht. In Kurven zieht der *Weg* in angenehmer Steigung nach oben, und schon bald liegt die *Skelpoonagh Bay* unter uns, an deren steile Klippen das Meer brandet. Grün bewachsen ist nun die *Straße* und nach den letzten Kehren führt sie geradeaus in ein *kleines Tälchen* hinein. Hier zweigt nach *links* ein *Weg* ab, auf den wir einbiegen.

Diesen verfolgen wir bis zu seinem *Ende*, an dem der *Turm* am *Glen Head* vor uns aufragt. Wir wandern über leicht feuchtes, heidekrautbewachsenes Gelände zum gut erhaltenen Turm, der Anfang des 19. Jahrhunderts errichtet wurde, um vor der befürchteten Invasion napoleonischer Truppen zu warnen.

Vom Turm gehen wir noch die wenigen Me-

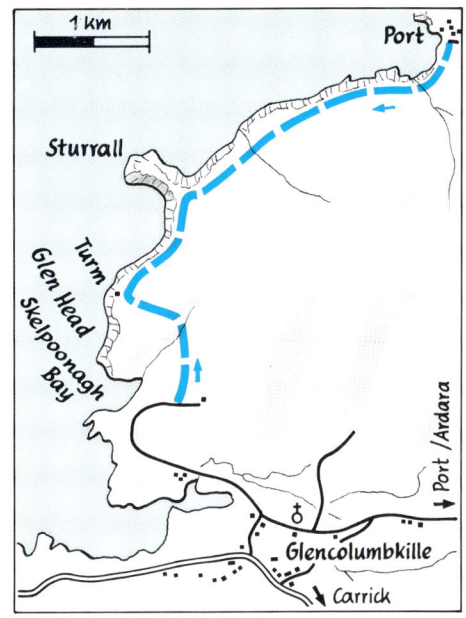

ter bis zum *Zaun am Kliffrand*. Im Süden ragt der breite Rücken der Slieve League auf, und im Nordosten ist der Einschnitt der Bucht von *Port* vor dem Buckel der Slievetooey zu erahnen. Unter uns brechen die Klippen an die 200 Meter senkrecht zum Meer hin ab. Rechts strebt das *Sturrall* genannte Felsriff von der Klippenkante ins Meer hinaus und zerteilt die Wellen.

Wir wenden uns hier nach *rechts* und wandern entlang des Zauns auf das mächtige Felsriff zu. Ein Schreck fährt uns in die Glieder, als am Ende des Zauns die Kliffkante scharf nach rechts biegt und wir beinahe über den Rand der Klippen hinunterstürzen. Vom *Sturrall* trennt uns noch eine Bucht, in der einige große Felstürme stehen. Einer der Felsbrocken wurde durch die Wucht der Wellen in einen schönen Bogen verwandelt.

Weit vor uns liegt die wilde Klippenlandschaft am *Port Hill*, vor der einige hohe Felsspitzen aus dem Meer ragen. Wir wandern jetzt am besten fünfzig bis hundert Meter *rechts der Kliffkante* in Richtung *Port*. So vermeiden wir das mühevolle Zickzack der

Skelpoonagh Bay und Glen Bay vom Aufstieg zum Glen Head.

Klippen und einige Abstiege in tief eingeschnittene Bachgräben. Immer wieder treffen wir auf *Steigspuren* und stellen fest, daß die am weitesten rechts verlaufende Spur den günstigsten Weg vorgibt. Der Blick zurück geht noch einmal auf die Felsbastion des Sturrall mit seinen kapriziösen Türmchen obenauf und den vorgelagerten Felszacken.

Nach und nach nimmt die Höhe der Kliffs zu unserer Linken ab, aber immer wieder lohnt ein Blick vom Kliffrand hinunter auf das Meer, in dem wilde Felstrümmer liegen.

Bald können wir vor uns die Steinmauern der verlassenen Siedlung von *Port* erkennen und dann das letzte bewohnte, weiße Häuschen etwas weiter rechts. Wir überblicken nun die ganze felsumkränzte *Bucht von Port*. Am hellen Kiesstrand im hintersten Winkel der Bucht liegen zwei bunte Fischerboote, und davor ragt ein schwarzer Felsfinger mahnend aus dem Wasser.

Kurz vor dem verlassenen Dorf treffen wir auf einen *alten Weg*, der vom Hügel rechts über uns herunterkommt. Dieser Weg windet sich in einigen Kurven bis hinüber zu den *Ruinen*. *Zwei Brücken* überspannen kleine Bächlein, die schmale Schluchten in ihre felsige Unterlage gegraben haben, ehe wir den seltsamen Ort erreichen. Hier lassen wir die melancholische Stimmung des einsamen Hafendorfes an der wilden Bucht lange auf uns wirken, bevor wir auf dem Weg zurückkehren, auf dem wir gekommen sind.

Nützliche Informationen

Ausgangspunkt: Eine kleine Straße am Nordhang des Tales von Glencolumbkille. Hierher vom Ortskern von Glencolumbkille nach Norden, in Richtung Port und Ardara. Am Ortsende treffen wir auf eine Straße, die rechts nach Ardara und zum Glengesh-Paß beschildert ist, wir fahren jedoch nach links. Auf der Straße geradeaus in Richtung Küste, vorbei an der alleinstehenden Kirche, der Church of Ireland, und über eine Brücke. An der nächsten Kreuzung fahren wir geradeaus und anschließend in weitem Bogen nach rechts um ein Tal. Die Straße endet kurz vor dem obersten Haus am Nordhang des weiten Tales, und am Straßenrand bestehen einige Parkmöglichkeiten. Rechts unten liegt auf einem Hügel die Kirche des heiligen Columba, und links setzt die Schotterstraße an, über die unsere Tour verläuft.

Gehzeiten: Insgesamt 4¼ Stunden. Vom Ausgangspunkt nach Port 2 Stunden; von Port zurück zum Ausgangspunkt 2¼ Stunden.

Länge der Tour: 13 km.

Höhendifferenz: 350 m.

Verkehrsverbindungen: Mehrmals täglich Busse von Donegal Town nach Killybegs, einige mit Anschluß nach Glencolumbkille. Täglich Busse der privaten McGeehan-Gesellschaft von Dublin über Donegal Town bis Glencolumbkille.

Die Ruine des Turms am Glen Head.

37 Von Osten auf den Mount Errigal (752 m)

Der Weg auf den »Fudschijama Irlands«

In der verlassenen Hafensiedlung von Port.

Tourencharakter: Kurze Bergtour, nur im Gipfelbereich etwas ausgesetzt. Durchgehender Steig und im sumpfigen Gelände Markierungsstangen. Keine Orientierungsprobleme.
Beste Jahreszeit: Von April bis Oktober.
Reine Gehzeit: 2¾ Stunden.

Unterkunft: Ein Hotel in der Nähe von Glencolumbkille. B&B's in Glencolumbkille. Eine Jugendherberge in Glencolumbkille (Independent). Campingmöglichkeit an der Jugendherberge.
Verpflegung: Lebensmittelgeschäfte und Restaurants in Glencolumbkille.
Fahrradverleih: In Glencolumbkille.
Sehenswürdigkeiten: Mehrere Steinzeitgräber in der Umgebung von Glencolumbkille und den südlich gelegenen Malin More und Malin Beg. – Der goldene Traumstrand in der Trabane Bay bei Malin Beg. – Das Folk Museum in Glencolumbkille mit alten Bauernhütten und einem alten Pub.
Auskunft: TI-Office in Glencolumbkille (nur während der Sommermonate geöffnet).
Weitere Tourenvorschläge: Von Port weiter nach Osten entlang der einsamen Küste am Slievetooey bis Maghera. Wunderschöne, aber extrem lange Kliffwanderung.
Karte: OS-Karte 1:126720, Blatt 3 (South Donegal).

Hoch oben im Nordwesten Irlands, kurz bevor das Land in die Fluten des Atlantik abtaucht, sammelt es noch einmal all seine Kräfte und schwingt sich zu mächtigen Gebirgsmassiven auf. Die warmen Fluten des Golfstroms, die an der Westküste Irlands vorbeistreichen, haben auf ihrem Weg nach Norden bis hinauf ins Donegal schon viel von ihrer Energie eingebüßt; deshalb herrschen dort oben die rauhesten Klimabedingungen ganz Irlands. Nicht umsonst wird das Donegal gerne als irisches Alaska bezeichnet. Ganz untypisch für die Insel mit ihrem sonst so ausgeglichenen Klima gibt es hier im Nordwesten während der Wintermonate so manches Mal klirrende Kälte, und die Berggipfel sind dann mit weißen Schneehauben überzogen.

Mitten in dieser rauhen Gebirgswelt Nordwest-Donegals erhebt sich der höchste Berg der Region, der Mount Errigal. Fragt man irische Bergsteiger nach dem schönsten Berg der Insel, wird immer wieder sein Namen fallen. Und so tritt man mit hohen Erwartungen den Weg in den Norden an. Nähert man sich dann von Westen her dem Berg, werden die hochgesteckten Erwartungen sogar noch übertroffen.

Als perfekter Kegel, einem ebenmäßigen Vulkan gleich, strebt der Errigal über dem blauen Lough Nacung Upper in den Himmel, und man glaubt seinen Augen nicht trauen zu dürfen, denn die Bergspitze trägt ständig eine weiße Haube. »Ist der Gipfel wirklich mitten im Sommer mit Schnee bedeckt?« wird man sich fragen. Doch späte-

stens während der Besteigung des Errigal löst sich das Rätsel. Der Gipfel ist aus weißem Quarzitgestein aufgebaut, das die Flanken des Berges mit Schuttstreifen überzieht.

Von Osten führt der einfachste und meistbegangene Weg auf die steile Pyramide des Errigal hinauf. Überraschend schnell und einfach ist von hier der Ostgipfel zu ersteigen, von dem ein schmaler Verbindungsgrat zum Westgipfel hinüberführt, auf dessen schlanker Spitze nur wenige Bergsteiger Platz finden. Bei klarer Luft hat man von dort oben, dem höchsten Punkt im weiten Umkreis, eine unbeschreibliche Sicht bis hinüber zu den Inseln und Bergen Schottlands.

Der Wegverlauf

Vom *Parkplatz* ist schon nahezu der *gesamte Anstieg* zu überblicken. Über dem nur mäßig ansteigenden Moorgelände strebt der schuttige *Ostgrat*, auf dem sich der Weg abzeichnet, hinauf zum *Gipfel*, der auf der rechten Seite in steilen Flanken abbricht.

Am *Parkplatz* beginnt eine Reihe von *Markierungspfosten*, die uns *leicht links* haltend durch das unangenehm sumpfige Gelände zur ebenmäßigen Pyramide hinaufleiten. Die vielen Begeher haben eine *deutliche Spur* hinterlassen, doch ab und zu zwingen uns schlammige Passagen dazu, vom Weg abzuweichen.

Dort, wo der Hang aufsteilt, stehen einige der *Markierungspfosten* nebeneinander, und hier trifft auch der *südlichere Weg* auf unsere Anstiegsspur. In unserem Rücken liegen die blankpolierten Hügel, die uns vom Tal des Glenveagh-Nationalparks trennen. Rechts schneidet sich das von furchterregend steilen Felswänden umgebene Poisend Glen in den Bergkamm. Darüber zieht der granitene Elefantenrücken nach Südwesten zum beeindruckenden Slieve Snaght.

Von den *Markierungsstangen* steigen wir im steilen feuchten *Hang*, *leicht rechts* haltend, zu einer *Kuppe* hinauf, die von einem *Steinmann* gekrönt wird.

Vor uns zieht ein steiler, von hellem Quarzitgeröll bedeckter Hang, über den sich ein überraschend angenehm zu begehendes *Steiglein* nach oben in Richtung Gipfel windet. Von hier öffnet sich der Blick nach Norden. Weit draußen erstreckt sich die Nordküste von Donegal, der eine Vielzahl einsamer Inseln vorgelagert ist. Steil bricht die Nordostflanke des *Errigal* ab, bizarre Felstürme trennen die hellen Schuttströme voneinander. Am Fuß der Flanke türmen sich kahle, eiszeitliche Moränenhügel, die so frisch wirken, als wären die Gletscher erst gestern abgeschmolzen. Tief unten liegt der einsame *Altan Lake*, von dessen Ufer braune Hänge zu den schön geformten *Aghla Mountains* emporstreben.

Nach dem steilen Schutthang gönnt uns ein *flacherer Abschnitt* eine kurze Erholungspause. Vor uns ragt ein *felsiger Grat* auf, der auf einem *guten Steig* auf seiner *rechten Seite* umgangen wird. Hinter den Felszacken leitet uns der *Steig* nach *links* auf die hier noch *breite Gipfelschneide*, die wir bei einem *großen Steinmann* erreichen.

Angenehm wandern wir auf dem *breiten Rücken* nach rechts auf die *Gipfelkuppe* zu, die vor uns aufragt. Ein kurzer Anstieg bringt uns zum *Ostgipfel* hinauf. Der *Grat* spitzt sich hier immer mehr zu, und rechts und links fallen nun steile Schutthänge ab, die von vielen Felstürmen durchstoßen werden.

Vom *Ostgipfel* bietet sich uns eine atemberaubende Aussicht über die Küsten und Berge von fast ganz Donegal und weit nach Nordirland hinein. Wir lassen es uns natürlich nicht nehmen, von hier auf einem *kurzen schmalen Grat* zum etwas niedrigeren *Westgipfel* hinüberzusteigen.

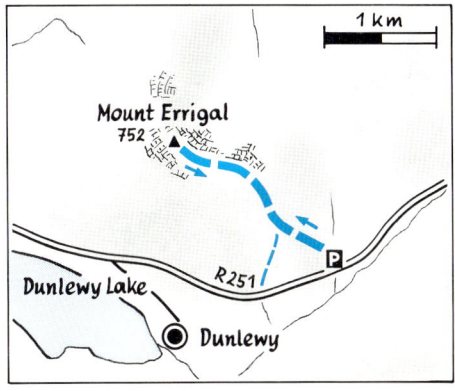

Der perfekte Quarzitkegel des Mount Errigal von Westen aus gesehen.

Auf der schmalen Spitze dort drüben kommen wir uns dann vor, als würden wir von einem Ballon aus auf das einsame Land von Donegal hinunterblicken.

Nützliche Informationen

Ausgangspunkt: Ein kleiner Parkplatz der R251 ca. 2,5 Kilometer östlich von Dunlewy. Hierher von Dunlewy bergauf nach Osten. Ein erstes Hinweisschild mit weißem Wanderer auf rotem Grund ignorierend (hier Einstieg in die Wanderung für Leute ohne Fahrzeug), noch ca. einen Kilometer weiter zu einem zweiten Hinweisschild an einem kleinen Parkplatz links der Straße.
Gehzeiten: Insgesamt 2¾ Stunden. Vom Ausgangspunkt zum Gipfel 1¾ Stunden; vom Gipfel zurück zum Ausgangspunkt 1 Stunde.
Länge der Tour: 5 km.
Höhendifferenz: 550 m.

Fingerhutblüten bringen im Sommer schöne Farbtupfer in die grün-graue Landschaft des Donegal.

Verkehrsverbindungen: Mehrmals täglich fahren Busse der privaten Lough-Swilly-Company entlang der Nord- und Westküste von Donegal. Aussteigemöglichkeit an dem Abzweig der R251 von der N52, von wo es noch 4 Kilometer bis Dunlewy sind.
Unterkunft: B&B's in Dunlewy. Eine Jugendherberge in Dunlewy (An Oige).
Verpflegung: Lebensmittelladen in Dunlewy.
Weitere Tourenvorschläge: Von Dunlewy ins Poisoned Glen und auf den Slieve Snaght (lange und schwierige Bergtour). Vom Nordende des Altan Lake in die Aghla Mountains.
Karte: OS-Karte 1:126720, Blatt 1 (North Donegal).

38 Im Glenveagh-Nationalpark

Von Glenveagh Castle auf den Kinnaveagh (387 m) und den Lough Beagh entlang

> *Tourencharakter:* Bergtour in rauhem weglosem Gelände.
> Keine Markierungen. Vom Schloß läßt sich aber entlang des Lough Beagh eine einfache Wanderung auf breitem Weg durchführen.
> *Beste Jahreszeit:* Von April bis August. Von September bis März dürfen die Wege im Nationalpark nicht verlassen werden.
> *Reine Gehzeit:* 5¾ Stunden.

Blickt man auf eine Karte von North Donegal, fällt einem eine Talzone auf, die das Gebirge von Nordwesten nach Südosten durchreißt. In dieser Spalte liegt der Lough Beagh, der das Herzstück des Glenveagh-Nationalparks bildet. Entstanden ist der Einschnitt vor Jahrmillionen, als sich hier an einer Trennlinie, angetrieben von ungeheuren Kräften im Erdinneren, das Land gegeneinander verschob. Später hobelten die Eiszeitgletscher

Der Abstieg vom Farscollop führt genau auf den Lough Beagh im Herzen des Glenveagh-Nationalparks zu.

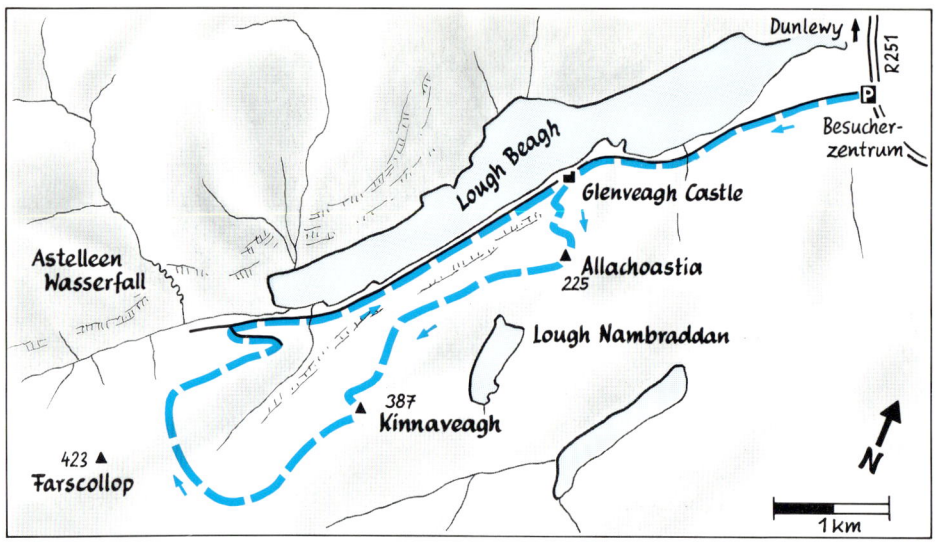

die Talmulde weiter aus und schufen das heutige Bild.

Die Täler des nahen Schottland, in denen heute die langgezogenen schottischen Seen liegen, sind zur selben Zeit auf die gleiche Weise entstanden. Es ist daher kein Wunder, daß die Landschaft am Lough Beagh stark an Schottland erinnert.

Die Hügel und Berge rund um den Lough Beagh sind aus Granit aufgebaut. Da im Granitgestein kaum Wasser versickert, konnten tiefe Moorböden die Hänge überziehen. Wie in den meisten Teilen Donegals ist das Wandern deshalb feucht und anstrengend. Diese Wanderung soll einen kurzen Einblick in die schwierigen Wanderbedingungen in Donegal geben. Von den Hügeln ergeben sich dafür aber immer wieder traumhafte Ausblicke hinunter in die umliegenden Täler.

Wem das Berggelände allerdings zu anstrengend ist, dem bietet sich der breite Weg entlang des Lough Beagh, über den der Rückweg der Tour verläuft, als schöne und einfache Alternative an. Vor allem mit Kindern läßt es sich entlang des Sees, durch dichte Wälder und vorbei an plätschernden Bächen wunderschön wandern. Von September bis Februar ist an Werktagen das Verlassen der Wege ohnehin untersagt, und der Nationalpark gehört ganz alleine dem Rotwild.

Mitten im Glenveagh-Nationalpark, am Ufer des Lough Beagh, steht das 1870 errichtete neugotische Märchenschloß des einstigen Besitzers des Tales. Exotische Gärten umgeben das Gebäude und bilden einen reizvollen Kontrast zur majestätischen Kargheit des übrigen Tales.

Der Wegverlauf

Vom *Besucherzentrum am Eingang zum Nationalpark* gehen wir zu Fuß die drei Kilometer bis zum *Glenveagh Castle*, da am Morgen die *Pendelbusse* zum Schloß noch nicht verkehren. So können wir in aller Ruhe den Blick über den tiefblauen *See* genießen; auch am Schloß hat der übliche Touristenrummel noch nicht eingesetzt.

Um das *Schloß links* herum durchqueren wir das dichtbewachsene *Parkgelände*; hinter einem *Metalltor* am Ende des Parkgeländes zweigt links hinauf ein *Wanderweg* ab. Nach wenigen Metern teilt sich dieser Weg. Auf dem *rechten Ast* steigen wir nun den steilen Hang bis zu einem wunderschönen *Aussichtspunkt* hoch. Von hier zieht ein felsdurchsetzter Hang zum *Schloß*, dessen helle Granitwände sich gut von der dunklen Fläche des Sees abheben.

Vom kleinen *Sattel* vor dem Aussichtshügel klettern wir in einem *Links-Rechts-Bogen* über den *felsdurchsetzten Hang* zum Gipfel südöstlich, dem *Allachoastia*, hoch. Das Gelände wird nach den ersten steilen Metern flacher, und bald stehen wir auf der *höchsten Kuppe*. Vor uns, im *Südwesten*, liegt ein breiter, sumpfiger *Sattel*, der uns vom felsigen Gipfel des *Kinnaveagh* trennt. Einige Hirsche laufen über das Sattelgelände nach links hinunter zum einsamen *Lough Nambraddan*.

Bei der Überquerung des langen *Sattels* können wir trotz aller Vorsicht nasse Füße nicht vermeiden, und auch auf dem anschließenden *Kamm*, der uns nach links zum *Gipfelaufbau* bringt, wird das Gelände nicht besser. Doch bald stehen wir unter den wasserüberronnenen, schimmernden *Granitplatten des Kinnaveagh*.

Ein *Grasband* läuft nach *rechts oben* durch den Felshang, auf dem wir höher steigen. Vom *Ende der Grasrampe* können wir *linkshaltend* die Gipfelkuppe des *Kinnaveagh* problemlos ersteigen. Von hier sehen wir nach Süden über das einsame Bergland von Donegal bis zu den Blue Stack Mountains. Von den Bergen, die das Glenveagh nördlich begrenzen, rauschen Wasserfälle herab, und über den langen Kamm spitzt der Gipfel des Mount Errigal.

Vom *Gipfel* marschieren wir nun auf dem anschließenden *Kamm* an Granitblöcken vorbei *nach Südwesten*. Rechts trennt uns ein *tiefes Tal* von der nächsten Bergkuppe, dem *Farscollop*. Einige hundert Meter müssen wir am *Kamm* entlanggehen, ehe wir über einen *steilen Wiesenhang* zur engsten Stelle in dieses *Tal* absteigen können.

Auf der *gegenüberliegenden Seite* zieht eine grüne, steile *Rinne* durch den felsigen Hang. Durch diese *Rinne* führt uns der anstrengende *Aufstieg* zum *nordöstlichen Vorgipfel des Farscollop*. Oben angelangt, gehen wir bis zum *Nordwestrand* des breiten *Kammes*, der hier felsig ins *Glenveagh-Tal* abbricht. Direkt gegenüber, auf der anderen Seite des Tales, fällt der *Astelleen-Wasserfall* in schönen Kaskaden zu Tal, und der ganze *Lough Beagh* liegt uns zu Füßen.

Auf dem breiten *Kamm* steigen wir nach *rechts* hinunter, immer genau *auf die blaue Wasserfläche des Sees zu*. Unter uns liegt schon das *Waldgelände*, das unser *Ziel* ist. Am unteren Ende des Kammes bleiben wir so lange wie möglich im baumlosen Gelände,

Von den Derryveagh Mountains rauscht der Astelleen-Wasserfall in das Glenveagh-Tal.

ehe wir in den *Wald* eindringen. Vor uns sehen wir jetzt einen *Wildzaun*, und kurz bevor wir diesen erreichen, können wir *links* unter uns im Dämmerlicht des dichten Waldes einen *Forstweg* erkennnen, zu dem wir hinuntersteigen.

Wie tropischer Dschungel erscheint uns der Wald, in dem dichter Rhododendron alle anderen Büsche erstickt. Kleine Bächlein plätschern durch das grüne Dickicht, und wäre hier nicht dieser *Weg*, hätten wir wohl keine Chance, die nahe *Sandstraße im Tal* unten zu erreichen.

Auf der *Sandstraße* wenden wir uns nach *rechts* und wandern entlang des *Lough Beagh* durch wunderschönes Waldgelände die *vier Kilometer zum Schloß* zurück. Trotz des Rummels rund um *Glenveagh Castle* begegnen wir hier auf dem Weg keinem Menschen.

Nützliche Informationen

Ausgangspunkt: Das Besucherzentrum des Glenveagh-Nationalparks an der R251. Der Weg zum Nationalpark ist von allen Richtungen gut ausgeschildert.
Gehzeiten: Insgesamt 5¾ Stunden (fährt man mit den Bussen zum Glenveagh Castle und zurück, verkürzt sich die Zeit um 1½ Stunden). Vom Schloß auf den Kinnaveagh 1¾ Stunden; vom Kinnaveagh auf den Kamm des Farscollop 1 Stunde; vom Farscollop zurück zum Schloß 1½ Stunden.
Länge der Tour: Vom Besucherzentrum aus 16,5 km; fährt man mit den Bussen zum Schloß und zurück, verkürzt sich der Weg um 6 km.
Höhendifferenz: 550 m.
Verkehrsverbindungen: Keine Busverbindungen zum Ausgangspunkt. Als einzige Alternative bietet es sich an, in Letterkenny ein Fahrrad zu leihen.
Unterkunft: Keine Unterkunftsmöglichkeiten in der Nähe des Ausgangspunktes.
Verpflegung: Ein Restaurant im Besucherzentrum.
Sehenswürdigkeiten: Die Glebe Gallery am Gartan Lake im Südteil des Glenveagh-Nationalparks mit Werken der modernen Kunst.
Karte: OS-Karte 1:126720, Blatt 1 (North Donegal).

39 Von Süden auf den Mukish Mountain (670 m)

Tourencharakter: Einfache Bergtour. Teilweise Steigspuren, keine Markierungen.
Beste Jahreszeit: April bis Oktober.
Reine Gehzeit: 2½ Stunden.

Blickt man von der Nordküste von Donegal nach Süden, fällt zuerst immer der breite Klotz des Mukish Mountain auf. Er ist nicht nur der zweithöchste Berg im weiten Umkreis (nach dem Mount Errigal), sondern auch seine zur Küste hin vorgeschobene Lage begründet seinen Ruf als einzigartiger Aussichtsberg.

Mukish bedeutet soviel wie Schweinerücken, ein Name, den dieser schöne Berg eigentlich nicht verdient hat. Zwar formen seine steilen Hänge keinen perfekten Kegel wie bei vielen Bergen in der Nachbarschaft. Vielmehr enden sie an einem ausgedehnten Gipfelplateau. Doch seine bullige Form besitzt ihren eigenen, unverwechselbaren Charakter.

Auf der Südseite laufen helle Schuttströme über die steilen Flanken des Mukish Mountain ins Tal und ergeben einen schönen Kontrast zum dunklen Heidekrautgelände. An der Nordseite jedoch hat der Mensch dem Berg tiefe Wunden zugefügt. Bis vor wenigen Jahrzehnten wurde hier das Gestein des Mukish Mountain wegen seines hohen Quarzgehaltes abgebaut, um damit hochwertige Gläser herzustellen.

Auch für uns birgt das Gestein dieses Berges einen nicht zu unterschätzenden Vorteil. Wasser kann darin gut versickern, und so bietet uns der Mukish Mountain im sonst meist stark versumpften Bergland von Donegal eine Tour, von der wir mit trockenen Füßen zurückkehren können.

Der Wegverlauf

Von der *Straße* gehen wir auf die *flache Ebene*, über die eine an nur wenigen Stellen feuchte *Steigspur* auf den *Mukish Mountain* zuläuft. Vor uns zieht ein *Grat zum Gipfel*

Von der schotterübersäten Gipfelhochfläche des Mukish Mountain geht der Blick nach Westen zu den Aghla Mountains und zum Mount Errigal.

hinauf, der mit felsigen Stufen zu uns abbricht. Vom hinteren *Ende der Ebene* durchzieht ein schwach ausgeprägtes *Tälchen*, das links eines felsigen Kopfes in einer *Mulde am Grat* endet und durch das der *Anstieg* verläuft, diese Flanke. Auf einem *Steiglein* halten wir uns anfänglich auf der *linken Seite des Tales*. Dann führt uns die *Spur* leicht *rechts haltend* über felsdurchsetztes Gelände in den *Sattel* am Grat hinauf. *Links* leitet ein *steiler Hang* nach oben, an dessen Unterkante entlang wir auf dem *Steig geradeaus* weitersteigen, bis wir vor uns den Rand der *Gipfelhochfläche des Mukish Mountain* erblicken.

Dort wenden wir uns nach *links* und erklettern den steilen, anstrengenden *Hang*, der uns näher an das Gipfelplateau des *Mukish Mountain* heranbringt. Nach einigen hundert Metern nimmt die Hangneigung ab, und wir genießen erst einmal die phantastische Aussicht. Im Südwesten leuchten die steilen, hellen Schuttflanken des Mount Errigal über die Aghla Mountains. Von Süden leuchtet die blaue Fläche des Lough Beagh im Glenveagh-Nationalpark zu uns herauf, und im Osten zieht vor der gebirgigen Inishowen-Halbinsel die schmale Bucht des Lough Swilly tief ins Landesinnere.

Nach einem *ebenen Abschnitt* baut sich vor uns die kurze, steile *Gipfelflanke* auf. *Zwei deutliche Steiglein* führen durch den Steilhang, und auf dem *rechten* queren wir, in Richtung des *großen Steinmanns* auf der *Hochfläche*, hinauf.

Am *Rand* der schuttübersäten *Hochfläche* verfolgen wir einen *Steig*, der uns zum riesigen *Steinmann* bringt. Von hier wandern wir weiter nach *Osten* zum *Vermessungszeichen* auf dem höchsten Punkt und zum *Kreuz* am *östlichen Hochflächenrand*.

Hier liegt die phantastische Nordküste des

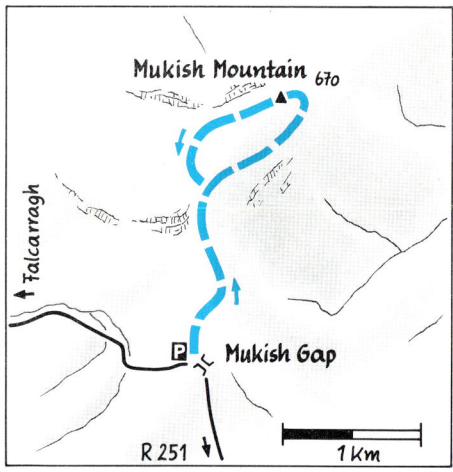

Donegal mit ihren langen Sandstränden, felsigen Kaps und tiefeingeschnittenen Buchten unter uns ausgebreitet. Im Osten, in Nordirland, reiht sich ein blauer Bergkamm nach dem anderen auf, im Süden können wir nahezu das gesamte Hochland von Donegal überblicken.

Von hier gehen wir nun entlang der *Nordkante des Gipfelplateaus* zurück. Bald taucht *rechts* unter uns das *Quarzitabbaugebiet* auf, das sich tief in den Gipfelhang gefressen hat. Eine Straße führt auf dieser Seite bis in den Steinbruch, und ein gefährlich aussehender *Minenarbeitersteig* windet sich durch die felsige Flanke zu uns herauf. Wir bleiben nur noch ein kurzes Stück am *Nordrand* der Gipfelhochfläche und wenden uns dann nach *links*. Über das steinübersäte *Plateau* queren wir, an einigen kleineren *Steinmännern* vorbei, hinüber zum *Südrand* und steigen über die Route wieder ab, die wir heraufgekommen sind.

Nützliche Informationen

Ausgangspunkt: Eine Parkbucht, 150 m nördlich des Mukish Gap, einem kleinen Paß mit einem Marienaltar neben der Straße. Hierher von Norden, indem man in Falcarragh, der Beschilderung zum Glenveagh-Nationalpark folgend, die N56 nach Süden verläßt (ca. 9 km bis zur Paßhöhe). Von Süden biegt man ca. 3 km nördlich des Glenveagh-Nationalparks von der R251 nach Norden ab (noch ca. 3 km bis zur Paßhöhe).
Gehzeiten: Insgesamt 2½ Stunden. Vom Ausgangspunkt bis zum Gipfelkreuz 1½ Stunden. Vom Gipfelkreuz zurück zum Ausgangspunkt 1 Stunde.
Länge der Tour: 6 km.
Höhendifferenz: 430 m.
Verkehrsverbindungen: Mehrmals täglich Busverbindungen mit der privaten Lough-Swilly-Companie von Letterkenny entlang der Küste Donegals (Haltestelle in Falcarragh).
Unterkunft: Die nächsten B&B's in Falcarragh.
Verpflegung: Lebensmittelgeschäft in Falcarragh.
Weitere Tourenvorschläge: Rund um den Lough Salt und auf den Lough Salt Mountain.
Karte: OS-Karte 1:126720, Blatt 1 (North Donegal).

40 Von der Tranarossan Bay zum Melmore Head

Zu den einsamen Stränden der Rosguill-Halbinsel

Tourencharakter: Einfache Wanderung, aber einige Zäune sind zu überklettern. Kein Weg und keine Markierungen.
Beste Jahreszeit: Das ganze Jahr über möglich.
Reine Gehzeit: 3 Stunden.

Noch vor ein paar Jahrtausenden lagen wohl dort, wo sich heute die Rosguill-Halbinsel ins Meer streckt, nur zwei Inseln vor der Küste. Doch seitdem haben die Wellen des Meeres jenes Material, das sie weiter westlich dem Land raubten, hier wieder abgelagert. Flache, sandige Ebenen verbinden heute die zwei Felsrücken, die das Rückgrat der Halbinsel bilden.

In die Felsklippen der weitgeschwungenen Boyeeghter Bay sind einsame, kleine Strände eingelassen.

Vom Festland erstreckt sich über Kilometer ein feiner Sandstrand bis nach Downies. Natürlich ist diese Reisekatalogschönheit dem Tourismus nicht verborgen geblieben, weshalb viele Urlauber, größtenteils aus Nordirland, in den Sommermonaten Downies und seinen Strand bevölkern.

Einige Kilometer weiter im Norden bildet die Sandebene an der Tranarossan Bay die Verbindung zur äußeren der beiden ehemaligen Inseln. Auch in die Tranarossan Bay ist ein weißer Traumstrand eingelagert, der allerdings schon bedeutend weniger Beachtung findet.

Von diesem Strand erstrecken sich Klippen bis hinaus zum Melmore Head. Doch auch in die kleinen Buchten dort draußen hat das Meer Sand geschwemmt und so unbeachtete Paradiese geschaffen. Gerade der häufige Wechsel der Szenerie, manchmal Strand, dann wieder wilde Klippen, macht eine Wanderung entlang dieser Küste so interessant. Normalerweise kann man eine Rast an einem der kleinen Strände in absoluter Einsamkeit genießen, denn nur wenige Menschen kommen hier heraus, um diese abwechslungsreiche Küste zu Fuß zu erkunden. Will man allerdings im Meer schwimmen, sollte man doch etwas Vorsicht walten lassen, denn unberechenbare Strömungen rund um die Spitze der Halbinsel machen das Schwimmen hier draußen gefährlich.

Der Wegverlauf

Vom *Parkplatz* gehen wir durch Dünen hinunter zum wunderschönen *Tranarossan-Strand*, auf dessen weißem Sand nur eine Handvoll Kinder spielt. Wir überqueren den Strand in seiner ganzen Länge nach *Norden* bis zum Fuß des *Crocknasleigh Hill*, der neben dem Strand felsig aufragt. Anschließend ersteigen wir den grünen *Hang* zu einer *Schulter links des Gipfels*. Auf der Schulter bestaunen uns einige Kühe, die es offensichtlich nicht gewohnt sind, daß Wanderer in ihr Refugium eindringen. Unter uns zieht sich die lange, weiße Sichel des Strandes nach Süden und will uns dazu verlocken, wieder zurückzusteigen und an einem anderen Tag zu wandern. Verführerisch schillert das Wasser des Meeres im Gegenlicht, und wir müssen unseren ganzen Willen aufbringen, um nicht wieder abzusteigen, sondern *rechts* hinauf den Gipfel des *Crocknasleigh Hill* zu erklimmen.

Oben entschädigt uns eine traumhafte Rundumsicht für das entgangene Badevergnügen. Im Westen liegt weit draußen im Meer Tory Island, die dunklen Felsen des Horn Head fordern Respekt, und im Süden bauen sich die Berge von Donegal in Reih und Glied auf. Im Norden zerteilt der lange Finger des *Melmore Head* die blaue Fläche des Meeres. Ein steiler *Abstieg* bringt uns vom *Crocknasleigh Hill* in die Scharte vor dem nächsten *Felsgipfelchen*, durch die ein hoher *Zaun* läuft. Wir gehen am *Zaun* entlang nach *links*,

Der einladende Strand am Südende der tiefeingeschnittenen Melmore Bay.

bis wir auf einer kleinen *Leiter* ohne Probleme den Zaun überklettern können. Danach können wir auf *Steigspuren* in steilem Gelände den Felskopf links umgehen. *Links* führt ein steiler Grashang zu einem einsamen kleinen *Traumstrand* hinunter, der von bizarren Klippen begrenzt wird.

Wir gehen auf den *Steigspuren* oberhalb des Strandes weiter in Richtung *Norden* und steigen bald hinunter zu einer hohen *Steinmauer* mit Stacheldrahtzaun. Rechts schmiegt sich ein seltsam geformter See an den Hügel. Wir folgen der *Mauer* nach *links* hinab bis zu ihrem Ende an der *Klippenkante*. Hier können wir dieses Hindernis relativ problemlos überwinden und anschließend *nach rechts* zur dünengesäumten *nächsten Bucht* wandern. Auf dem *Dünenkamm* umgehen wir diese Bucht. Das spitze Gras, das auf den Dünen wächst, piekst gemein, und der feine Sand rieselt uns in die Schuhe. Hinter der Bucht ziehen die Klippen wieder weit nach links hinaus ins Meer. Wir halten uns jedoch im *Landesinneren*, denn nach diesen Kliffs schneidet sich eine schmale Felsbucht weit ins Land ein.

Von dieser *schmalen Bucht* steigt das Land nach *Norden* hin leicht an. Wir wandern nun in einem weiten *Linksbogen* um den Hügel vor uns, den *Melmore Hill*. In leichtem Auf und Ab suchen wir uns am *Hang*, der sanft nach links zum Meer hin abfällt, unseren *Weg* in der Nähe der *Kliffs*. Einige niedrige *Steinmauern*, die das teilweise grasige und zum Teil felsige Gelände durchziehen, stellen kein Hindernis dar. In der Nähe eines markanten *Kaps*, dem *Straughan Point*, biegt die *Küstenlinie* immer mehr in *östliche Richtung* um. Nur noch ein paar hundert Meter sind es von hier nach *Osten* zur *Melmore Bay*. Steile Felsen verwehren uns den direkten Abstieg zum *Sandstrand* in der Bucht; deshalb müssen wir entlang einer *Steinmauer* ein Stück zum *Melmore Hill* aufsteigen, ehe wir einen Grashang nach *links* hinüberqueren können.

Wir stehen jetzt an der *schmalsten Stelle* der ganzen Halbinsel, zu beiden Seiten liegen weiße Strände.

Von hier gehen wir nach *links* hinaus zum *Melmore Head*. Ein Kilometer ist es noch bis zum *Turm oberhalb des Kaps*, den wir im angenehm zu begehenden Gelände schnell erreichen. Im Osten liegt die Fanad-Halbinsel, von der wir durch einen schmalen Meeresarm getrennt sind. Nur wenige weiße Häuser bringen einige Tupfer in die grünen Hänge, die von braunem Moorland überragt werden.

Vom *Kap* wandern wir auf *demselben Weg*, auf dem wir gekommen sind, zurück zur *Schmalstelle* zwischen den beiden Stränden. Hier bleiben wir jedoch auf der *Ostseite* des *Melmore Hill*. Zwischen einigen großen Campinganhängern, die hier aufgestellt sind, beginnt ein *Sträßlein*, das uns nach *Süden* zu unserem *Ausgangspunkt* zurückbringen wird.

Nützliche Informationen

Ausgangspunkt: Der Parkplatz am Tranarossan-Strand. Hierher, indem man in Carrickart von der R245 nach Norden auf die R248 in Richtung Downies abzweigt. Noch vor Downies biegt rechts eine schmale Straße ab (Hinweisschild zur Jugendherberge), die im Osthang eines Hügels nach Norden führt. Man erreicht auf dieser Straße nach einigen Kilometern eine weite Grasebene, an deren Beginn nach links ein Sträßlein zum nahen Parkplatz führt.

Gehzeiten: Insgesamt 3 Stunden. Vom Ausgangspunkt zum Melmore Head 1¾ Stunden; vom Melmore Head zurück zum Ausgangspunkt 1¼ Stunden.

Länge der Tour: 10 km.

Höhendifferenz: 250 m.

Verkehrsverbindungen: Täglich ein Bus der privaten Patrick-Gallagher-Company von Letterkenny nach Downies.

Unterkunft: Hotels und B&B's in Carrickart und Downies. Eine Jugendherberge, einige hundert Meter vom Ausgangspunkt entfernt (An Oige). Campingplatz in Downies.

Verpflegung: Lebensmittelgeschäfte und Restaurants in Carrickart und Downies.

Fahrradverleih: In Carrickart.

Sehenswürdigkeiten: Das dunkle Doe Castle an einem Meeresarm nördlich von Creeslough.

Weitere Tourenvorschläge: Rundtour um das Horn Head. Über die Knockalla Mountains auf der Fanad-Halbinsel.

Karte: OS-Karte 1:126720, Blatt 1 (North Donegal).

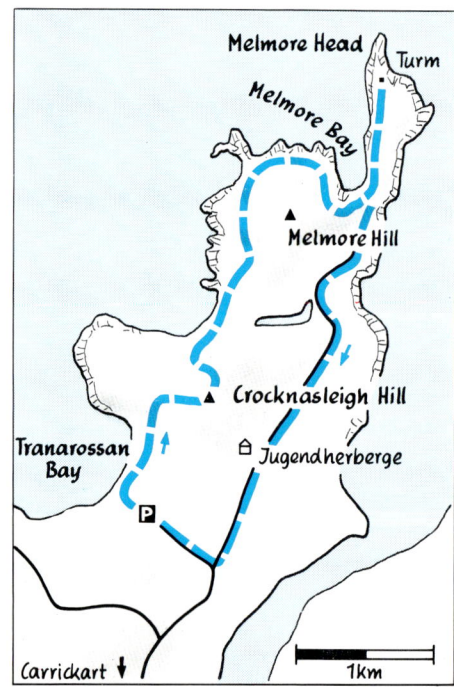

Anhang

Weitwanderwege

Irland bietet ein großzügiges Netz markierter Weitwanderwege, auf denen man nahezu alle Landesteile erforschen kann. In den nächsten Jahren ist eine Ausweitung dieses Netzes geplant.
Bei der Vorbereitung einer Tour sollte man sich darauf einstellen, daß man häufig auf sehr unterschiedliche Bedingungen stößt. Einem Wegabschnitt auf einer geteerten Straße kann, besonders in gebirgigem Gelände, ein Marsch querfeldein durch sumpfiges Gelände folgen.
Orientierungsprobleme treten auf den Weitwanderwegen nicht auf, da sie durchgehend mit dunklen Markierungspfosten gekennzeichnet sind, auf denen gelbe Pfeile die Richtung anzeigen.
Eine Übersicht über die Weitwanderwege in Irland gibt die Broschüre »Walking Ireland«, die man bei der Irischen Fremdenverkehrszentrale in Frankfurt anfordern kann.

Die verschiedenen Weitwanderwege

Táin Trail
An der irischen Ostküste nahe der Grenze zu Nordirland im County Louth gelegen, durchquert der »Táin Trail« die Cooley Mountains. Der 30 Kilometer lange Weg ist als Rundtour angelegt.
Länge: 30 km
Route: Carlingford – Omeath und An Oige Hostel – Ravensdale – The Lumpers – Aghameen – Golyin Pass – Carlingford
Karte: OS-Karte 1:50 000, Blatt 29

Wicklow Way
Einer der bekanntesten und wohl der alpinste der irischen Weitwanderwege ist der Wicklow Way. Vor allem der nördliche Abschnitt, zwischen Dublin und dem Tal von Glenmalure, erschließt grandiose Berglandschaften. Zusätzlich lockt hier die Klosterruine von Glendalough zu einem Besuch.
Länge: 132 km
Route: Marley Park (Dublin) – Knockree An Oige Hostel – Laragh/Glendalough – Glenmalure An Oige Hostel – Drumgoff – Aghavannagh An Oige Hostel – Tinahely – Shillelagh – Clonegal
Karte: OS-Karte 1:50 000, »Wicklow Way«

Kildare Way, Grand Canal Towpath und Barrow Towpath
Entlang alter Kanäle und träger Flüsse durchziehen diese zusammenhängenden Weitwanderwege die Ebenen der Counties Kildare, Laois und Carlow. Startpunkte im Norden sind Edenderry und Celbridge (östlich von Dublin). Abstecher führen nach Naas und Kildare. Nach Süden führt der Barrow Towpath über Carlow bis Graiguenamanagh, wo man den Anschluß an den South Leinster Way gewinnt.
Länge: Insgesamt 150 km
Route: Celbridge – Sallins (Abstecher nach Naas) – Robertstown (Abstecher nach Edenderry) – (Abstecher nach Kildare) – Rathangan – Monasterevan – Athy – Carlow – Muine Bheag – Graiguenamanagh
Karte: OS-Karten 1:126 720, Blatt 16 und 19

South Leinster Way
Durch die Hügel der Counties Carlow und Kilkenny, im Südosten Irlands gelegen, verläuft der South Leinster Way. Der nördliche Startpunkt ist der kleine Ort Kildavin, der nur einige Kilometer von Clonegal, dem südlichen Endpunkt des Wicklow Way, entfernt liegt. In Graiguenamanagh kann man auf den Barrow Towpath überwechseln, und am südlichen Endpunkt des South Leinster Way, in Carrick on Suir, findet man den Anschluß an den Munster Way.
Länge: 94 km
Route: Kildavin – Borris – Graiguenamanagh – Inistioge – Lukeswell – Mullinavat – Piltown – Carrick on Suir
Karte: OS-Karten 1:126 720, Blatt 18, 19, 22, 23

Munster Way
Auf einer Länge von (bisher) 65 Kilometern zieht der Munster Way von Carrick on Suir nach Westen. Der erste Abschnitt durchquert das Tal des River Suir, ehe der Weg in die Hänge der Comeragh und Knockmealdown Mountains hinaufklettert. Vorläufiges Ende ist am »The Vee« genannten Paß in den Knockmealdown Mountains, doch soll der Munster Way in Zukunft nach Westen bis zum Kerry Way weitergeführt werden.
Länge: 65 km
Route: Carrick on Suir – Kilsheelan – Clonmel – Newcastle – The Vee – Lismore An Oige Hostel
Karte: OS-Karte 1:126 720, Blatt 22

Slieve Bloom Way
Die Slieve Bloom Mountains erheben sich im Herzen Irlands über den zentralen Ebenen. Die Rundtour führt über aussichtsreiche Bergkämme und durch einsame Täler.
Länge: 66 km
Route: Glenmonicknew Forest Car Park – Capard Car Park – Glenbarrow Car Park – Glenregan Forest Car Park – Glenafelly – Gap of Glendine – Glenmonicknew Forest Car Park
Karte: OS-Karte 1:50 000, Blatt 54

Kerry Way
Einen der Höhepunkte nahezu jeder Irlandreise bietet das County Kerry mit den Seen und Bergen von Killarney und der Landschaft der Iveragh-Halbinsel. Von Killarney aus leitet der Kerry Way auf 200 Kilometern rund um die gebirgige Halbinsel. Ständig wechselt der Blick von tief eingeschnittenen Meeresbuchten zu wilden Bergen, den höchsten in ganz Irland.
Länge: 200 km
Route: Killarney – Black Valley An Oige Hostel – Glencar – Glenbeigh – Cahersiveen – Waterville – Caherdaniel – Sneem – Kenmare – Windy Gap – Killarney
Karte: Cork Kerry Tourism 1:50000, »The Kerry Way«

Dingle Way (Slí Chorcha Dhuibhne)
Die Dingle-Halbinsel ist die nördlichste der fünf großen Halbinseln im Südwesten Irlands und gehört ebenfalls zum County Kerry. Tralee ist das Einfallstor zu dieser Halbinsel, auf der noch Gälisch gesprochen wird. In Tralee beginnt auch der Dingle Way, der rund um die Halbinsel führt. Wilde Felsküsten, lange Sandstrände, bedeutende Baudenkmäler aus mehreren Jahrtausenden und hohe Berge sorgen für ständige Abwechslung.
Länge: 153 km
Route: Tralee – Camp – Inch – Annascaul – Lispole – Dingle – Ventry – Dunquin – Ballydavid – Brandon – Cloghane – Stradbally – Castlegregory – Camp – Tralee
Karte: OS-Karte 1:126720, Blatt 20

Burren Way
An der irischen Westküste, im County Clare, liegt die Karstlandschaft der Burren. Ballyvaughan im Norden und Ballinalacken im Süden verbinder der Burren Way.
Länge: 23 km
Route: Ballyvaughan – Fermoyle – Slieve Elva – Ballinalacken
Karte: Folding Landscapes 1:35000, »The Burren«

Aran Island Ways
Auf den beiden kleineren Inseln Inishmaan und Inisheer sind kurze Rundwanderungen ausgeschildert. Auf der großen Insel Inishmore führt ein 50 Kilometer langes Wegenetz durch die einsame Landschaft und zum berühmten Promontory-Fort Dun Aengus.
Länge: Inishman Way 8 km
Inisheer Way 10,5 km
Inishmore Way 50 km
Route des Inishmore Way: Kilronan – Cill Mhuirbhigh – Bún Gabhla – Gort na cCapall – Cill Éinne – Kilronan
Karte: Folding Landscapes 1:29000, »The Aran Islands«

Ulster Way
Mit einer Länge von rund 700 Kilometern zählt der Ulster Way zu den großen Weitwanderwegen Europas. Zum Großteil verläuft er durch das britische Nordirland. Der westliche Abschnitt des Ulster Way führt jedoch durch die wilden Berge des zur Republik Irland gehörenden County Donegal.
Informationen:
Field Officer
Sports Council for Northern Ireland
House of Sports
Upper Malone Road
Belfast BT9 5LA, Northern Ireland

Nützliche Informationen

Irische Zentralen für Fremdenverkehr in Deutschland, Österreich und der Schweiz
Irische Fremdenverkehrszentrale (Zentrale für alle deutschsprachigen Länder)

Untermainanlage 7
6000 Frankfurt/Main
Tel. 069/236492
Fax 234626
Telex 414628

Von der Irischen Fremdenverkehrszentrale in Frankfurt erhält man (auch auf telefonische Anfrage) umfangreiches Informationsmaterial zu Reiseveranstaltern, Fähr- und Flugverbindungen, Übernachtungsmöglichkeiten, Freizeitaktivitäten und mehr. Sehr freundlicher und prompter Service!

Informationsmaterial erhält man in Österreich von:
Botschaft der Republik Irland
Hilton-Center, 16. Etage
Landstraßer Hauptstr. 2
1030 Wien
Tel. 01/7158317

Informationsmaterial erhält man in der Schweiz von:
Irland-Informationsbüro
Neumühle Töff
Neumühlestr. 42
8406 Winterthur
Tel. 052/2026906 oder 2026907

Touristeninformationsstellen in Irland:
Ca. 20 regionale Tourist-Offices haben ganzjährig geöffnet, weitere 50 in kleineren Orten stehen während der Sommermonate zur Verfügung. Geöffnet sind die TI-Offices in der Regel von Montag bis Freitag von 9.00 Uhr bis 18.00 Uhr, samstags von 9.00 Uhr bis 13.00 Uhr, in den großen Flughäfen nach Bedarf auch länger. Zu erkennen sind die TI-Offices an einem grünen Schild mit aufgemaltem, weißem i.

Ganzjährig geöffnete Tourist-Offices:

Athlone
17 Church Street
Tel. 0902/72866

Cliffs of Moher
Co. Clare
Tel. 065/81171

Cork
Tourist House
Grand Parade
Tel. 021/273251

Dublin Airport
Tel. 01/375533 und
376387

Dublin City
14 Upper O'Connell Street
Tel. 01/747733

Dundalk
Market Square
Tel. 042/35484

Dun Laoghaire
St. Michael's Wharf
Tel. 01/806984/5/6

Ennis
Clare Road
Tel. 065/28366

Galway City
Eyre Square
Tel. 091/63081

Kilkenny
Shee Alms House
Rose Inn Street
Tel. 056/21755

Killarney
Town Hall
Tel. 046/31633

Knock Airport
Tel. 094/67247

Letterkenny
Derry Road
Tel. 074/21160

Limerick City
The Granary
Michael Street
Tel. 061/317522

Mullingar
Dublin Road
Tel. 044/48650

Shannon Airport
Tel. 061/61664,
61545 und 61604

Skibbereen
Town Hall
Tel. 028/21766

Sligo
Temple Street
Tel. 071/61201

Tipperary
James Street
Tel. 062/51457

Tralee
Aras Siamsa
Godfrey Place
Tel. 066/21288

Waterford
41 The Quay
Tel. 051/75788

Westport
The Mall
Tel. 098/25711

Wexford
Crescent Quay
Tel. 053/23111

Kleinere, nicht ganzjährig geöffnete Informationsbüros sind bei den betreffenden Wanderungen aufgeführt.

Diplomatische Vertretungen in Irland:
Botschaft der Bundesrepublik Deutschland
43 Ailesbury Road
Dublin 4
Tel. 01/693011

Deutsche Konsulate:
Camden House
Camden Quai
Cork
Tel. 021/509367

Crohane-Fossa
Killarney, Co. Kerry
Tel. 064/32628

2 Upper
Hartstongue Street
Limerick
Tel. 061/314480

Österreichische Botschaft
Ailesbury Court
91 Ailesbury Road
Dublin 4
Tel. 01/694577

Schweizer Botschaft
6 Ailesbury Road
Dublin 4
Tel. 01/692515

Botschaften der Republik Irland:
In der Bundesrepublik Deutschland:
Godesberger Allee 119
5300 Bonn 2
Tel. 0228/376937

In Österreich:
Hilton Center, 16. Etage
Landstraßer Hauptstr. 2
1030 Wien
Tel. 0222/754246

In der Schweiz:
Eigerstraße 71
3007 Bern
Tel. 031/462353

Automobilclubs:
Automobile Association
23 Suffolk Street
Dublin
Tel. 01/779481

Royal Irish Automobile Club
34 Dawson Street
Dublin
Tel. 01/775141

Tankstellen:
Irland bietet ein dichtes Netz von Tankstellen, das auch eine einwandfreie Versorgung mit bleifreiem Kraftstoff sicherstellt.
Die Preise liegen deutlich über denen in Deutschland.

Verkehrsregeln:
In Irland herrscht Linksverkehr. Die Höchstgeschwindigkeit beträgt in geschlossenen Ortschaften 30 Meilen (48 km/h) bzw. 40 Meilen (64 km/h) und auf Landstraßen 60 Meilen (96 km/h).
Für Fahrer und Beifahrer gilt Anschnallpflicht!

Öffnungszeiten von Büros und Geschäften:
Geschäftszeiten: In den größeren Städten haben die Geschäfte in der Regel von 9.00 Uhr bis 17.30 Uhr geöffnet. In Dublin gibt es aber auch Läden, in denen man rund um die Uhr einkaufen kann und viele kleinere Lebensmittelgeschäfte, die verlängerte Öffnungszeiten bis spät in die Nacht haben. Einkaufszentren sind donnerstags und freitags bis 21.00 Uhr geöffnet.

Post: Schalterstunden sind zwischen 9.00 Uhr und 18.00 Uhr. In kleineren Postämtern muß man häufig mit einer Mittagspause rechnen. Samstags ist von 9.00 Uhr bis 12.00 Uhr geöffnet.

Banken: Schalterstunden sind unter der Woche von 10.00 Uhr bis 12.30 Uhr und von 13.30 Uhr bis 15.00 Uhr. In Dublin haben die Banken donnerstags meist bis 17.00 Uhr geöffnet.
Mit der Euroscheckkarte können Schecks in Bargeld umgewechselt werden. Reiseschecks werden in allen Banken, Wechselstuben und in vielen Hotels angenommen. Die gängigsten Kreditkarten sind Access (oder MasterCard) und Visa sowie American Express und Diner's Club.

Telefon:
Das Telefonsystem untersteht der staatlichen Gesellschaft Telecom Eirann. Auslandsgespräche sind von den meisten Telefonzellen direkt zu führen. Telefon nach Deutschland: Vorwahl 1649, anschließend die Ortsnummer ohne die 0; nach Österreich: 1643; in die Schweiz: 1641.

Notruf:
999 kostenlos von jeder Telefonzelle (für Polizei, Notarzt, Feuerwehr, Wasser- oder Küstenwacht sowie Bergrettung).

Gesundheit:
Allgemeinmediziner heißen »Surgery«, Zahnärzte »Dentist«. Apotheken sind am Schild »Pharmacy« oder »Chemist« zu erkennen und haben von Montag bis Samstag von 9.00 Uhr bis 18.00 Uhr geöffnet, sonntags von 11.00 Uhr bis 13.00 Uhr. Deutsche, die bei einer gesetzlichen Krankenkasse versichert sind, benötigen das Formblatt E 111. Privatversicherte sollten sich mit ihrer Kasse in Verbindung setzen. Österreichern und Schweizern wird der Abschluß einer Reisekrankenversicherung geraten.

Jugendherbergen:
Neben den offiziellen Jugendherbergen, den An-Oige-Hostels, die dem internationalen Jugendherbergsverband angeschlossen sind, gibt es noch die privaten Hostels, die sich zu den IHO-Hostels und zur Budget-Gruppe zusammengeschlossen haben. Ein Verzeichnis der Hostels aller drei Gruppen (leider nicht vollständig) befindet sich in der Broschüre »Irland-Ferien für junge Leute«, die man von der Irischen Fremdenverkehrszentrale in Frankfurt anfordern kann. Einen internationalen Jugendherbergsausweis benötigt man nur für die An-Oige-Hostels.
Vollständige Verzeichnisse der angeschlossenen Jugendherbergen erhält man in den Hostels oder von den drei Jugendherbergsverbänden:

An Oige
Irish Youth Hostels Association
39 Mountjoy Square
Dublin 1
Tel. 01/36 31 11

Irish Budget Hostels
Doolin Village, Co. Clare
Tel. 065/7 40 06

I.H.O. (Independent Hostels of Ireland)
Patrick O'Donnell
Dooey Hostel
Glencolumbkille, Co. Donegal
Tel. 073/3 01 30

Bergsteigervereinigung:
Federation of Mountaineering
Clubs of Ireland (F.M.C.I.)
20 Leopardstown Gardens
Blackrock, Co. Dublin
Tel. 01/88 12 66

Filmmaterial:
Filme aller Art sind in Irland bedeutend teurer als in Deutschland. Man sollte sich daher vor Antritt der Reise mit genügend Filmmaterial eindecken.

Feste und Feiertage:
Neujahrstag (1. Januar); St. Patrick's Day (17. März); Karfreitag und Ostermontag; Weihnachten (25. Dezember) und St. Stephen's Day (26. Dezember); Bank Holyday (von Jahr zu Jahr verschieden; es handelt sich um drei gesetzliche Feiertage, die jeweils auf einen Montag fallen, an denen nicht gearbeitet wird und alle Geschäfte geschlossen haben).

Veranstalter von Wanderferien:
Eine komplette Liste der irischen Veranstalter enthält die Broschüre »Walking Ireland«, die man von der Irischen Fremdenverkehrszentrale in Frankfurt beziehen kann.
Verzeichnisse der deutschen, österreichischen und Schweizer Veranstalter von Wanderferien enthalten die Broschüren »Irland – Europas Grüne Ferienseiten«, die getrennt nach Nationalität der Veranstalter von der Irischen Fremdenverkehrszentrale zu beziehen sind.

Irische Abenteuerzentren bieten neben Wandern und Klettern noch weitere Aktivitäten, wie zum Beispiel Kajakfahren, Tauchen oder Höhlenbegehungen, an. Die Broschüre »Ferien in Irland für junge Leute« enthält die Anschriften der einzelnen Abenteuerzentren und kann von der Irischen Fremdenverkehrszentrale in Frankfurt angefordert werden.

Forest Parks:
Über ganz Irland verstreut befinden sich Hunderte sogenannter Forest Parks, die durch kurze, ausgeschilderte Rundwanderungen erschlossen sind. Vor allem mit Kindern bieten die schattigen Waldwege und Picknick-Plätze eine hervorragende Alternative zu längeren und schwierigeren Unternehmungen. Die Gratisbroschüre »The Open Forest«, die in den größeren TI-Offices in Irland zu bekommen ist, enthält die Liste der Forest Parks.

Nationalparks:
Alle drei irischen Nationalparks liegen im westlichen Teil der Insel. Ihre Aufgabe besteht sowohl in der Erhaltung der Natur als auch darin, den Besucher zu informieren und ihm das Erleben dieser Landschaften zu ermöglichen.

Killarney National Park:
Dieser Park ist der älteste und mit 10 100 Hektar zugleich der größte der irischen Nationalparks. Gelegen im Südwesten der Insel, im County Kerry, schließt er sowohl Seen ein, die von nahezu tropischer Vegetation umgeben sind, als auch karge Gebirgszüge, die mit Mooren und Heidekraut überzogen sind. Steile Felswände und einer der letzten Eichenwälder in Irland tragen das ihre zu den ständig wechselnden Landschaftseindrücken bei.

Connemara National Park:
Im Westen der Insel bildet das wilde, einsame Bergland von Connemara den nordwestlichen Teil des County Galway. Hier zieht der kleine Connemara National Park vom Ort Letterfrack, der auf Meeresniveau liegt, hinauf zu den Quarzitkegeln der Twelve Bens. Moore, über die die widerstandsfähigen Connemarapferde galoppieren, prägen das Bild. Das Nationalparkzentrum in Letterfrack bietet eine Vielzahl von Informationsveranstaltungen zur Landschaft und zur Besiedlungsgeschichte von Connemara an.

Glenveagh National Park:
Im Nordwesten Irlands, in den wilden Bergen des County Donegal, liegt der Glenveagh National Park. Um ein von eiszeitlichen Gletschern ausgehobeltes Tal, in dem ein tiefblauer See liegt, erstreckt sich dieser Nationalpark. Über die steilen, moorüberzogenen Granitberge zu beiden Seiten des Tales streifen Rotwildherden.

Am Eingang zum Tal erhält man im Nationalparkzentrum Informationen, und hier starten auch die Kleinbusse, die die Besucher kostenlos zum Glenveagh Castle bringen, das im Herzen des Nationalparks den fjordartigen See überragt.
Das Schloß wurde im letzten Jahrhundert errichtet, und seine subtropisch anmutenden Gärten stehen in eigenartigem Kontrast zu den kahlen Hängen ringsum.

Literatur

Beckett, J.: Geschichte Irlands. Kröner Verlag, Stuttgart 1982
Bell, B.: »Apa Guide Irland«. Nelles Verlag, München 1990
Böll, H.: Irisches Tagebuch. dtv Verlag, München
Doran, S., Greenwood, M. und Hawkins, H.: »The Rough Guide: Ireland«. Harrap Columbus, London 1990
Francke, K. D. und Kuballa, W.: Irland – Der Westen. DuMont, Köln
Herman, D. und McCarty, M.: New Irish Walk Guides – East-Southeast. Gill and Macmillan, Dublin 1991
Johann, A. E.: Heimat der Regenbogen: Irland. Bertelsmann Verlag, München
Kohlmann-Schaff, B.: Irland. Artemis-Cicerone
Kuballa, W.: Richtig reisen – Irland. DuMont, Köln
Mante, H. und Weidemann, S.: Irland. Bucher Verlag, München
Merten, C. und R.: Irland. Terra Verlag, Badenweiler 1983, München
Morton, H. V.: Wanderungen in Irland. Knaur Verlag, München 1989
O'Suilleabhain, S.: New Irish Walk Guides – South-West. Gill and Macmillan, Dublin 1991
Rappel, F.: Irland. Verlag Martin Velbinger, Gräfelfing/München 1990
Viedebantt, K. und Raach, K.-H.: Irland. Bruckmann Verlag, München 1988
Wagner, M.: Irland. Prestel, München 1968
Whilde, T. und Simms, P.: New Irish Walk Guides – West and North. Gill and Macmillan, Dublin 1991
Ziegler, W.: Irland. Kunst, Kultur, Landschaft. DuMont, Köln 1989

Ein Katalog mit umfangreichem Buch- und Kartenangebot zum Thema Irland ist zu beziehen von:

Celtic Buch- und Reiseservice
Geb. Steudel GbR
Krebsgasse 5–7
8500 Nürnberg 1
Tel. 09 11/2 41 87 71 und 2 41 87 72
Telefax 09 11/2 41 87 73

Register

Die geradestehenden Ziffern verweisen auf die Textseiten, die *kursiven* auf die Seiten mit den Abbildungen.

Aasleagh-Wasserfall 143
Achill Head 154, 155, 156, 157
Achill Island 146, 149, 150–157, 164, *151, 152*
Achill Sound 150, 154
Adrigole 65, 68, *72*, 73
Aghaglinny South 116
Aghla Mountains 173, 174, 179, *179*
Aillwee Cave 118
Allachoastia 176
Altan Lake 173, 174
Anascaul 96, 97
Anascaul Glen 97
Annagh-Strand 152, 153
An Rinn 44
An Sunda Caoch 123
Aran Islands 110, 112, 115, 117, 118–124, 146, *120, 123*
Aran Way 124
Ardara 170
Arts Lough 41, 43, *40*
Astelleen-Wasserfall 177, *177*
Aughils 74
Avonbeg River 40, 43

Ballaghnatrillick 163
Ballina 150, 154, 159
Ballybrack 97, 101
Ballyduff 101
Ballyvaughan 118
Baltimore 52–57
Bantry Bay 61, 62, 65, 68, 71
Barley Lake 61–65, *62/63*
Barly Cove 60, 61
Barrow River 44
Baurtregaum 95, 97, *96*
Beara-Halbinsel 61–73, 80
Beaufort 81
Beenacouma 104, 105
Beenoskee 94
Belderrig 159
Benbaun 131, 132
Benbulben 161–164, 166, *160*
Benbulben Head 162, 163
Bencorr 131
Ben Gorm 138, 142, 143, *141*
Ben Leagh 41
Benlettery 132
Ben Lugmore 143
Benwee Head 157–159, *157*
Binn idir an Dá Log 124–129
Bird Island 60
Black Head 113, 115, 118
Black-Rock-Insel 156
Blackstair Mountains 44
Black Valley 80, 84
Blasket-Inseln 103, 104
Blessington 26
Blue Stack Mountains 177
Boyeeghter Bay *181*

Branaunbeg 110
Branaunmore 107
Brandon Bay 99
Brandon Mountain 94, 97–101, 105, 110, *98, 100*
Brandon Peak 99
Brandon Point 97, 101
Bray 24
Bray Head 24
Broad Haven 159
Bullock Island 56
Bunglass 164, 165, 166
Burren 113–118, 120, *12, 114*
Burren Display Center 115, 118
Burren Way 113, 117, 118

Caha Mountains 61, 68
Caherconree 93–96, *95*
Caher River 113, 115, 116, 117, *117*
Cahersiveen 81, 86, 88, 90, 92
Cahir 48, 50, 51
Calary 22, 23, *21*
Camaderry 28, 32, 33
Camp 96, 97, 101
Carrauntouhill 13, 68, 71, 79, 82–86, *81, 85*
Carrawaystick Brook 43
Carrick 164, 166
Carrickart 184
Carrick on Suir 44, 47, 48
Carrowmore 163
Cashel 48, 51
Castlegregory 96, 97, 99, 101
Castlemaine Harbour 93, 96
Castletownbere 69, 72, 73
Cathair Dhuin Irghius 115
Caumshingaun Lake 46
Cill Mhuirbhigh 122
Cladedaghduff 136
Clare Island 144, 146–150, 151, *147, 148*
Clear Island 52, 53, 56, 57
Cleggan 136
Clew Bay 143, 144, 149, *145*
Clifden 128, 129, 132, 136, 140, 143
Cliffs of Moher 100, 106–112, 113, 116, 122, *107, 108/109, 111*
Cloghane 101
Cloghereen 76
Cloghmore 150
Cloghone River 25
Clohernagh 41, 42, 43
Clonmacnoise 120, 121, *15*
Clonmel 48
Cnoc na hUilleann 126
Connemara 110, 113, 118, 120, 124, 125–132, 141, 149, 152, *125*
Connemara-Nationalpark 132
Connorpaß 97, 99, 100, 101
Coomacarrea 88
Coomacullen Lake 87, *86*
Coomadavallig Lake 71
Coomaglaslaw Lake 88
Coomarkane-Tal 62
Coomasaharn Lake 86–88, *86, 89*

Coomreagh 88
Coonanna Harbour 91, 92
Corraun-Halbinsel 149
Corrowteige 159
Coumeenoole 104, *104*
Coumloughra 86
Coumshingaun Lake 46, *47*
Creeslough 184
Croaghanmoira 43
Croaghaun 152, 153, 154–157, 164, *155*
Croagh Patrick 128, 142, 143–146, 149, 152, *144*, *145, 148*
Crocknasleigh Hill 182
Crockrawer 165
Cromeraghmountain 45
Cromeragh Mountains 44–48, 50, *47*
Crookhaven 61
Crossterry Mountain 61, 62
Curryglass 72, 73

Dead Man's Cove 134
Delphi 143
Derry Bawn Mountain 33, 38
Derryclare 129–132, *129, 130*
Derryclare Lough 131, *129, 130*
Derrymore 97
Derrymore Glen 95, 97, *96*
Devilsbit Mountain 48
Devil's Ladder 82, 83, *83*
Devilsmother 138, 140–143, 144, *142*
Devil's Punchbowle 74, 75
Dingle Bay 87, 93, 94, 105
Dingle-Halbinsel 74, 93–105, 110, *11*
Dingle Town 96, 97, 100, 101, 102, 105
Dingle Way 101, 105
Djouce Mountain 24–27
Dobhach Bhrainin 116
Doe Castle 184
Dog's Head 121
Donegal 158, 164–184
Donegal Bay 164
Donegal Town 164, 166, 170
Dooagh 151, 157
Doolin 112, 124
Downies 182, 184
Downpatrick Head 158
Drumcliff 161, 163, *160, 162*
Drumgoft 43
Dugort 153, 154
Dun Aengus 118, 120, 122, 124, *119*
Dunbeg Fort 93, 102, 105
Dunboy Castle 69, 73
Dungarvan 44, 47, 48
Dunlewey 174
Dun Lough 58–60
Dunmanus Bay 58, 59
Dún Mór 133, 136
Dunmore Head 104
Dunquin 105
Dursey Island 73

Eagle's Nest 165
Ennerskerry 24
Erris Head 159

Faha 97, 100

Falcarragh 180
Fanad-Halbinsel 184, *2/3*
Fanore 113, 115, 117, 118
Farscollop 177, 178
Fastnet Rock 52
Fauscoum 46, 47
Finglas River 96
Fossa 81, 86
Frochan Glen 41, 42
Furraleigh 47

Gallarus Oratory 103, 105, *11*
Galtybeg 50
Galtymore Mountain 48–51, *49, 50*
Galway 120, 124, 128, 129, 132, 140, 143
Galway Bay 113, 115, 116, 118
Gap of Dunloe 77–81, 84
Garnish Island 61, 65
Garraun 140
Gartan Lake 178
Glas Lough 80, *78*
Glas Loughs 71
Glebe Gallery 178
Glenacappul 75, 76, 77
Glenamoy 159
Glen Bay *168/169*
Glenbeigh 86, 88
Glencar 84
Glencoaghan 130, 131, 132
Glencoaghan River 132
Glencolumbkille 166, 167–171
Glencree 24
Glendalough 24, 27, 28–38, 43, *27, 37*
- Kathedrale 34
- Kevins Bed 33
- Lower Lake 36
- Reefert Church 33, *34*
- Rundturm 33, 34, 36, *29, 32*
- St. Mary's Church 34
- St. Kevins Cell 33
- St. Kevin's Church 34
- St. Saviour's Priory 34
- Temple-Na-Skellig 33
- Upper Lake 33, 34, 36, 38, *27, 31, 35*
Glenealo Valley 28
Glengarriff 61, 65, 68, 73
Glengarriff River 61
Glen Head 167, 169, *167, 170*
Gleninagh Mountain 115, 116
Glenmalure 37, 38–43, *40, 42*
Glenmore Valley 71
Glenndgevlagh 142
Glen of Aherlow 51
Glenveagh Castle 174, 176, *178*
Glenveagh-Nationalpark 173, 174–178, 179, 180
Glenveagh-Tal 177
Goat Island 107
Gort na gCapall 122, 123
Grange 163
Great Blasket 104, 105
Great Sugar Loaf 21–24, 26, *23*
Greenan 43

Hag's Glen 82, 84, 81, 83
Hag's Head 106, 107, 110, 112, 112
Healy Pass 73
Holly Hill 72
Horn Head 182, 184
Hungry Hill 68, 69–73, 80, 70

Inagh Valley 128
Inch 93, 96, 97
Inishbofin 132–136, 149, 152, 133, 135, 136
Inisheer 118, 124
Inishmaan 118, 121, 124
Inishmore 118, 124
Inishmore Way 121–124
Inishowen-Halbinsel 179
Inishturk 134, 149
Iveragh-Halbinsel 69, 84, 86, 90, 91, 94, 101, 103

Joyce River 127
Joyce Country 127

Kedge Island 53, 54
Keel 151, 153, 154, 157
Keem Bay 154, 155, 156, 157, 156
Kells 91
Kenmare River 80, 84
Kerry River 62
Kerry Way 81
Kid Island 159
Kilcar 164, 166
Kildurrigh 105
Kilfenora 113, 115, 118
Killary Harbour 128, 130, 137–143, 144, 149, 137, 138, 142
Killarney 73, 74, 76–81, 86, 88, 92, 94, 96, 97, 101, 73
Killeany 120, 124
Killeany Bay 121
Killorglin 76, 80, 88
Killybegs 164, 166, 170
Kilmacanoge 22, 23, 24
Kilmalkedar 103, 105
Kilronan 124
Kings Mountain 161–163
Kinnaveagh 174, 177, 178
Kippure 23, 25
Knockaunapeebira 46
Knockeenatong 50
Knockmealdown Mountains 44, 50
Knockmore 146–150
Knockmoyle 97
Knocknadobar 90–92, 90, 92
Knocknalla-Mountains 184
Knocknarea 162, 164

Lahinch 112
Laragh 23, 27, 33, 43
Leenane 129, 137, 138, 140, 142, 143
Lemybrien 47
Letterfrack 140
Letterkenny 178, 180, 184
Liscannor 112
Liscannor Bay 110, 112
Lisdoonvarna 118

Little Killary Harbour 139
Little Sugar Loaf 23
Loch an Charra 121
Loch Port Chorruch 121
Lop Rock 131, 132
Lough Acoose 82, 86
Lough Acorrymore 156
Lough Agh 166
Lough Beagh 174–178, 179, 175
Lough Bofin 132, 134
Lough Bunnafreva East 152, 153
Lough Callee 82, 84
Lough Corrib 128
Lough Dan 27
Lough Derreenadavodia 62
Lough Dineen 51, 49
Lough Eckenohoolikeaghaun 62
Lough Eightragh 100
Lough Fana 134
Lough Fee 140
Lough Firrib 28, 31, 33
Lough Garagarry 75
Lough Gill 162, 163
Lough Gourah 83
Lough Guitane 75
Lough Hyne 52–57, 57
Lough Inagh 128
Lough Keel 154
Lough Leane 74, 76, 79, 94, 77
Lough Leitheanach 128
Lough Mhám Ochóige 127, 128, 126/127
Lough Nacung Upper 171
Lough Nakeeroga East 152, 153
Lough Nakeeroga West 152, 153
Lough Nambraddan 177
Lough Rua 128
Lough Swilly 179
Lough Tay 25, 26, 25
Louisburgh 146, 150
Lugnaquillia 25, 31, 37, 38–43, 48

Maam Cross 129
MacGillycuddy's Reeks 81, 94, 97
Magannagan-Tal 68
Maghera 171
Mahon-Wasserfall 44–48, 45
Malin Beg 171
Malin More 171
Mám Ochóige 126
Mangerton Mountain 73–77, 75
Maulin 26
Maumturk Mountains 115, 124–129, 130, 131, 138
Melmore Bay 184, 183
Melmore Head 180, 182, 184
Melmore Hill 183, 184
Minaun-Kliffs 155
Mitchelstown 44, 48, 50, 51
Mitchelstown Caves 48, 51
Mizen-Halbinsel 56, 57–61
Mizen Head 58, 60
Mothar a Thairbh 110
Mount Eagle 93, 101–105
Mount Eagle Lake 105

Mount Errigal 166, 171–174, 177, 179, 172, 179
Mount Gabriel 58, 61
Muckross Abbey 74
Muckross Lake 74
Mukish Gap 180
Mukish Mountain 178–180, 179
Mullacor 33, 37, 38
Mullaghcleevaun 26, 31, 33
Mullet-Halbinsel 149, 151, 156, 159
Murrisk 143, 146
Murrisk Abbey 144, 146
Mweelrea Mountain 138, 139, 143

Nephin Beg Range 144, 149, 159
New Ross 44
Nore River 44
Northern Beach 133, 134, 136
Northern Beach Bay 134

O'Brien's Tower 106, 107, 112
Omey Island 136
Owenacahina Stream 63
Owenmore River 99

Partry Mountains 144
Poisend Glen 173, 174
Pollatomish 159
Poll na bPeist 123
Port 167–171, 171
Portacloy 157–159, 159
Port Bheal na Duin 123
Port Chorruch 121
Port Hill 169
Port na Mainistreach 121
Poulnabrone-Dolmen 113, 118, 12
Powerscourt 23, 24, 26, 27
Purple Mountain 77–81, 73, 77
Puxley's Castle 73

Recess 128, 129, 132
Reenard Point 92
Renvyle 140
Ring of Kerry 86, 88, 92, 103
Roads 91
Roaringwater Bay 53, 55, 56
Roonagh Point 150
Rosguill-Halbinsel 180–184, 2/3
Rosroe 137, 138, 139
Rossaveal 124
Rossbehy Hill 88
Rosses Point 163
Roundstone 132
Roundwood 22, 24, 26, 27, 33

Saddle Head 150, 152, 153, 155
Sally Gap Road 24, 25, 26
Salrock 140
Scarr 27
Scregeighter 165
Sheep's-Halbinsel 58, 59, 61
Sheffry Hills 144
Shehy Mountain 79

Sherkin Island 53, 56, 57
Skeheenaranky 51
Skellig Island 90–92, 100, 103, 105
Skelpoonagh Bay 169, 168/169
Skibbereen 52, 53, 56, 57
Skull 57, 58, 61
Slea Head 101–105, 102/103
Slieve Elva 117
Slieve League 158, 164–166, 169, 165, 166
Slieve Mish Mountains 74, 93
Slievemore 150, 151, 153, 154, 153
Slievenamon 44
Slieve Snaght 173, 174
Slievetooey 169, 171
Sligo 150, 154, 161–164
Smerwick Harbour 104, 105
Spink 33, 36
Stags of Bofin 134
Stags of Broad Haven 158
St. John's Point 165
Stradbally 101
Stradbally Mountain 101
Straughan Point 184
Straw's Island 121
Sturrall 169, 170, 167
Sugar Loaf Mountain 62, 65–68, 67, 68
Suir River 44, 46, 48
Sybil Point 104, 105

Table Mountain 43
Teampall Asurnai 121
Teampall Chiarain 121
Tearaght Island 104
Teelin 164, 165, 166
Teermoyle Mountain 88
Three Castle Head 57–61, 59, 60
Three Sisters 104
Tipperary 44, 48
Tomies Mountain 77–79, 81, 77
Tomies Rock 79
Tonelagee 26, 31, 33
Torc Mountain 77
Tory Island 182
Trá Gheal 133
Tralee 93, 96, 97
Tralee Bay 93–96, 101, 105
Tranarossan Bay 180, 182, 184
Turlough Hill 25, 31
Twelve Bens 115, 126, 128, 129–132

Upper Lake bei Killarney 75, 80

Valentia Island 90–92
Valentia River 90, 92
Valley 154
Ventry 105
Ventry Harbour 105

Waterford 44, 47, 48
Westport 142, 146, 150, 154
White Hill 25, 26
Wicklow Gap 31, 32
Wicklow Way 24–26

191

Wanderführer von Bruckmann

Henning Böhme
Wanderungen auf Mallorca

Helmut Dumler
Wanderungen am Gardasee
40 Touren zwischen Monte Baldo und Adamello, Trient und Verona.
Mit Tips für Surfer und Mountainbiker.

Helmut Dumler
Wanderungen in der Eifel
40 Touren mit den Mosel-Höhenwegen und einem Verzeichnis der Hauptwanderwege des Eifelvereins.

Helmut Dumler
Wanderungen in der Toskana
Städte – Inseln – Berge

Gert Hirner
Wanderungen auf dem Peloponnes

Gert Hirner/Jakob Murböck
Wanderungen auf Kreta
40 Touren zu den schönsten Zielen

Gert Hirner
Wanderungen auf Korsika
Mit GR 20 und Tra Mare e Monti

Maria und Bernd Riffler
Wanderungen in der Provence

Sonderband
Die schönsten Wanderungen am Mittelmeer
33 Touren auf Kreta, dem Peloponnes, Korsika, in der Toskana, in Ligurien und auf Mallorca.
Tourentexte von Gert Hirner und Jakob Murböck, Helmut Dumler, Martin Locher und Holger Wolandt, Henning Böhme.

Martin Locher/Holger Wolandt
Wanderungen in Ligurien

Bruckmann